プリント形式のリアル過去問で本番の臨場感！

秋田県公立高等学校

2025年春受験用 解答集

本書は，実物をなるべくそのままに，プリント形式で年度ごとに収録しています。
問題用紙を教科別に分けて使うことができるので，本番さながらの演習ができます。

■ 収録内容

・解答集(この冊子です)

書籍ＩＤ番号，この問題集の使い方，最新年度実物データ，教科別入試データ解析，
解答例と解説，ご使用にあたってのお願い・ご注意，お問い合わせ

・2024(令和６)年度 ～ 2022(令和４)年度 学力検査問題

・リスニング問題音声《オンラインで聴く》 詳しくは次のページをご覧ください。

○は収録あり	年度	'24	'23	'22			
■ 問題(一般選抜)		○	○	○			
■ 解答用紙		○	○	○			
■ 配点		○	○	○			
■ 放送問題音声・原稿※		○	○	○			

全教科に解説があります

※放送問題は国語と英語で実施

☆問題文等の非掲載はありません

JN131925

教英出版

■ 書籍ＩＤ番号

リスニング問題の音声は，教英出版ウェブサイトの「ご購入者様のページ」画面で，書籍ＩＤ番号を入力してご利用ください。

入試に役立つダウンロード付録や学校情報なども随時更新して掲載しています。

書籍ＩＤ番号　166303

（有効期限：2025年9月30日まで）

【入試に役立つダウンロード付録】

「ラストチェックテスト（標準／ハイレベル）」

「高校合格への道」

【リスニング問題音声】

オンラインで問題の音声を聴くことができます。

有効期限までは無料で何度でも聴くことができます。

■ この問題集の使い方

年度ごとにプリント形式で収録しています。針を外して教科ごとに分けて使用します。①片側，②中央のどちらかでとじてありますので，下図を参考に，問題用紙と解答用紙に分けて準備をしましょう（解答用紙がない場合もあります）。

針を外すときは，けがをしないように十分注意してください。また，針を外すと紛失しやすくなりますので気をつけましょう。

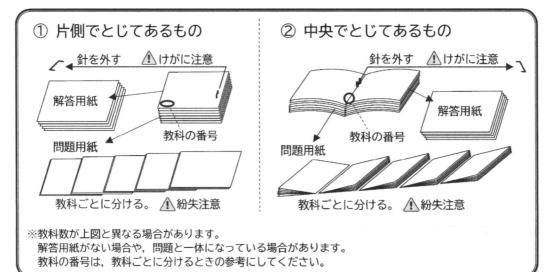

① 片側でとじてあるもの

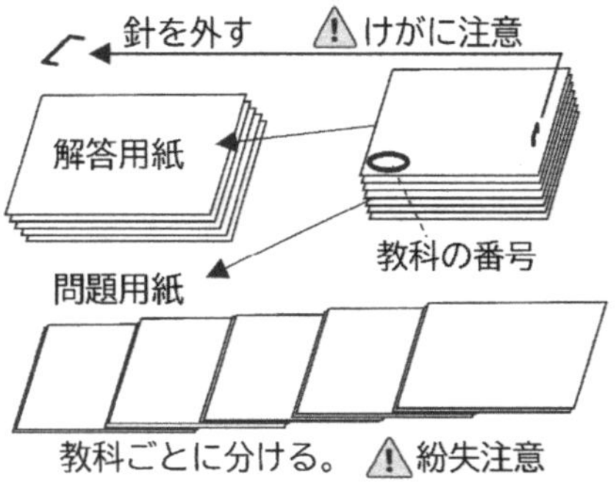

② 中央でとじてあるもの

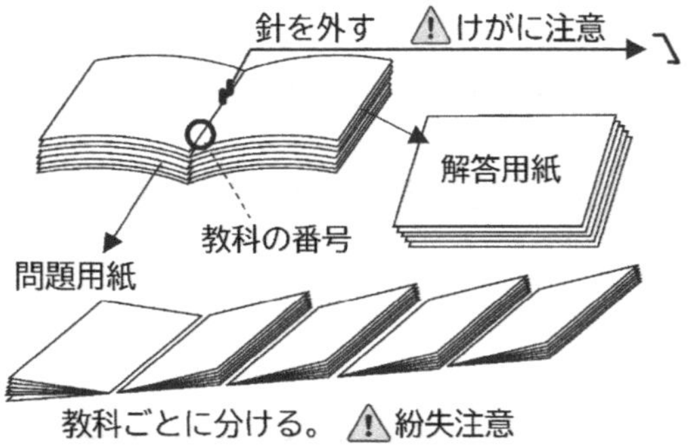

※教科数が上図と異なる場合があります。
　解答用紙がない場合や，問題と一体になっている場合があります。
　教科の番号は，教科ごとに分けるときの参考にしてください。

■ 最新年度 実物データ

実物をなるべくそのままに編集していますが，収録の都合上，実際の試験問題とは異なる場合があります。実物のサイズ，様式は右表で確認してください。

問題用紙	Ａ４冊子(二つ折り)
解答用紙	国・数・英：Ａ３両面プリント 理・社：Ａ３片面プリント

秋田県　公立高校入試データ解析　国語

分野別データ			2024	2023	2022
大問の種類	長文	論説文・説明文・評論	○	○	○
大問の種類	長文	小説・物語	○	○	○
大問の種類	長文	随筆・紀行文			
大問の種類		古文・漢文	○	○	○
大問の種類		詩・短歌・俳句			
大問の種類		その他の文章			
大問の種類		条件・課題作文	○	○	○
大問の種類		聞き取り	○	○	○
漢字・語句		漢字の読み書き	○	○	○
漢字・語句		熟語・熟語の構成			
漢字・語句		部首・筆順・画数・書体			
漢字・語句		四字熟語・慣用句・ことわざ	○	○	○
漢字・語句		類義語・対義語			
文法		品詞・用法・活用	○	○	○
文法		文節相互の関係・文の組み立て		○	○
文法		敬語・言葉づかい			
文章の読解	長文	語句の意味・補充			
文章の読解	長文	接続語の用法・補充			
文章の読解	長文	表現技法・表現の特徴			
文章の読解	長文	段落・文の相互関係	○		
文章の読解	長文	文章内容の理解	○	○	○
文章の読解	長文	人物の心情の理解	○	○	○
文章の読解	古文・漢文	歴史的仮名遣い	○	○	○
文章の読解	古文・漢文	文法・語句の意味・知識			
文章の読解	古文・漢文	動作主		○	○
文章の読解	古文・漢文	文章内容の理解	○	○	○
文章の読解		詩・短歌・俳句			
文章の読解		その他の文章			

形式データ	2024	2023	2022
漢字の読み書き	4	4	4
記号選択	9	7	7
抜き出し	6	9	9
記述	15	12	13
作文・短文	1	1	1
その他			

2025年度入試に向けて

例年「聞くこと」に関する検査があるので，過去問で音声から内容をとらえる練習をしておこう。文節や活用，品詞の見分けなど，文法事項もしっかり復習し，得点源にしよう。長文は，段落や場面の展開に沿って，主張や心情をていねいに読み取ること。古文は，注などをたよりに，省略された動作主などを補いながら，全体としての内容をつかもう。作文は例年200～250字。時間配分を考えて，短時間で意見を的確にまとめる練習をしておこう。

秋田県　公立高校入試データ解析　数学

<table>
<tr><th colspan="2">分類</th><th>2024</th><th>2023</th><th>2022</th><th>問題構成</th><th>2024</th><th>2023</th><th>2022</th></tr>
<tr><td rowspan="7">式と計算</td><td>数と計算</td><td>○</td><td>○</td><td>○</td><td rowspan="4">小問</td><td rowspan="4">[1](1)，(2)，(4)～(8)
計算
(3)(10)素因数分解，素数
[2](1)方程式の文章問題
[4](1)文字式の文章問題</td><td rowspan="4">[1](1)，(2)，(4)～(8)
計算
(3)(9)(10)
不等号，文字式，
平方根</td><td rowspan="4">[1](1)～(3)，(5)～(6)，(9)
計算
(4)(10)無理数，公約数
[3]規則的に並べた
図形</td></tr>
<tr><td>文字式</td><td>○</td><td>○</td><td>○</td></tr>
<tr><td>平方根</td><td>○</td><td>○</td><td>○</td></tr>
<tr><td>因数分解</td><td>○</td><td></td><td></td></tr>
<tr><td>１次方程式</td><td>○</td><td>○</td><td></td><td rowspan="3">大問</td><td rowspan="3"></td><td rowspan="3"></td><td rowspan="3"></td></tr>
<tr><td>連立方程式</td><td>○</td><td>○</td><td>○</td></tr>
<tr><td>２次方程式</td><td>○</td><td>○</td><td>○</td></tr>
<tr><td rowspan="4">統計</td><td rowspan="2">データの活用</td><td rowspan="2">○</td><td rowspan="2">○</td><td rowspan="2">○</td><td>小問</td><td>[1](9)[2](3)箱ひげ図等</td><td></td><td>[1](8)[4](2)ヒストグラムなど</td></tr>
<tr><td>大問</td><td></td><td>[3]ヒストグラム，箱ひげ図</td><td></td></tr>
<tr><td rowspan="2">確率</td><td rowspan="2">○</td><td rowspan="2">○</td><td rowspan="2">○</td><td>小問</td><td>[4](2)さいころ</td><td>[2](2)数字のカード</td><td>[4](1)４枚のカード</td></tr>
<tr><td>大問</td><td></td><td></td><td></td></tr>
<tr><td rowspan="7">関数</td><td>比例・反比例</td><td>○</td><td></td><td>○</td><td rowspan="4">小問</td><td rowspan="4">[2](2)２乗に比例する関数</td><td rowspan="4">[2](1)１次関数の
グラフ</td><td rowspan="4">[1](7)反比例
[2](1)(4)１次関数の
グラフ
(2)座標平面上の
図形</td></tr>
<tr><td>１次関数</td><td>○</td><td>○</td><td>○</td></tr>
<tr><td>２乗に比例する関数</td><td>○</td><td>○</td><td>○</td></tr>
<tr><td>いろいろな関数</td><td></td><td></td><td></td></tr>
<tr><td>グラフの作成</td><td></td><td>○</td><td>○</td><td rowspan="3">大問</td><td rowspan="3">[3]文章問題
消費する燃料と距離の関係（比例，１次関数）</td><td rowspan="3">[5]座標平面
放物線，直線，
四角形</td><td rowspan="3"></td></tr>
<tr><td>座標平面上の図形</td><td>○</td><td>○</td><td>○</td></tr>
<tr><td>動点，重なる図形</td><td></td><td></td><td>○</td></tr>
<tr><td rowspan="9">図形</td><td>平面図形の性質</td><td>○</td><td>○</td><td>○</td><td rowspan="4">小問</td><td rowspan="4">[1](11)平行線と角度
(12)円と角度
(13)三角形の相似
(14)回転体の体積
(15)三角すい
[2](4)作図</td><td rowspan="4">[1](11)図形と角度
(12)円と角度
(13)三角形の相似
(14)三角柱
(15)円すい
[2](3)作図</td><td rowspan="4">[1](11)平行線と線分
(12)図形と角度
(13)展開図
(14)円すいの体積
(15)四面体の体積
[2](3)作図</td></tr>
<tr><td>空間図形の性質</td><td>○</td><td>○</td><td>○</td></tr>
<tr><td>回転体</td><td>○</td><td></td><td></td></tr>
<tr><td>立体の切断</td><td></td><td></td><td></td></tr>
<tr><td>円周角</td><td>○</td><td>○</td><td>○</td><td rowspan="5">大問</td><td rowspan="5">[5]平面図形
長方形，台形，
三角形，四角形</td><td rowspan="5">[4]平面図形
正三角形，直角
三角形</td><td rowspan="5">[5]平面図形
三角形，円</td></tr>
<tr><td>相似と比</td><td>○</td><td>○</td><td>○</td></tr>
<tr><td>三平方の定理</td><td>○</td><td>○</td><td>○</td></tr>
<tr><td>作図</td><td>○</td><td>○</td><td>○</td></tr>
<tr><td>証明</td><td>○</td><td>○</td><td>○</td></tr>
</table>

2025年度入試に向けて

大問１と大問５は受験校によって問題が指定されるが，大問１は出題分野が広いため，全部の問題が解けるようにしっかりと勉強しておこう。例年，証明や説明の問題の他にも解く過程を書く問題があり，部分点も狙えるため，正答までたどり着けなくてもできるところまで書くようにしよう。

秋田県　公立高校入試データ解析　英語

分野別データ		2024	2023	2022
音声	発音・読み方			
	リスニング	○	○	○
文法	適語補充・選択	○	○	○
	語形変化	○	○	○
	その他			
英作文	語句の並べかえ			
	補充作文	○	○	○
	自由作文	○	○	○
	条件作文			
読解	語句や文の補充	○	○	○
	代名詞などの指示内容	○	○	○
	英文の並べかえ			
	日本語での記述	○	○	○
	英問英答	○	○	○
	絵・表・図を選択		○	○
	内容真偽	○	○	○
	内容の要約		○	○
	その他	○	○	○

形式データ			2024	2023	2022
リスニング	記号選択		11	10	10
	英語記述			1	1
	日本語記述				
文法・英作文・読解	読解	会話文	1	3	3
		長文	4	1	1
		絵・図・表	1	1	1
	記号選択		13	9	11
	語句記述		10	15	13
	日本語記述		1	1	2
	英文記述		2	3	3

2025 年度入試に向けて

文法問題から読解問題まで様々な問題が出題される。読解問題は，英文と図表から総合的に読み取って答える問題や，日本語記述問題が出題されている。長文のテーマは，異文化理解・最近の話題・解決しなければならない地球規模での問題が多く見受けられる。時事問題等の知識も，問題を解くうえで助けとなる。英作文では，表現力はもちろん，読解力も試される。過去問や問題集を使って類似問題を多く解き，問題に慣れておくことが重要である。

秋田県 公立高校入試データ解析 理科

分野別データ		2024	2023	2022
物理	光・音・力による現象	○		○
	電流の性質とその利用	○	○	
	運動とエネルギー		○	
化学	物質のすがた	○	○	○
	化学変化と原子・分子	○	○	○
	化学変化とイオン	○		
生物	植物の生活と種類			○
	動物の生活と種類	○	○	○
	生命の連続性と食物連鎖	○		○
地学	大地の変化	○	○	
	気象のしくみとその変化	○		○
	地球と宇宙		○	○

形式データ	2024	2023	2022
記号選択	11	12	12
語句記述	16	6	13
文章記述	8	15	9
作図	3	2	2
数値	6	4	5
化学式・化学反応式	1	1	1

2025 年度入試に向けて

物理，化学，生物，地学の問題がまんべんなく出題され，覚えている知識を使ってすぐに解答できる問題から，時間をかけて考えたり計算したりする問題まで，難易度もさまざまである。自分自身の目標をしっかりと定めて，答えられる問題から順に解いていけるように，過去問を使って解く順番と時間の使い方を練習しておこう。また，正解できなかった問題については，解説を読んだり教科書やノートを読み返したりして，次に同じような問題が出た時には正解できるようにしておこう。

秋田県　公立高校入試データ解析　社会

	分野別データ	2024	2023	2022	形式データ	2024	2023	2022
地理	世界のすがた	○	○	○	記号選択	3	7	6
	世界の諸地域（アジア・ヨーロッパ・アフリカ）	○	○	○	語句記述	6	5	3
	世界の諸地域（南北アメリカ・オセアニア）	○		○	文章記述	4	3	4
	日本のすがた	○	○	○	作図			
	日本の諸地域（九州・中国・四国・近畿）	○	○		計算		1	
	日本の諸地域（中部・関東・東北・北海道）	○	○	○				
	身近な地域の調査			○				
歴史	原始・古代の日本	○	○	○	記号選択	7	8	5
	中世の日本	○	○	○	語句記述	2	5	3
	近世の日本	○	○	○	文章記述	3	2	3
	近代の日本	○	○	○	並べ替え	1		1
	現代の日本	○	○	○				
	世界史	○	○					
公民	わたしたちと現代社会	○	○	○	記号選択	7	7	8
	基本的人権		○		語句記述	2	5	3
	日本国憲法	○			文章記述	3	3	1
	民主政治	○	○	○				
	経済	○	○	○				
	国際社会・国際問題	○		○				

2025年度入試に向けて

地理・歴史・公民の分野だけでなく，記号選択，語句記述，文章記述の問題形式まで，バランスの取れた良問が続く。暗記さえすればいいという問題はほとんどないので，資料の読み取りや歴史の背景とその順序など，一つの学習項目について，その関連項目までしっかりと理解する必要がある。また，複数の資料をもとに考察する問題も多いので，解説を読み込むなどして，資料のもつ意味と正答に至るまでの道筋を理解し，思考力をつける練習をしたい。

2024 解答例 令和6年度 秋田県公立高等学校

《2024　国語　解答例》

一　1．行ってみたいと思わせる　2．エ　3．イベントの詳しい情報を確認できる　4．ア

二　1．①燃　②う　③深刻　④さくげん　2．イ　3．連用形　4．ウ

三　1．a．歯車　b．役に立てる　2．社会が全く存在しない　3．(1)能力や運　(2)自分の血統だけでなく他の人　4．イ　5．(1)エ　(2)他者を認識する知能や気持ちを察する共感能力を備え、非血縁個体との大規模な協力関係を築くことができる

四　1．エ　2．ウ　3．技術を発揮し、恵三らしさが表現された木像を彫る　4．(1)a．粋で格好いい仏師　b．照れ屋　(2)c．自信がない　d．成し遂げると覚悟を決めた目標に、妥協することなく取り組む

五　1．①なお　②よろず　2．a．心が満たされる　b．不安な気持ち　c．寿命が延びる
3．(1)めでたき物　(2)イ　(3)心を通わせる

六　〈作文のポイント〉

・最初に自分の主張、立場を明確に決め、その内容に沿って書いていく。

・わかりやすい表現を心がける。自信のない表現や漢字は使わない。

さらにくわしい作文の書き方・作文例はこちら！→https://kyoei-syuppan.net/mobile/files/sakupo.html

《2024　数学　解答例》

1　(1) -4　(2) $-3x+12y$　(3) $2\times3^2\times5$　(4) 2　(5) $-\sqrt{2}+3\sqrt{3}$　(6) 7　(7) $x=2$　$y=-3$
(8) -4，6　(9) $a=9$　$b=16.5$　(10) 6，14　(11) 43　(12) 115　(13) $\frac{14}{5}$　(14) 240π　(15) $4\sqrt{7}$

2　(1)ア．$10-x$　イ．$2x+3y$　(2)① $a=6$　$b=0$　② 8
(3)① 0，1，2　②㋐と㋒の合計は，$20-(1+4+7+2)=6$ より，6人である。
このことから，㋐と㋒に入る数にかかわらず，度数の最も多い階級は7人の15m以上20m未満であり，その階級の階級値17.5mが最頻値となるから。　(4)右図

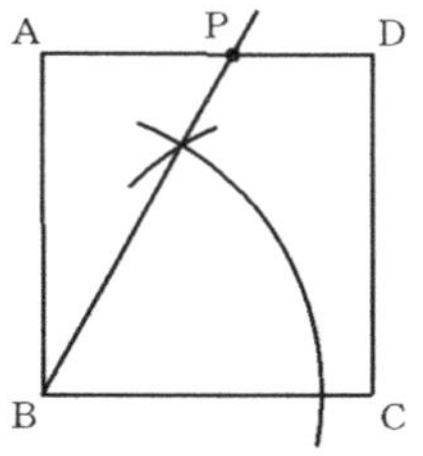

3　(1)①24　②エ　(2)ⓐ $-\frac{1}{4}x+100$　ⓑ200　ⓒ50　ⓓ20　※(3)A，5

4　(1)①37　② $9n-4$　(2)① $\frac{1}{3}$　② $\frac{7}{18}$

5　Ⅰ．(1)AD//BCより，平行線の錯角は等しいから，∠FBC＝∠FDE…①　∠FCB＝∠FED…②
①，②より，2組の角がそれぞれ等しいから，
(2)① $\sqrt{5}$　② $\frac{28}{5}$

Ⅱ．(1)AD//BCより，平行線の錯角は等しいから，∠FBC＝∠FDE…①　∠FCB＝∠FED…②
①，②より，2組の角がそれぞれ等しいから，
(2)① $(120-a)$　② $\frac{21}{286}$

※の過程は解説を参照してください。

《2024　英語　解答例》

1　⑴①エ　②イ　⑵①イ　②ウ　③イ　⑶質問…ア　①イ　②ウ　⑷①ア　②ウ　③ウ

2　⑴①living　②cooler　③bought　⑵①how／to／play　②I／were／you　③you／ever／been

3　⑴①There were　②necessary for　③what　④to see　⑵(例文１)Will he come by train?　(例文２)What Japanese anime does he like?

4　⑴①ア　②エ　③エ　④ア　⑵(賛成の例文)I think school lunches are great because everyone can have a hot meal and soup.　For example, especially in cold weather, students can relax by eating a hot meal.　(反対の例文)I don't think school lunches are good because we cannot decide how much food we eat.　For example, some students have things that they cannot eat.　But, if we bring boxed lunches, we can eat all the food.

5　⑴①エ　②イ　③ウ　④ア　⑵①エ　②若者と高齢者が出会い，互いをよりよく理解し，彼らの関係をより強固なものにすること。　③ア　④エ，オ　⑤ウ

《2024　理科　解答例》

1　⑴背骨がある。　⑵P．外とう膜　Q．ない　R．外骨格　S．ある
⑶からだの表面が，かたいうろこでおおわれているという特徴。　⑷オ
⑸①水中から陸上へ　②シ，ス

2　⑴ア，エ　⑵Na^{+}，Cl^{-}　⑶右図　⑷X．水素　Y．水
⑸水溶液が飽和していなかったから。　⑹26.4

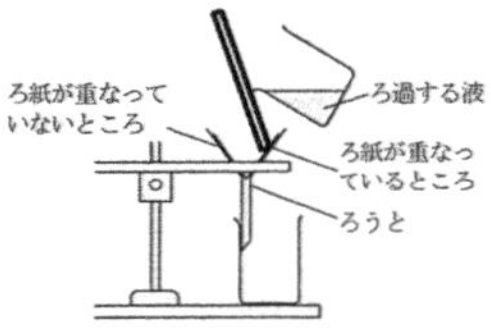

2⑶の図

3　⑴①ウ　②S．混じり合わない　T．地表面　③天気…くもり　風向…東南東　風力…１　④X．Q　Y．海上
⑵名称…つゆ　理由…小笠原気団が勢力を強めるから。

4　⑴①５　②右図　③ウ　⑵500
⑶X．S力　Y．T力　Z．小さく

5　⑴①ア　②うすい塩酸をかけた
⑵①記号…イ　動き…吸うとき　②広さ　③X．養分　Y．エネルギー

6　⑴①ア，イ，エ　②8.96　⑵①右図　②1.6　③大きな電流が流れる

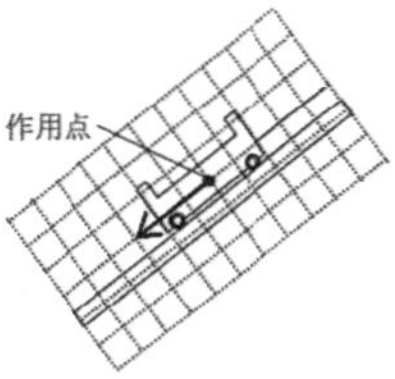

4⑴②の図

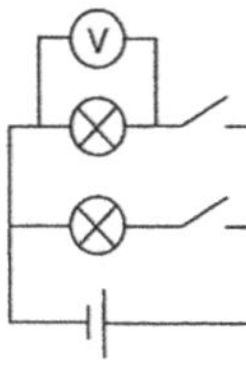

6⑵①の図

《2024　社会　解答例》

1　⑴オーストラリア　⑵カ　⑶民族の分布を無視した　⑷エ　⑸お．農地面積の割合が高い　か．穀物生産量が少ない

2　⑴福岡　⑵C　⑶地熱　⑷①海岸線が複雑に入り組んでいる　②津波　⑸イ．宮崎　エ．山梨

3　⑴石包丁　⑵家柄にとらわれず才能のある人材　⑶イ　⑷㋐　⑸借金の帳消しを要求するため。　⑹ウ
⑺エ　⑻ア　⑼イ　⑽新田が開発されて耕地面積が増えたり，農具が改良されたりしたから。
⑾伊藤博文　⑿エ　⒀エ→ウ→イ

4　⑴個人　⑵ウ　⑶65歳以上人口の割合が増加している　⑷イ　⑸①均衡価格　②㋐　⑹ウ　⑺イ
⑻所得が異なる人でも同じ税率で課税される　⑼ウ　⑽①識字率が低い　②エ

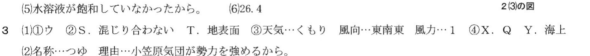

《2024 国語 解説》

一 1 かずきさんの初めの言葉「イベントのポスターの役割は、見た人に行ってみたいと思わせること」からわかる。

2 みくさんの2番目の言葉「キャッチコピーの『百万本』」「また、『笑顔』という言葉」から、「百万本」「笑顔」の両方が含まれている、エがふさわしいとわかる。

3 かずきさんの最後の言葉「右下の二次元コードを読み込むと」を受けた、みくさんの言葉「イベントの詳しい情報を確認できるのは、とてもよいことだと思います」から読み取れる。

4 たかしさんの言葉を見てみると、「二人ともイラストに着目して、推薦理由を述べてくれました」などと「発言の内容を整理」し、「では、お互いに意見はありませんか」「これについては、どう考えますか」と「二人の意見を引き出し」ていることから、アが適する。

二 2 イの「千里の道も一歩から」は、千里もある長い道のりも最初の一歩から始まることから、「どんなに大きなことでも、手近なところから始まる」こと。

3 「重要に」は形容動詞「重要だ」の連用形。形容動詞の活用語尾は「だろ/だっ・で・に/だ/な/なら/○」。

4 「過ぎない」の「ない」は打ち消しの助動詞。「過ぎぬ」のように、「ぬ」に置き換えることができる。これと同じものはウ。ア・イは補助形容詞。「静かではない・静かでもない」「正しくはない・正しくもない」のように、直前に「は」や「も」を入れることができる。エは、有無の無を表す形容詞。

三 1 「社会の歯車になる」という言葉に、個性やアイデンティティがおびやかされるイメージがあることについて、「誤解だと私は思います」と述べている。直後に「社会の歯車になることでほとんどの人は個性を発揮して、みんなの役に立てるのだと思います」とその理由が述べられている。

2 同じ段落の初めに「社会が全く存在しない状況」として、「3人家族だけで無人島で暮らしているような状況」とあることから答えが導き出せる。

3(1) 第5段落で「ところが～人間は違います」と、前の部分を受けて述べている。「人間以外の生物」については、第4段落に「自分の力で自分だけを増やしていました」とあるが字数が合わない。同じことを言いかえた、少し後の「増えることができるかどうかは自分の能力や運によって決まっていました」の「能力や運」が適する。

(2) 人間が増える「単位」について、第5段落に「増える単位が自分の体を超えて広がっている」とある。表の「人間以外の生物」の「増える単位」が「自分の血統だけ」とあることから、「自分の体を超えて」は、「自分の血統だけ」に対するものだと考えられる。よって、「自分の血統だけでなく他の人」とするとよい。

4 第2段落では、個性が役に立たず、力や体力が何より大切な無人島での生活という具体例をあげ、第3段落では、そのような狩猟採集生活と私たちの今の社会を対比して、「今の社会の方が自分に合った役割(歯車)が見つかる可能性が高い」という自分の主張を述べている。よって、イが適する。アは「第1段落で身近な体験を述べ」、ウは「第4段落で疑問を挙げ」、エは「第6段落の説に誤りがある」が、それぞれ適さない。

5(2) 「やさしい」について、直前に「地球上の他のどんな生物よりも協力的」とある。そのことをさらに詳しく述べているのが、その前の「人間には他者を認識する知性や～共感能力も備わっています」である。その知性や能力によって、第6段落にあるように、「非血縁個体と協力」し、「大規模な協力関係」を築くことができるのである。

四 1 雲月《うんげつ》が直後で「そういう覚悟はあんのか」と慎吾《しんご》の覚悟のほどをたずねたことや、後に「雲月はまた、にやりと笑った。でも、今度の笑い方は～ぼくを試すわけでもなく」とあることから、「試そうとしている」といえる。

2　雲月は「代金を払えるような写真家になれるのか」と慎吾を問い詰めていたのに(前書きを参照)、慎吾の「覚悟は、します」という言葉に、あっさり「なら、金の問題はクリアだ」と言ったのが、思いがけなかったのである。

3　仏師の雲月が「地蔵さん」と呼ばれていた恵三《けいぞう》をモチーフとした仏像の製作を依頼されて言った言葉。祠《ほこら》を造ることになった慎吾に「完璧なものを造れよ」と言った後に続くことから、自分の技術にかけて完璧なものを造ろうという意気込みが感じられる。

4(1)　a　仏像の製作を引き受けた雲月について「この無愛想な男は、粋で格好いい仏師だった」とある。

b　雲月について「少しばかり気恥ずかしそうに下を向き」とある後に「照れ屋な仏師」という表現がある。

(2) c　「……」と最後まではっきりと言い切らないことから、自信のない様子が読み取れる。

d　自信のない様子と違い、「いつもより大股で歩いていた」という表現と、「一本道」「一番星」という、まっすぐに進んでいく様子や光り輝く様子を象徴的に表した表現から、答えを考える。

五　1①　古文で言葉の先頭にない「はひふへほ」は、「わいうえお」に直す。

②　古文の「づ」は、現代仮名遣いでも「づ」が使われる語以外「ず」に直す。

2　a　「相手にまだ届いていなくても～ような気持ちになる」は本文の「あしこまでも行《いき》つかざるらめど、こころゆく心《ここ》ちこそすれ（＝先方までも届いていないだろうけれど、心が満たされる気持ちがする)」に当たる。

b　「いろいろ考えて～がいやされる」は本文の「こまごまとかきて～なぐさむここちする（＝いろいろ考えてその人のもとに、と思ってこまごまと書いておくと、不安な気持ちもなぐさめられる気持ちがする)」に当たる。

c　「返事を読むことで～ような気がする」は本文の「返事見つれば、命をのぶべかめる（＝返事を見たら、寿命を延ばす気がする)」に当たる。

3(1)　本文の初めに「文こそなほめでたき物なれ（＝手紙こそやはりすばらしいものである)」とある。

(2)　Ⅱは「はるかなるせかいにある人（＝遠く離れた地方にいる人)」とあることから「距離」。Ⅲは「まったく昔のまま、その当時の感情が少しも変わることがない」とあることから「時間」。　(3)　〔Ⅳ〕の直前の「隔てているものがあっても、まるで実際に対面しているかのように」という状況と、本文の「心が満たされる気持ち」「不安な気持ちがなぐさめられる」という内容から、相手と「心を通わせる」などの言葉が適する。

【古文の内容】

目新しいというほどのことではないが、手紙こそやはりすばらしいものである。遠く離れた地方にいる人が、ひどく気がかりでどうしているであろうと思うときに、手紙を見るとまさに今向かい合っているように思われるのは、非常にすばらしいことですよ。自分が思うことを書いて送ったら、先方までも届いていないだろうけれど、心が満たされる気持ちがする。手紙というものがなかったら、どんなにゆううつで晴れ晴れしないことであろうに。たくさんのことをいろいろ考えてその人のもとに、と思ってこまごまと書いておくと、不安な気持ちもなぐさめられる気持ちがするのに、まして返事を見たら、寿命を延ばす気がする。本当にもっともなことであろう。

六　普段から言葉の使い方について意識しておくこと。また、①～③はいずれも身近な事柄なので、うれしかったこと、失敗したことなどの自身の体験を交えて書き進めよう。

《2024　数学　解説》

1　(1)　与式＝6－10＝-4

(2)　与式＝$5x+10y-8x+2y=-3x+12y$

(3)　右の筆算より，$90=2\times3^2\times5$

2) 90
3) 45
3) 15
5

(4)　与式$=\frac{x^2y^3}{3}\times\frac{1}{2xy}=\frac{xy^2}{6}$　ここで$x=3$，$y=-2$を代入すると，$\frac{3\times(-2)^2}{6}=$ **2**

(5)　与式$=4\sqrt{2}-5\sqrt{2}+3\sqrt{3}=$ $\boldsymbol{-\sqrt{2}+3\sqrt{3}}$

(6)　与式の両辺に10をかけて，$8x+40=15x-9$　$-7x=-49$　$x=$ **7**

(7)　$2x-y=7$…①，$5x+3y=1$…②とする。

①×3＋②でyを消去すると，$6x+5x=21+1$　$11x=22$　$x=$ **2**

②に$x=2$を代入すると，$10+3y=1$　$3y=-9$　$y=$ **−3**

(8)　与式より，$x^2-2x-24=0$　$(x+4)(x-6)=0$　$x=$ **−4，6**

(9)　9つのデータを小さい順に並べると，5，9，9，13，14，15，16，17，20となる。

$9\div2=4$余り1，$4\div2=2$より，第1四分位数は小さい方から2番目と3番目のデータの平均，第3四分位数は大きい方から2番目と3番目のデータの平均だから，$a=\frac{9+9}{2}=$ **9**，$b=\frac{16+17}{2}=$ **16.5**

(10)　**【解き方】素数は，1とその数自身以外の約数を持たない自然数のことなので，負の数は素数ではないことに注意する。**

与式$=(n-7)(n-13)$であり，この値が自然数になるのは，$n-7$と$n-13$がともに負の数のとき，つまり$n<7$のときか，$n-7$と$n-13$がともに正の数のとき，つまり$n>13$のときである。$n-7$と$n-13$はどちらも整数になり，2つの整数の積が素数になるということは2つの整数のうち一方は-1か1である。

$n<7$のとき，$n-7=-1$となるnの値は$n=6$であり，このとき，$(n-7)(n-13)=(-1)\times(-7)=7$で素数になる。$n=6$は$n<7$にあう。

$n>13$のとき，$n-13=1$となるnの値は$n=14$であり，このとき，$(n-7)(n-13)=7\times1=7$で素数になる。$n=14$は$n>13$にあう。

よって，求めるnの値は，**6，14**である。

(11)　平行線の同位角は等しく，ℓ//mだから，右図において，$\angle a=68°$

三角形の1つの外角は，これととなり合わない2つの内角の和に等しいから，

$\angle x=\angle a-25°=68°-25°=$ **43°**

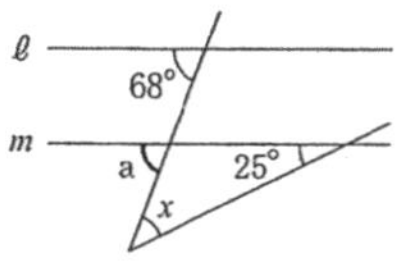

(12)　右のように作図する。中心角は，同じ弧に対する円周角の2倍の大きさだから，

∠AOD＝2∠ACD＝2×53°＝106°

△OADは二等辺三角形だから，∠OAD＝(180°−106°)÷2＝37°

∠OAE＝37°−28°＝9°

三角形の1つの外角は，これととなり合わない2つの内角の和に等しいから，

△AOEにおいて，∠x＝∠AOE＋∠OAE＝106°＋9°＝**115°**

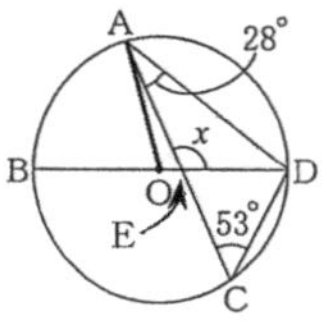

(13)　**【解き方】∠ACB＝∠EDC＝60°で同位角が等しいから，AC//EDであることを利用する。**

右図のように点Rをおく。AC//EDでCがBDの中点だから，

△BDPにおいて中点連結定理より，CR＝$\frac{1}{2}$DP＝$\frac{1}{2}$(7−3)＝2(cm)

AC//EDより，△CQR∽△EQPだから，CQ：EQ＝CR：EP＝2：3

よって，CQ＝CE×$\frac{2}{2+3}$＝7×$\frac{2}{5}$＝$\boldsymbol{\frac{14}{5}}$(cm)

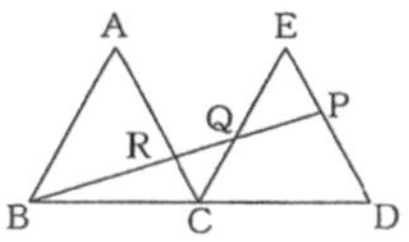

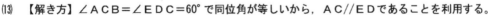

⒁　**【解き方】右図のように，半球と円すいを合わせた立体ができる。**

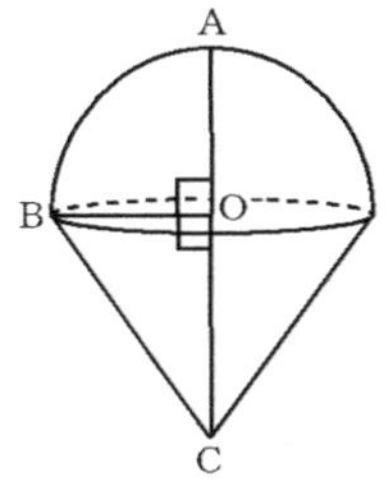

半球は半径が6cmだから，体積は，$\frac{4}{3}\pi\times6^3\times\frac{1}{2}=144\pi$ (cm³)

三平方の定理より，$OC=\sqrt{BC^2-OB^2}=\sqrt{10^2-6^2}=8$ (cm)

円すいは，底面の半径が$OB=6$cm，高さが$OC=8$cmだから，体積は，

$\frac{1}{3}\times6^2\pi\times8=96\pi$ (cm³)　　よって，この立体の体積は，$144\pi+96\pi=$**240π** (cm³)

⒂　**【解き方】四角形ＡＢＣＤが正方形になるように点Ｄをとると，三角すいＯ‐ＡＢＣは正四角すいＯ‐ＡＢＣＤを２等分してできる三角すいなので，右の図Ｉのように作図できる。まず三角すいＯ‐ＡＢＣの体積を求めてから，三角すいＰ‐ＡＢＣとの体積比を考える。**

図Ｉ

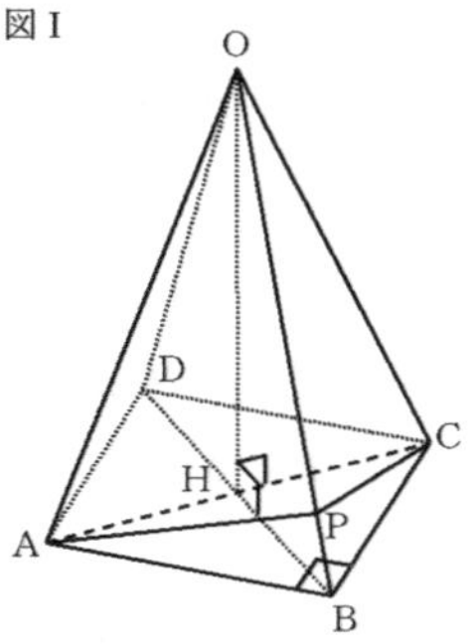

$\triangle ABC$は直角二等辺三角形だから，$AC=\sqrt{2}AB=6\sqrt{2}$ (cm)

$AH=\frac{1}{2}AC=\frac{1}{2}\times6\sqrt{2}=3\sqrt{2}$ (cm)

三平方の定理より，$OH=\sqrt{OA^2-AH^2}=\sqrt{9^2-(3\sqrt{2})^2}=3\sqrt{7}$ (cm)

三角すいＯ‐ＡＢＣの高さは$OH=3\sqrt{7}$cmだから，体積は，

$\frac{1}{3}\times(\frac{1}{2}\times6\times6)\times3\sqrt{7}=18\sqrt{7}$ (cm³)

三角すいＯ‐ＡＢＣと三角すいＰ‐ＡＢＣは，底面をそれぞれ$\triangle OAB$，$\triangle PAB$としたときの高さが等しいので，体積比は$\triangle OAB:\triangle PAB$と等しく，$\triangle OAB:\triangle PAB=OB:PB$である。

図Ⅱ

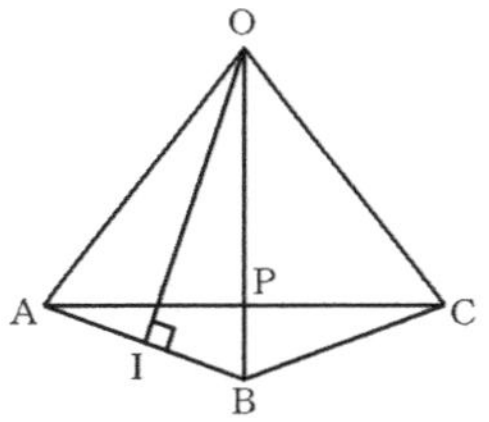

立体の表面に長さが最短になるように引かれた線は，展開図上で線分となる。

したがって，$\triangle OAB$と$\triangle OBC$の展開図は図Ⅱのようになり，Ａ，Ｐ，Ｃは一直線上に並ぶ。ＡとＣはＯＢについて対称だから，$\angle APB=90°$なので，

$\triangle APB\backsim\triangle OIB$である。

$\triangle OAB$は二等辺三角形だから，$IB=\frac{1}{2}AB=\frac{1}{2}\times6=3$ (cm)

$\triangle APB\backsim\triangle OIB$より，$PB:IB=AB:OB$　　$PB:3=6:9$　　$PB=\frac{3\times6}{9}=2$ (cm)

よって，三角すいＯ‐ＡＢＣと三角すいＰ‐ＡＢＣの体積比は，$OB:PB=9:2$だから，三角すいＰ‐ＡＢＣの体積は，$18\sqrt{7}\times\frac{2}{9}=$**$4\sqrt{7}$** (cm³)

2　⑴　健司さんのメモにおいて，２点シュートと３点シュートの合計本数が10本で２点シュートをx本決めたのだから，３点シュートは**$(10-x)$**本決めたことになる。得点の合計について，$2x+3(10-x)=23$となる。

美咲さんのメモにおいて，２点シュートで決めた得点が$2x$点，３点シュートで決めた得点が$3y$点だから，得点の合計について，**$2x+3y=23$**となる。

⑵①　**【解き方】$y=\frac{1}{2}x^2$のグラフは上に開いた放物線だから，xの絶対値が大きいほどyの値は大きくなる。**

$y=\frac{1}{2}x^2$において，$x=-2$のとき$y=\frac{1}{2}\times(-2)^2=2$となり，これは$y$の最大値ではない。したがって，$y=18$となるのは$x=a$のときだから，$18=\frac{1}{2}a^2$より，$a^2=36$　　$a=\pm6$　　$-2<a$より，$a=$**6**

xの変域に0が含まれるので，yの最小値は0だから，$b=$**0**

②　**【解き方】$\triangle AOB$の底辺をＯＢとしたときの高さは，y軸からＡまでの距離だから，Ａのx座標より，$0-(-4)=4$ (cm)である。したがって，Ｂの座標を求める。**

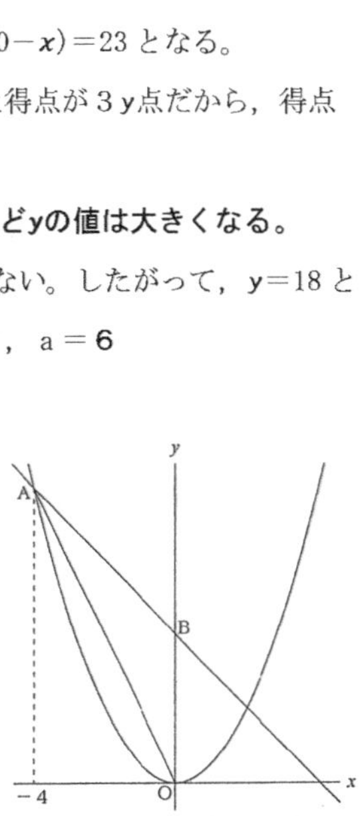

$y=\frac{1}{2}x^2$にＡのx座標の$x=-4$を代入すると，$y=\frac{1}{2}\times(-4)^2=8$となるから，

$A(-4,\ 8)$である。直線ＡＢの式を$y=-x+b$とし，Ａの座標を代入すると，

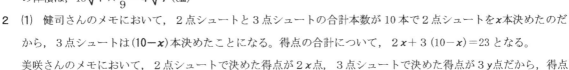

８＝－(－４)＋ｂより，ｂ＝４　　したがって，Ｂ(０，４)，ＯＢ＝４cm

よって，$\triangle AOB=\frac{1}{2}\times4\times4=$ **8** (cm²)

⑶① ㋑＝0.70のとき，つまり20ｍ以上25ｍ未満の階級の累積相対度数が0.70のとき，この階級の累積度数は20×0.70＝14になる。したがって，㋑が0.70以下ということは20ｍ以上25ｍ未満の階級の累積度数が14以下ということだから，㋐は14－１－４－７＝２以下なので，㋐に入る数は，**０，１，２**のいずれかである。

② ㋐と㋒に入る数が，考えられるどのような数であろうと，最も大きい度数が７になることを説明すればよい。

⑷ 右図のように，辺ＢＣ上に点Ｅをとり，△ＢＥＦが正三角形となるように点Ｆを正方形の内部にとる。すると，∠ＡＢＦ＝90°－60°＝30°となるので，直線ＢＦとＡＤの交点をＰとすればよい。

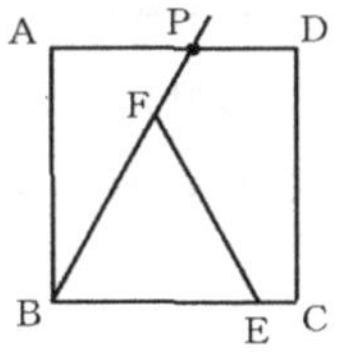

３ ⑴① Ｂ車は１Ｌごとに４km走るので，グラフの式は$y=4x$となる。$x=6$を代入すると，$y=4\times6=$ **24** となる。

② ＰとＱのx座標をｐとすると，Ｐのy座標は「Ａ車がｐＬ使ったときに走る距離」，Ｑのy座標は「Ｂ車がｐＬ使ったときに走る距離」を表す。したがって，ＰＱ＝(Ｐのy座標)－(Ｑのy座標)は，Ａ車とＢ車がともにｐＬ使ったときに走る距離の差を表すから，**エ**が正しい。

⑵ Ｂ車は１km走るごとに$\frac{1}{4}$Ｌ使うから，Ｂ車の直線のグラフの傾きは$-\frac{1}{4}$である。Ｂ車は燃料タンクの燃料が０Ｌになるまで走ると$400\times\frac{1}{4}=100$(Ｌ)使うから，燃料タンクの容量は100Ｌである。したがって，Ｂ車の式は $\boldsymbol{y=-\frac{1}{4}x+100}$ となる。

この式と$y=-\frac{1}{10}x+70$を連立させてyを消去すると，$-\frac{1}{4}x+100=-\frac{1}{10}x+70$　　$-\frac{1}{4}x+\frac{1}{10}x=-30$

両辺に20をかけて，$-5x+2x=-600$　　$-3x=-600$　　$x=200$

$y=-\frac{1}{10}x+70$に$x=200$を代入すると，$y=-\frac{1}{10}\times200+70=50$　　したがって，Ｓ(**200，50**)である。

Ａ車は200km走ったとき，燃料を$\frac{1}{10}\times200=$ **20** (Ｌ)使った。

⑶ 守さんの考え方に沿うと，次のようになる。

Ａ車は１Ｌで10km走るから，$y=10x$…①となる。Ｃ車は230－170＝60(Ｌ)で150km走るから，１Ｌで$\frac{150}{60}=\frac{5}{2}$(km)走るので，$y=\frac{5}{2}x$…②となる。①，②に$y=550$をそれぞれ代入すると，①は$x=55$，②は$x=220$となる。

よって，550km走ったときに残っている燃料は，Ａ車が70－55＝15(Ｌ)，Ｃ車が230－220＝10(Ｌ)だから，**Ａ車**の方が15－10＝**５**(Ｌ)多い。

香さんの考え方に沿うと，次のようになる。

Ａ車は１kmで$\frac{1}{10}$Ｌ使い，最初は70Ｌ入っているから，$y=-\frac{1}{10}x+70$…③となる。Ｃ車は150kmで230－170＝60(Ｌ)使うから１kmで$\frac{60}{150}=\frac{2}{5}$(Ｌ)使い，最初は230Ｌ入っているので，$y=-\frac{2}{5}x+230$…④となる。

③，④に$x=550$をそれぞれ代入すると，③は$y=15$，④は$y=10$となる。よって，**Ａ車**の方が15－10＝**５**(Ｌ)多い。

４ ⑴① 各用紙に並ぶ一番大きい数は９の倍数になっている。４枚目で一番大きい数は９×４＝36だから，５枚目の用紙では中央のマスに **37** が並ぶ。

② **【解き方】①の考え方から，まずｎ枚目の用紙の中央のマスに入る数をｎの式で表す。**

(ｎ－１)枚目の用紙で一番大きい数は９(ｎ－１)だから，ｎ枚目の用紙の中央のマスに入る数は，９(ｎ－１)＋１＝９ｎ－８と表せる。この左上のマスに入る数は中央の数より４大きいから，９ｎ－８＋４＝**９ｎ－４**と表せる。

⑵① ａ＋３の値は小さい順に，４，５，６，７，８，９となる。このうち４の倍数は４，８の２通りだから，求める確率は，$\frac{2}{6}=\boldsymbol{\frac{1}{3}}$

② 【解き方】さいころを２回投げる問題では，右のような表にまとめて考えるとよい。

		c					
		1	2	3	4	5	6
b	1	○	○	○	○	○	○
	2		○		○		○
	3			○			○
	4				○		
	5					○	
	6						○

２回のさいころの目の出方は全部で$6\times 6=36$(通り)ある。そのうち条件にあう出方は表の○印の14通りだから，求める確率は，$\frac{14}{36}=\mathbf{\frac{7}{18}}$

５－Ⅰ

(1) まず，問題文の仮定を図にかきこんで，証明のために必要な条件を探そう。条件が足りない場合は，問題の内容に応じて，図形の性質，平行線の同位角・錯角などからわかることもかきこんでみよう。

(2)① **【解き方】直角三角形ＡＧＥにおいて，三平方の定理を利用する。**

ＧＥ//ＢＤより，△ＡＧＥ∽△ＡＢＤで，相似比は，ＡＥ：ＡＤ＝$2:(2+4)=1:3$だから，

$AG=\frac{1}{3}AB=\frac{1}{3}\times 3=1$(cm)　三平方の定理より，$EG=\sqrt{AE^2+AG^2}=\sqrt{2^2+1^2}=\mathbf{\sqrt{5}}$(cm)

② **【解き方】四角形ＧＢＦＥはＧＥ//ＢＦの台形だから，ＥＧ：ＦＢがわかれば△ＧＥＢと四角形ＧＢＦＥの面積比が求められる。したがって，△ＧＥＢ→四角形ＧＢＦＥの順に面積を求めていく。**

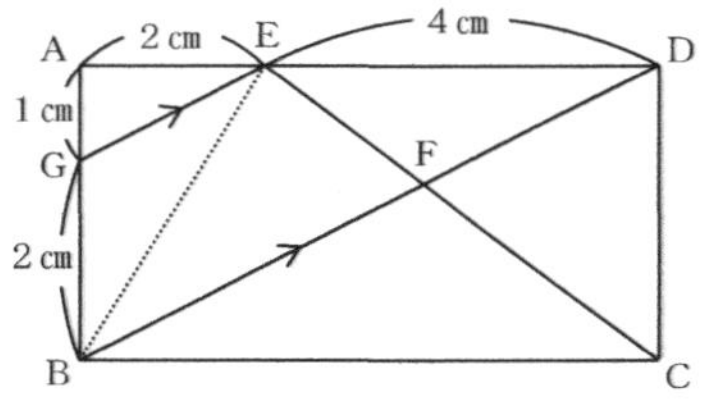

$\triangle GEB=\frac{1}{2}\times 2\times 2=2$(cm²)

(2)①より，$DB=3EG=3\sqrt{5}$(cm)

△ＦＢＣ∽△ＦＤＥより，ＦＢ：ＦＤ＝ＢＣ：ＤＥ＝$(2+4):4=3:2$

したがって，$FB=DB\times\frac{3}{3+2}=3\sqrt{5}\times\frac{3}{5}=\frac{9\sqrt{5}}{5}$(cm)だから，$EG:FB=\sqrt{5}:\frac{9\sqrt{5}}{5}=5:9$

△ＧＥＢと△ＢＦＥは，底辺をそれぞれＥＧ，ＦＢとしたときの高さが等しいから，面積比はＥＧ：ＦＢ＝５：９なので，△ＧＥＢ：(四角形ＧＢＦＥの面積)＝ＥＧ：(ＥＧ＋ＦＢ)＝$5:(5+9)=5:14$

よって，(四角形ＧＢＦＥの面積)＝$\frac{14}{5}$△ＧＥＢ＝$\frac{14}{5}\times 2=\mathbf{\frac{28}{5}}$(cm²)

５－Ⅱ

(1) まず，問題文の仮定を図にかきこんで，証明のために必要な条件を探そう。条件が足りない場合は，問題の内容に応じて，図形の性質，平行線の同位角・錯角などからわかることもかきこんでみよう。

(2)① 三角形の１つの外角は，これととなり合わない２つの内角の和に等しいから，△ＡＢＧにおいて，

$\angle AGC=\angle ABG+\angle BAG=(60+a)^\circ$

ＡＥ＝ＧＣ，ＡＥ//ＧＣより，四角形ＡＧＣＥは平行四辺形である。平行四辺形の向かい合う内角は等しいから，

$\angle AEC=\angle AGC=(60+a)^\circ$　よって，$\angle DEF=180^\circ-(60+a)^\circ=180^\circ-60^\circ-a^\circ=\mathbf{(120-a)^\circ}$

② **【解き方】四角形ＡＢＣＤの面積をＳとし，△ＡＤＢ→△ＢＥＤ→△ＢＥＦ→四角形ＥＨＩＦの順に面積をＳの式で表していく。**

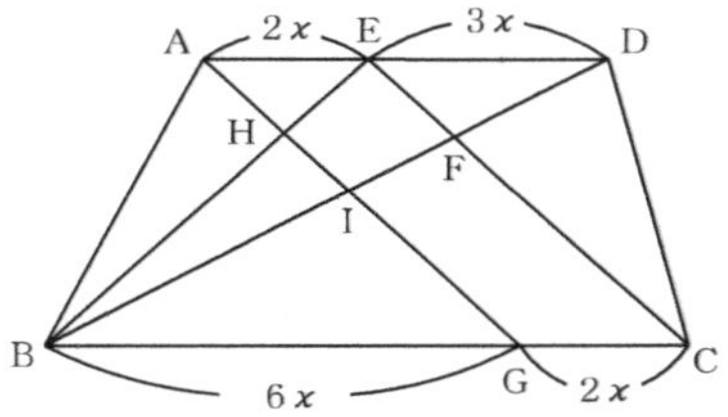

ＡＥ：ＥＤ＝２：３より，$AE=2x$，$ED=3x$とすると，

$GC=AE=2x$，$BG=3GC=6x$と表せる。

高さが等しい三角形の面積比は底辺の長さの比と等しいから，

$\triangle ADB:\triangle BCD=AD:BC=(2x+3x):(6x+2x)=5:8$

これより，△ＡＤＢ：(四角形ＡＢＣＤの面積)＝$5:(5+8)=5:13$

△ＡＤＢ＝(四角形ＡＢＣＤの面積)$\times\frac{5}{13}=\frac{5}{13}S$

$\triangle BED:\triangle ADB=ED:AD=3x:5x=3:5$

$\triangle BED=\frac{3}{5}\triangle ADB=\frac{3}{5}\times\frac{5}{13}S=\frac{3}{13}S$

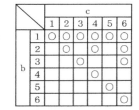

△ＦＢＣ∽△ＦＤＥより，ＢＦ：ＤＦ＝ＢＣ：ＤＥ＝$8x$：$3x$＝８：３，ＢＦ：ＢＤ＝８：(８＋３)＝８：11

$\triangle BEF = \triangle BED \times \dfrac{BF}{BD} = \dfrac{3}{13}S \times \dfrac{8}{11} = \dfrac{24}{143}S$

ＡＤ//ＢＣより，△ＨＥＡ∽△ＨＢＧだから，ＨＥ：ＨＢ＝ＥＡ：ＢＧ＝$2x$：$6x$＝１：３，

ＢＥ：ＢＨ＝(１＋３)：３＝４：３

ＥＦ//ＨＩより，△ＢＥＦ∽△ＢＨＩであり，相似比はＢＥ：ＢＨ＝４：３だから，面積比は相似比の２乗の比の$4^2 : 3^2$＝16：９となる。よって，△ＢＥＦ：(四角形ＥＨＩＦの面積)＝16：(16－９)＝16：７

(四角形ＥＨＩＦの面積)$= \dfrac{7}{16}\triangle BEF = \dfrac{7}{16} \times \dfrac{24}{143}S = \dfrac{21}{286}S$

よって，四角形ＥＨＩＦの面積は四角形ＡＢＣＤの面積の$\dfrac{21}{286}$倍である。

《2024　英語　解説》

1　(1)①　質問「女の子はおそらく次に何をしますか？」…Ａ女「おいしいでしょ？」→Ｂ男「うーん。僕はもう少し塩をかけたいな」→Ａ女「いいよ」より，エが適切。　②　質問「明日の朝，彼らはどこで会う予定ですか？」…Ａ男「明日は自転車で湖に行かない？」→Ｂ女「そうね，私は電車から素敵な景色を楽しみたいな」→Ａ男「いい考えだね。じゃあ，明日の朝，駅で待ち合わせしよう」より，イが適切。

(2)①　Ａ女「マイク，今何かしてるの？」→Ｂ男「いや，お母さん。どうしたの？」→Ａ女「一緒にスーパーに行かない？」より，イ「いいよ。僕にクッキーを買ってくれない？」が適切。　②　Ａ女「すみません。このショッピングモールのどこかでスマホをなくしてしまいました」→Ｂ男「かしこまりました。何色ですか？」→Ａ女「白で，裏側に赤い花の絵があります」より，ウ「お探しのものはこれですか？」が適切。　③　Ａ女「私の好きな歌手が来月，この市で公演をするよ」→Ｂ男「へえ，本当に？コンサートに行くの？」→Ａ女「もちろん。わくわくしているよ」より，イ「すごいね。楽しんできてよ」が適切。

(3)【放送文の要約】参照。

質問　「彼らの発表のテーマは何ですか？」…ア「修学旅行」が適切。　①　ルーカスはイ「動物園のキャラクター」が適切。　②　美香はウ「相撲」が適切。

【放送文の要約】

美香　　：質問ア修学旅行の発表で見せる写真はどれ？

ルーカス：見て。僕はこの写真を見せることにしたよ。美香，①ルーカス　イこれらのキャラクターが見える？

美香　　：あ，このキャラクターは覚えてるよ！えっと…，動物園の前で見たよね！

ルーカス：そうだよ。このキャラクターがあまりにかわいくて写真を撮ったんだ。この写真を見せたら，クラスメートは２日目の動物園の楽しい時間を思い出せるよ。

美香　　：いい考えね。私の写真を見て。②美香　ウ私は相撲の写真を見せるよ。

ルーカス：いいね，僕は修学旅行で相撲を見てとても興奮したよ。

美香　　：私もだよ。私は以前にテレビで見たことがあるけど，会場で見た相撲はもっとわくわくしたよ。

ルーカス：僕もそう思うよ。じゃあ，発表の練習をしよう。

(4)【放送文の要約】参照。①「佑太は何について話していますか？」…ア「好きな場所」が適切。

②　「佑太の祖父はどの季節に神社の周りを歩くのが好きですか？」…ウ「秋に」が適切。　③　「春になるとたくさんの人が神社の周りで何をしますか？」…ウ「彼らは桜の花の写真を撮ります」が適切。

【放送文の要約】

みなさん，この写真を見てください。①アこれは私が大好きな神社です。この写真の中に男の人がいますね。彼は祖父のヒロシです。この神社は僕の家の近くにあります。②ウ美しい紅葉が楽しめるので，祖父は秋にその周りを散歩するのが好きです。私の場合は，気温がちょうどいいので春に神社の周りを散歩するのが好きです。その神社は桜の花が美しいことでも有名です。③ウそこでそれらの写真を撮るのが好きな人がたくさんいます。そこに行ってみるのはどうですか？

2　【本文の要約】参照。(1)①　直前の aunt「叔母」と直後の in Hokkaido「北海道に」より，現在分詞 living を入れて「北海道に住んでいる叔母」とする。　②　後ろに than があるので，比較級の文と判断する。cooler が適切。

③　過去形の bought が適切。

【本文の要約】

私は夏休みに北海道に①住んでいる(＝living)叔母を訪ねました。そこは秋田②よりも涼しい(＝cooler there than)と感じました。叔母は私を面白い場所に連れていってくれました。私は水族館が気に入りました。たくさんの種類の魚を見ました。本当に美しかったです。売店で家族のためにおみやげ③を買いました(＝bought)。また行きたいです。

(2)①　アンドリュー「これは僕が好きなテレビゲームだよ。一緒にやろうよ」→タケシ「いいよ，でも僕はそれの(　　)がわからないんだ」→アンドリュー「心配いらないよ。僕が教えるよ。一緒にやろう」の流れより，タケシはゲームのやり方がわからないと言ったと考えられる。how to ～「～する方法」より，how to play が適切。

②　ケンタ「次の体育の授業の準備はできているの？」→ジム「実は，気分が良くないんだ。風邪をひいたかもしれない」→ケンタ「本当に？もし(　　)保健室に行くよ。一緒に行こう」の流れと使う単語の were より，ケンタは仮定法を使って「(もし)僕が君なら」と言ったと考えられる。(If) I were you「もし僕が君なら」が適切。

③　ＡＬＴ「わあ！素敵な写真ですね！どこで撮りましたか？」→リカ「広島です。そこに(　　)？」→ＡＬＴ「行ったことがないです」の流れと直前の Have，使う単語の ever より，リカは「(そこに)行ったことがありますか」と尋ねたと考えられる。(Have) you ever been (there?)

3　(1)【本文の要約】参照。

①　〈There was/were＋○○〉「○○があった」の文。○○の部分に複数のものが入るときは，were にする。

②　It is…for＋人＋to～「(人)にとって～することは…だ」の文。necessary「必要な」が適切。

③　文中に疑問詞を含む間接疑問の文にする。「何を考えたか」となる what を入れる。

④　glad to～「～してうれしい」より，to see が適切。

【本文の要約】

今年の一番の学校行事は学園祭でした。私は演劇チームに入りました。私たちのチームには 30 人のメンバー①がいました(＝There were)。

私たちは最高のパフォーマンスのために一緒に一生懸命練習しましたが，お互いに誤解することがありました。そこで問題について話し合いました。「お互いにもっとコミュニケーションをとることは私たち②にとって必要(＝necessary for)だね」と誰かが言いました。みんな同意しました。その後，お互いに③私たちが何を考えたか(＝what we thought)について伝え始めました。

学校祭の日，私たちはステージでベストを尽くしました。観客の笑顔④を見て(＝to see)本当にうれしかったです。

(2)　【本文の要約】参照。ＡＬＴの弟のダニエルについての質問を考える。無理に難しい単語を使わなくてよいので，ミスのない文にする。５語以上の１文という条件を必ず守ること。（例文１）「彼は電車で来ますか？」　（例文２）「彼はどんな日本のアニメが好きですか？」

【本文の要約】

みなさんこんにちは。これは私の弟，ダニエルの写真です。

彼は東京に住んでいます。彼は日本のアニメを見るのが大好きです。彼は時々，好きなアニメのキャラクターについて話してくれます。現在は，特別な剣で悪魔と戦うアニメキャラクターに影響を受けて剣道をしています。

彼は来月秋田に来ます。ここで彼に会えるのが楽しみです。

彼について何か質問はありますか？

4　【本文の要約】参照。

(1)①　１番目の生徒の発言の２文目より，ア「生徒は宿題に集中できます」が適切。　②　２番目の生徒の発言の１文目，because 以下より，エ「自分自身を表現することが難しいです」が適切。　③　３番目の生徒は制服を着ることによって「(　　)の一員であると感じることができる」と言っているので，エ「チーム」が適切。ア「ちがい」，イ「計画」，ウ「仕事」は不適切。　④　「制服を着ることで私たちが一緒に活動するのに役立つ」という３番目の生徒の発言に対し，４番目の生徒は「しかし，たとえ(　　)でもお互いに助け合うことができる」と言っているので，ア「ちがう服を着ていても」が適切。

(2)　「お弁当より給食のほうがいい」というテーマに対して，賛成または反対の立場で答える。25 語以上の条件を守ること。（賛成の例文）「学校給食はみんなが温かい食事とスープを食べられるのですばらしいと思います。例えば，特に寒い時期には，温かい食事を食べてリラックスすることができます」　（反対の例文）「学校給食は，食べる量を自分で決められないので良いとは思いません。例えば，食べられないものがある生徒もいます。でも，お弁当を持っていけば，全部食べられます」

【本文の要約】

司会　　　　　：ディベートを始めましょう。今日のテーマは「すべての生徒が制服を着るべきだ」です。まずは，賛成側の生徒から話を聞きます。

１番目(賛成側)：勉強に集中するのに役立つので，すべての生徒が制服を着るべきだと思います。①ア例えば，私たちは服を選ぶかわりに，宿題により多くの時間を費やすことができます。

２番目(反対側)：②エ私たちは制服で自分自身を表現できないので，すべての生徒が制服を着るべきではないと思います。例えば，みんな同じ服を着ていると，好きなものを表現することができません。

３番目(賛成側)：あなたの言う通りかもしれませんが，同じ制服を着ることは，私たちが一緒に活動するのに役立ち，aエチーム(＝a team)の一員であると感じることができます。例えば，地元の人は私たちの制服を見ると，どの学校かわかってくれます。それは私たちが地元の人々とのつながりをより強くするのに役立ちます。

４番目(反対側)：あなたは，制服を着ることで私たちが一緒に活動するのに役立つと言いました。しかし，たとえbア私たちがちがう服を着ていても(＝we wear different clothes)お互いに助け合うことができます。ちがっているということは新しいアイデアや考え方をもたらすので，重要だと思います。ですから，私たちはそれらから多くの異なる見解を学ぶことができます。

司会　　　　　：ありがとうございました。決定を発表する前に，次のテーマをお伝えします。「お弁当より給食のほうがいい」です。

5　(1)【本文の要約】参照。①　「グリーン先生の国の廃校について正しいものはどれですか？」…第1段落4～6行目より，エ「彼女の家族は建物の中でお気に入りのものを楽しみました」が適切。　②　「葵の要点は何ですか？」…第2段落の葵の発言より，イ「人々に農家の仕事に興味を持ってもらうこと」が適切。

③　「颯太は彼の市にどうなってほしいですか？」…第3段落の颯太の発言より，ウ「もっと有名になる」が適切。

④　「グリーン先生によると，人々の幸せな生活のためには何が必要でしょうか？」…第4段落より，ア「コミュニケーション」が適切。

【本文の要約】

まず，授業の冒頭でグリーン先生が母国の例をひとつ紹介しました。小学校の校舎が変化して，とても魅力的になりました。教室ごとにレストランやギフトショップなどさまざまな使い方をされています。人々はこの建物で好きなことを楽しんでいました。①エ彼女は日本に来る前に，家族と何度もそこに行きました。彼女は教室で映画を見るのが好きでした。兄弟は体育館で父親とバスケットボールを楽しみました。

葵さんと颯太さんが市内の廃校について話したとき，彼女は「人々は野菜作りを楽しむことができます。農家の数が減少しており，人々は地元の野菜を楽しむことができません。②イこれらの問題を解決するために，もっと多くの人に野菜を作ることの面白さを知ってもらいたいです。彼らは料理をしたり，おいしい野菜を食べたりすることも楽しめるでしょう。だから私の考えはいいと思います」と言いました。

颯太さんは，廃校は映画やテレビ番組などの制作に使えると考えました。彼は「私たちの市は自然豊かで，廃校の周りには高い建物がありません。映画のシーンは美しくなるでしょう。③ウ私は映画が市をもっと人気にしてくれることを願っています。私たちの市は将来，良い観光地になれます」と言いました。

授業の最後にグリーン先生が「あなたたちの校舎を利用するすばらしいアイデアを聞いて驚きました。④アお互いに話したり聞いたりすることが本当に大切です。そうすることで，人々が集い，ずっと幸せな生活を送ることができると信じています」と言いました。

(2)【本文の要約】参照。①　「大和の市では，祭りが中止になりました。なぜなら，若者の興味が(　　)，市は必要なお金が(　　)」…第1段落2～3行目より，若者の興味が薄れ，市はお金が足りなかったので，little の比較級 less を両方に入れる。　②　下線部②の直後の1文を日本語でまとめる。　③　skeptical「疑いをもっている／懐疑的な」の意味がわからなくても，前後の内容から類推することができる。下線部(B)の直後の1文「しかし，話をしているうちに，先生方は私の計画はやってみる価値があると思いました」などから，アが適切。

④　ア「大和は2歳の時に地元の市の祭りに参加しました」…本文にない内容。　イ「大和の英語の先生は×自分の計画について話すためにクドウさんに×会いに行きました」　ウ「クドウさんはインターネットを使って，大和が十分な×お金を集めるのを手伝いました」　エ○「人々は祭りで音楽のパフォーマンスと郷土料理を楽しみました」　オ○「祭りのおかげで子ども時代を思い出した人もいました」　⑤　最終段落の1行目で，大和は「ひとつの声がいかにしてすべてを変えるかを学びました」と言っていることから，大和はウ「自分の意見を言うこと」が最も大切だと考えていることがわかる。

【本文の要約】

私は両親から市の桜祭りについて聞きました。この祭りは私が生まれる前に2つの理由で中止になったそうです。①エ若者は興味を失い，市には十分なお金がありませんでした。私はその話を聞いて悲しくなりました。私たちの市に活気を取り戻したいと思いました。

ある日，私たちの英語の授業で廃校の使い方について話したとき，私は自分の小学校を思い出しました。現在は廃校になり，周辺には桜の木がたくさんあります。発表の中で私は「桜祭りのために廃校になった学校を利用できると思います。②この祭りは，若者と高齢者が出会い，互いをよりよく理解し，彼らの関係をより強固なものにするのに役立ちます」と言いました。

英語の先生は私のスピーチに興味を持ちました。先生は私のアイデアを他の先生たちに紹介しました。アイデアが十分に明確でなかったため，中にはBア疑いをもっている先生もいました。しかし，話をしているうちに，先生方は私の計画はやってみる価値があると思いました。英語の先生は市役所にメールを送りました。数週間後，市役所に勤めているクドウさんが私の学校を訪問し，私のアイデアが気に入ったと言いました。彼は祭りに校舎を使うことに同意しました。彼は私のアイデアを共有するためにインターネットを使いました。その後，彼は多くの肯定的なコメントをもらいました。人々はわくわくしているようでした。

祭りの日，廃校にはあらゆる年齢の人々が集まっていたので，活気に満ちていました。最初に私はステージで「本日はご来場くださりありがとうございました。私たちは多くの人の助けを借りてこの祭りを開催することができました。この素晴らしい祭りを楽しみましょう」と言いました。

祭りは成功しました。④エ高齢者が調理室で郷土料理を作りました。地元のミュージシャンたちは，体育館ですばらしい演奏をしました。人々は料理にもパフォーマンスにも満足していました。彼らは桜の下で話したり笑ったりしていました。④オ祭りの後，この行事によって学生時代を思い出したと言った人がたくさんいました。みんながもう来年の祭りを楽しみにしていました。

ひとつの声がいかにしてすべてを変えるかを学びました。同じように関心を持っている人が私たちを助けてくれます。そのため，ひとりでは乗り越えられない困難な課題を乗り越えることができます。私は「ウ自分の意見を言うことは本当に大切です」と言いたいです。

《2024　理科　解説》

1　(1)　Aは脊椎動物，Bは無脊椎動物である。また，アは魚類，イは両生類，ウはは虫類，エは鳥類，オは哺乳類，カは軟体動物，キは節足動物である。

(4)　「子をうむ」のは哺乳類だけにみられる特徴である。なお，Xはマナティなどの海牛類と考えられる。

(5)①　イ(両生類)は，幼生のとき，えらと皮膚で呼吸し，成体のとき，肺と皮膚で呼吸する。　②　サとセは鳥類，シとスはは虫類の特徴である。

2　(1)　１種類の物質からできているものを純粋な物質，２種類以上の物質が混ざり合っているものを混合物という。アは窒素や酸素など様々な気体が混ざり合っていて，エは二酸化炭素と水が混ざり合っている。なお，イとウは純粋な物質のうち，２種類以上の元素からできている化合物である(酸素や銅などのように１種類の元素からできているものを単体という)。

(2)　塩化ナトリウム〔NaCl〕は，水にとけると，ナトリウムイオン〔Na^+〕と塩化物イオン〔Cl^-〕に電離する。

(3)　液が飛び散らないように，ろ過する液はガラス棒を伝わらせて注ぐ。

(4)　デンプンを燃やすと，デンプンに含まれる炭素や水素がそれぞれ酸素と結びついて，二酸化炭素や水などができる。

(5)　表より，塩化ナトリウムは，20℃の水 100ｇには 35.8ｇまでとけ，０℃の水 100ｇには 35.6ｇまでとける。ろ液は水 100ｇに塩化ナトリウムを 35.0ｇとかした水溶液と同じ濃度だから，０℃まで冷やしても塩化ナトリウムはすべてとけたままで結晶はできない。

(6)　cのときの水溶液は飽和水溶液である。表より，20℃において塩化ナトリウムは水 100 g に 35.8 g までとけるから，〔質量パーセント濃度(%)＝$\frac{溶媒の質量(g)}{溶液の質量(g)}$×100〕より，$\frac{35.8}{35.8+100}$×100＝26.36…→26.4%である。

3　(1)①　前線の記号の半円や三角は，暖気や寒気が進む方向につく。停滞前線の南側に暖気，北側に寒気があるので，ウが正答となる。　③　◎はくもりの天気記号であり，風向は矢羽根の向き，風力は矢羽根の数で表される。

④　X．地上付近で吹く風は高気圧から低気圧に向かって吹く。よって，下線部の風はQ(オホーツク海高気圧)から吹き出した風である。　Y．海上にあるQやRの空気は湿っている。また，北にあるPやQの空気は冷たい。

(2)　日本列島付近にできる停滞前線は，オホーツク海気団と小笠原気団の勢力がほぼ同じになってでき，雨が長く続く。初夏のころにできる停滞前線を特に梅雨前線という。小笠原気団の勢力が大きくなると，停滞前線は北上し，日本列島は太平洋高気圧(R)におおわれ，暑い日が続く。

4　(1)①　台車にはたらく重力の大きさは 500 g→5 N である。　②　台車が静止したおもりの質量が 300 g のとき，台車にはたらく斜面方向の上向きの力は 300 g→3 N である。したがって，これとつり合う台車にはたらく斜面方向の下向きの力(台車にはたらく重力の斜面方向の分力)の大きさも3 N である。　③　ア×…台車にはたらく重力は斜面の傾きによらず一定(5 N)である。　イ×…糸が台車を引く力は，斜面の傾きによって変化せず，おもりにはたらく重力に等しい。　ウ○…台車にはたらく垂直抗力は，台車にはたらく重力の斜面に垂直方向の分力とつり合う。したがって，斜面の傾きが大きくなると，台車にはたらく垂直抗力は小さくなる。　エ×…台車が糸を引く力は，台車にはたらく重力の斜面方向の分力に等しい。したがって，斜面の傾きが大きくなると，台車が糸を引く力は大きくなる。

(2)　台車が静止したR＝120 度のとき，2本の糸が台車を引く合力と台車が2本の糸を引く力は等しい(右図参照)。台車と2個のPは同じ斜面上にあるので，それぞれにはたらく重力の斜面方向の分力の大きさは等しい。よって，P1個の質量は台車の質量に等しく 500 g である。なお，台車と2個のPのそれぞれにはたらく重力の斜面方向の分力は3 N である。

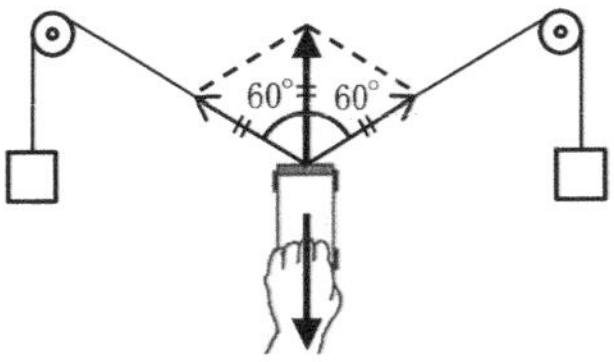

5　(1)①　石灰岩もチャートも海にすむ生物の死がいなどが堆積してできた岩石である。なお，石灰岩は炭酸カルシウムを含むサンゴや貝など，チャートは二酸化ケイ素の殻をもった放散虫などの死がいが堆積してできている。

(2)①　ストローは気管，ゴム風船は肺，ペットボトルはろっ骨，ゴム膜は横隔膜のはたらきをしている。ゴム膜を下に引っ張ると，ペットボトル内の空間が広がって気圧が下がり，ゴム風船にストローを通して空気が入ってくる。

③　養分と酸素を使い，エネルギーを取り出すことを細胞の呼吸という。

6　(1)①　ウ×…磁石につくのは，鉄やニッケルなど一部の金属の性質である。　②　〔密度(g/cm³)＝$\frac{質量(g)}{体積(cm^3)}$〕より，$\frac{22.4}{2.5}$＝8.96(g/cm³)である。

(2)①　電圧計は，電圧を測定したい部分に対して並列に接続する。　②　〔電力量(J)＝電力(W)×時間(s)〕より，電流を流した時間が等しいとき電力量は電力に比例する。表2より，CとDの両方を入れたときとDだけを入れたときで，回路全体に加わる電圧は等しい(1.5V)から，〔電力(W)＝電圧(V)×電流(A)〕より，電力は電流に比例する。表1より，回路全体に流れる電流は，CとDの両方を入れたとき 0.8A，Dだけを入れたとき 0.5A だから，CとDの両方を入れたときの電力量は，Dだけを入れたときの電力量の 0.8÷0.5＝1.6(倍)である。

《2024 社会 解説》

1 ⑴ オーストラリア大陸　オーストラリア大陸は六大陸の中で最も面積が小さい大陸である。

⑵ カ　日本の標準時子午線(東経 135 度の経線)が，オーストラリアのほぼ中央部を通っていることから考える。

⑶ 国境線には，自然的国境(湖・河川・山脈などを利用した国境)と地図上で決めた人為的国境がある。

⑷ エ　住居の熱が地面に伝わらないように高床にするのは，寒い地域での工夫である。

⑸ お．陸地面積に占める農地面積の割合は，B国が 40581÷91474×100＝44.3…(%)，日本が 500÷3645×100＝13.7…(%)である。か．農地面積 1 ha 当たりの穀物生産量は，B国が 42154÷40581＝1.03…(t)，日本が 1183÷500＝2.366(t)である。

2 ⑴ 福岡市　福岡市は，九州地方の地方中枢都市であり，人口は約 150 万人である。

⑵ C　あの都市の年間降水量は 3000 ㎜近く，冬の降水量は少ないことから，太平洋側の気候を示している。

⑶ 地熱　大分県には，日本最大の八丁原地熱発電所がある。

⑷① リアス海岸は，沈降した山地の谷間の部分に海水が入り込むことで形成された，複雑に入り組んだ海岸地形であり，波がおだやかで水深もあるため，漁港や養殖場に利用される。

② 津波　リアス海岸は，岬の部分に押し寄せた波が湾内に流れ込むため，通常より高い津波が発生しやすい。

⑸ イ＝宮崎県　エ＝山梨県　豚の飼育数が多いイは宮崎県，ぶどうの収穫量が多いエは山梨県である。アは和歌山県，ウは岡山県，オは秋田県。

3 ⑴ 石包丁　弥生時代から稲の穂先を刈り取るために使われようになった。

⑵ 能力のある豪族を役人として取り立てるために冠位十二階が制定され，取り立てた豪族に役人としての心構えを示すために十七条の憲法が制定された。

⑶ イ　征夷大将軍に任じられた坂上田村麻呂は，蝦夷の首長の一人であるアテルイを降伏させた。

⑷ ㋐　源氏の将軍が三代で途絶えたことを契機に，政権を奪い返そうと後鳥羽上皇が挙兵すると，北条政子の呼びかけに集まった御家人の活躍により，鎌倉幕府方が勝利し，朝廷の監視と西国の武士の統制のために，六波羅探題が設置された。

⑸ 酒屋や土倉は高利貸しを営んでいたため，借金を帳消しにしようとする一揆の標的となった。

⑹ ウ　身分の下の者が実力で身分の上の者ととってかわる風潮を下剋上という。

⑺ エ　ルターやカルバンが宗教改革を始め，プロテスタントの勢力が強まると，カトリックは海外布教に力を入れ，ザビエルらをアジアなどに派遣した。

⑻ ア　九州の大名の大村氏・有馬氏・大友氏が天正遣欧使節を派遣した。

⑼ イ　江戸時代前半，上方の町人を中心に栄えた文化を元禄文化という。井原西鶴は数々の浮世草子を書いた。兼好法師は鎌倉時代，観阿弥は室町時代，横山大観は明治時代以降に活躍した。

⑽ 図２から耕地面積が増えたことを読み取り，新田開発が行われたと考える。図３から新たな農具が開発され，生産効率が上がったと考える。江戸時代には，千歯こきのほか，備中ぐわや千石通しなどが開発された。

⑾ 伊藤博文　伊藤博文は初代内閣総理大臣となり，その後 1900 年に立憲政友会を結成した。

⑿ エ　世界恐慌は 1929 年にアメリカから広がった。征韓論は明治時代前半に西郷隆盛や板垣退助が唱えた考えである。義和団事件は 1900 年に起きた。シベリア出兵は 1918 年に起きた。五・一五事件は 1932 年に起きた。

⒀ ア→エ→ウ→イ　日本はサンフランシスコ平和条約を締結して独立国となった後も，安全保障理事会の常任理事国であるソ連の反対によって，国際連合への加盟ができなかった。1956 年に日ソ共同宣言に調印し，日本とソ

連の国交が回復したことで，ソ連の反対がなくなり，日本の国際連合加盟が実現した。

4 (2) ウ　原告と被告が出廷していることから民事裁判と判断する。刑事裁判では，被告人と検察官がいる。裁判員裁判は，重大な刑事裁判の第一審で行われる。裁判官を辞めさせるかを判断する弾劾裁判は，国会内で行われる。

(3) 高齢化が進んでいることを読み取る。

(4) イ　製造業者の過失を消費者が裁判で証拠をあげて証明することは困難であることから，製造物責任法（ＰＬ法）では，製造業者の無過失責任を定め，消費者は製品に欠陥があったことを証明すればよいとされた。

(5)① 均衡価格　Ａが需要曲線，Ｂが供給曲線である。　② ㋐　価格が高いと，供給量＞需要量となり，売れ残りが発生する。

(6) ウ　日本銀行には，「発券銀行」「政府の銀行」「銀行の銀行」の役割がある。

(7) イ　税金を納める人とその税金を負担する人が同じ税を直接税，異なる税を間接税という。酒税は間接税の国税，所得税は直接税の国税，自動車税と固定資産税は直接税の地方税である。

(8) 所得が低い人ほど所得に占める税の割合が高くなることを逆進性という。所得が高い人ほど高い税率が適用される累進課税と合わせて覚えておきたい。

(9) ウ　アはWTO，イはUNESCO，エはPKOの活動である。

(10)① 表で，一人当たりのＧＤＰが低い国はネパールやアフガニスタンである。　② エ　天然資源の消費を抑え，環境への負担をできる限り減らすことを目指す社会を循環型社会という。

2023 解答例 令和5年度 秋田県公立高等学校

《2023　国語　解答例》

一　1．車道を歩いていた　2．通行の邪魔になるものを取り除く　3．みんなが安全に生活できる　4．ア

二　1．将来　2．時間の経過に比例して必ず改善される　3．人々の暮らし　4．エ　5．(1)a．魅力的　b．言い当てる　(2)自らのニーズを満たすだけでなく、将来世代が暮らす未来のことを考慮したもの

三　1．①ふんいき　②伝統　③そこ　④働　2．エ　3．ウ　4．連体形

四　1．落胆　2．ア　3．師の代筆という立場にとらわれず、自分らしい絵を描きたいという思いを押し殺した空虚なもの　4．(1)イ　(2)a．衝撃　b．眠るように静かに横たわっていた　(3)迷いから解放され、画家としての覚悟を固める

五　1．①いえども　②さとらん　2．イ　3．a．水に飽かず　b．林をねがふ　4．(1)とらわれない　(2)心のもち方ひとつでどのようにも変わる

六　私が今までに最も影響を受けた人物は、大リーガーの大谷翔平選手だ。ピッチャーとバッターの二刀流で活躍する大谷選手の姿に、多くの人々が魅了されている。しかし、その魅力はプレーだけにとどまらない。多くの偉業を成し遂げた今でも、大谷選手は、礼儀正しさや謙虚さを忘れていないのである。そんな大谷選手に影響を受け、私は、きちんとあいさつをし、言葉遣いに気をつけるようになった。また、気配りや敬意、慎みの気持ちを持ち続けたいと思うようになった。

《2023　数学　解答例》

1　(1)5　(2)$\frac{4b^2}{a}$　(3)$4>\sqrt{10}$　(4)-9　(5)$\frac{\sqrt{2}}{3}$　(6)6
(7)$x=3$　$y=-1$　(8)$\frac{-5\pm\sqrt{17}}{2}$　(9)$45-6a$　(10)5，19，31
(11)135　(12)23　(13)9　(14)$6-2\sqrt{3}$　(15)72π

2　(1)①右グラフ　②12　(2)①$\frac{2}{9}$　②5　(3)右図

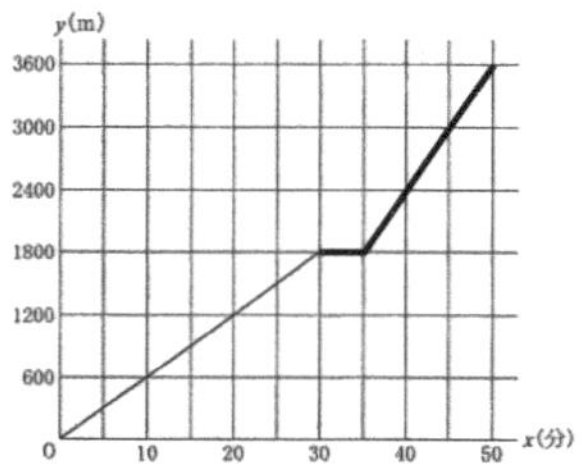

3　(1)イ　(2)範囲…105　第1四分位数…30
(3)①ア，エ　②記号…ア　理由…範囲と四分位範囲が，ともに最も大きいから。

4　(1)仮定から，CE＝CF…①
正三角形は3つの辺が等しい三角形だから，AC＝BC…②
平行線の錯角は等しいから，∠ACE＝∠BAC
また，正三角形の3つの角は等しいから，∠BAC＝∠BCF
よって，∠ACE＝∠BCF…③
①，②，③より，2組の辺とその間の角がそれぞれ等しいから，
(2)ア．$a+b=9$ならば，$a=3$，$b=6$　イ．$a=4$，$b=5$　(3)17

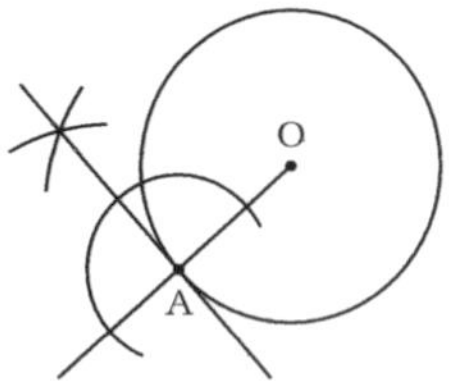

5－Ⅰ　※(1)$y=x+2$　(2)$\sqrt{5}$　(3)$\frac{1}{4}$

5－Ⅱ　※(1)$y=-3x-4$　(2)①1　②$2-\sqrt{5}$

※の過程は解説を参照してください。

《2023　英語　解答例》

1　⑴①ウ　②イ　⑵①イ　②ウ　③ア　⑶①イ　②ア　③エ　⑷ア，ウ　質問…How do you go to school／Do you wear a school uniform　などから１つ

2　⑴①largest　②sold　③talking　④says　⑵①winter　②quiet　③opinion　④sleep
⑶①How／old／is　②you／show／me　③long／have／you

3　⑴①He practices it at the Sports Park　②It is to be a translator in her country　⑵(Kodaira Nao の例文) She is the first Japanese woman speed skater who won the gold in the Olympic Games.　I was impressed with her race.　(my grandmother の例文) She is eighty and still works as a farmer.　She has grown delicious rice for many years.　She gives me a lot of energy.

4　⑴C　⑵①イ　②ウ　⑶before　⑷continue

5　⑴ウ　⑵エ　⑶インドでは，他国出身の人々は施設に入ることができなかったから。
⑷a．blue　b．brown　⑸イ，エ　⑹①オ　②イ

《2023　理科　解答例》

1　⑴①イ　②体温に近づけるため。　③なくなった　④加熱する
⑵①記号…X　名称…毛細血管　②小腸内の表面積が大きくなるから。

2　⑴①イ，ウ　②塩化コバルト紙　③化学式…O_2　体積…3.0
⑵①体積が２：１の割合　②ア，エ　⑶右図

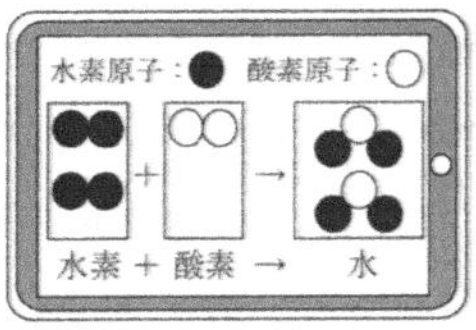

3　⑴①ウ　②記号…b　書き直し…断層
⑵①3.5　②右グラフ　③X．伝わる速さが速い　Y．イ

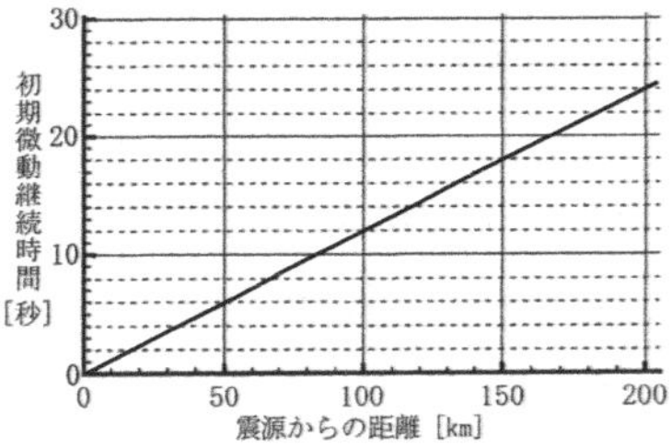

4　⑴位置エネルギーが大きくなる　⑵①Ｊ
②過程…手が加えた力の大きさ2.7N，手が引いた糸の距離0.2m
仕事2.7N×0.2m＝0.54Ｊ　0.54Ｊ÷３秒＝0.18W／0.18
③580　④X．長く　Y．小さく

5　⑴①イ　②増加しない　⑵①エ　②熱が発生するため。　⑶X．化学　Y．運動

6　⑴①ア，ウ，エ　②かたい殻　⑵①北…ア　方向…カ　②地軸を傾けたまま　③多くの光が当たり

《2023　社会　解答例》

1　⑴インド洋　⑵え　⑶記号…く　語…タイガ　⑷①㋐　②㋕　③ＧＤＰと一人あたりの所得が増加しているが，都市部と農村部の一人あたりの所得格差が拡大している。

2　⑴宇都宮　⑵①Ｐ．イ　Ｑ．エ　②神奈川　⑶記号…え　工業地帯名…阪神　⑷①３　②X．再生可能エネルギーの発電量を増やす　Y．化石燃料の輸入量が減る

3　⑴①ア，エ　②イ　③男子にしか課せられない　⑵①ウ　②家畜を利用した耕作や二毛作など新しい農業技術が導入されたから。　③エ　⑶①近世　②イ　③松平定信　⑷①第一次世界大戦　②ア　③都市部…ウ
農村部…イ　④い．ソ連　う．冷戦

4　⑴①基本的人権　②ア　⑵①住民投票　②う．イ　え．エ　③イ　⑶ウ　⑷Q．不信任　R．解散　S．権力の集中を防ぐ　⑸価格の変化が大きい　⑹独占禁止法　⑺ア，エ　⑻ウ　⑼①一人あたりの労働時間が減少しているが，国民総所得は増加している　②イ

2023 解説 ▶ 秋田県公立高等学校
令和5年度

《2023　国語　解説》

一　1　りくさんの最初の発言の最後の部分、「それに、雨が降ったあと、小学生が(歩道の)穴の部分にできた水たまりをよけようとして車道を歩いていたのを見て、危険だと感じました」を参照。

2　りくさん、えみさんの発言を受けたたけるさんの発言、「ここまでの二人の話を整理すると、歩道そのものを補修することと、通行の邪魔になるものを取り除くことが必要だということですね」を参照。

3　えみさんの３回目の発言、「このように、みんなが安全に生活できるという視点に立って、自分たちができることについて考えていくことも必要だと思います」を参照。

4　たけるさんは、「ここまでの二人の話を整理すると～ことと、通行の邪魔になるものを取り除くことが必要だということですね」と二人の意見をまとめ、確認している。それを受けて、えみさん、りくさんがクリーンアップ活動についての具体的な発言をすると、「なるほど。たくさんの人を巻き込んだ形で『人にやさしい町づくり』に取り組むということですね」と、二人の発言を共感的に受けとめ、内容をまとめている。

二　1　傍線部の「彼ら」は、この文の前半の「将来世代」を指している。次の文の「彼ら」も同じ。

2　直前の「時間の経過とともに技術や制度というものは改善されていき、そうしたときに物事は必ず改善されていくのだ」を言い換えたのが傍線部。比例は、一方が増減するにつれて他方も増減すること。この場合は、時間を横軸(右側に行くほど未来)に、発展度、改善度を縦軸（上に行くほど発展・改善）に取った場合に、右上がりの直線の正比例のグラフになるようにイメージしがちだということ。

3　この段落の後半の「『欲求』は～持続可能な開発におけるニーズには～生活の質(Quality of Life)に深く関連する項目も含まれています。単に～だけを見ているのではなく、人々の暮らしに関わる多くの項目が、持続可能な開発における『ニーズ』には含まれているのです」に着目する。

4　「何世代も解決できていないような問題」の例として、「経済格差」をあげている。また、「将来世代のニーズが私たちのそれと大きく異なるものになる」例として、「経済的な豊かさを～優先した結果」、「深刻な公害」が起きたことや、「安定的な電力供給を優先」したために、核廃棄物を生み出す原子力発電に依存する社会になってしまったこと、「地方の自律的な発展よりも大都市圏の経済活動を優先した結果」、都市と地方の格差が生まれ、固定化したことなどの、複数の事例を取り上げている。

5⑴a　第１段落に書かれている、「持続可能な開発」の定義における、将来世代と現行世代の「世代間公平性」が担保されなければならないという主張について、第２段落の最初の文で「とても魅力的な主張である一方で、実際にこの持続可能な開発を実践するには、多くの難しい点があります」と述べている。　b　最後の段落の最初の文の「現行世代の私たちが将来世代の彼らのニーズを言い当てることはできません」を参照。　⑵　最後の段落にある「将来世代が暮らす未来のことを考慮しながら、現行世代の私たちの開発」を行っていくことが、「持続可能な開発」という概念が意味するところである。このことを、最初の段落に書かれている持続可能な開発という概念に込められたメッセージと、最後の段落の後半などからまとめる。

三　2　この一文の述語である「高まっている」が起こっている時期を述べているから、これを連用修飾している。

3　「覆水盆《ふくすいぼん》に返らず」は、一度したことは、もはや取り返しがつかないことのたとえ。

4　形容詞は「かろ／かっ・く／い／い／けれ／〇」と活用し、終止形と連体形が同型だが、ここは「認識」にかかっているから連体形。

四　1　豊蔵《とよぞう》は彦太郎《ひこたろう》と「対立しながらも絵師としての腕を認め合う間柄」だった。だから、彦太郎の絵に期待して、豊蔵は「ド田舎まで足を延ばした」のである。しかし、座敷に入った豊蔵は「落胆のため息をもらした」。「あからさまな視線」について「侮蔑《ぶべつ》と猜疑《さいぎ》を隠そうともしない」とあるところからも、「落胆」が適する。

2　「えぐる」には、①刃物などを深く差し入れ、回して穴をあける。くりぬく。②心に強い苦痛や衝撃を与える、という意味がある。この後の彦太郎の様子について、「その容赦《ようしゃ》のなさに打ちのめされる。喘《あえ》ぐように」とあるから、アの「苦痛」が適する。

3　面白みや味わいがまったく感じられない、感動がない虚《むな》しい様子を表す「砂を噛《か》むよう(な)」という慣用句がある。傍線部直前では、この慣用句を踏まえて「彦太郎が噛《か》んでいるのは、砂ですらない」と言っている。まだ自分の絵が描きたいという意欲が残っていた彦太郎は、自分の言葉が嘘であり、自分がそれを信じていないこと、豊蔵に反論することの空虚さに気づいた。後に続く「いくら噛みしめても中身はなく、籾《もみ》の先だけがちくちくと舌を刺す」も参照。

4(1)　「豊蔵が問うているのは、吉村胡雪《よしむらこせつ》の、画家としての覚悟の程だった」という豊蔵の彦太郎に対する気持ちが最も高まった部分。　(2)a　本文の「大砲の弾が～ようだ」に続く「彦太郎にとっては、それほど凄《すさ》まじい衝撃だった」に着目する。　b　「擬人化された描写」とあることと、「彦太郎は、心の高ぶりを海が受け止めてくれたように感じたのではないかな」とBさんが推測しているところからわかる。　(3)　円山応挙《まるやまおうきょ》の代筆をやめ、自分の絵を描いていく決心をしたことに、大きな喜びと解放感を感じている。そして「その奇跡をやってのけた」深山箏白《みやまそうはく》に感謝の念を持っている。

五　1　①古文で言葉の先頭にない「はひふへほ」は、「わいうえお」に直す。

2　A　家に帰った作者が、他の者が「俗塵《ぞくじん》に馳《は》する事」を憐《あわ》れんでいる。　B　「もし他の人が、私がここで言ったことを疑うなら」と言っている。

3　最後の4文で述べている内容を参照。最後の「さとらむ」は反語で、「住まなければ誰もさとらない(わからない)」ということ。

4(1)　閑居に帰っているときは、「他の俗塵に馳する事をあはれむ」と言っている。望んでいるのは「俗塵に馳する事」とは逆の生き方。　(2)　最初の文で述べている内容。「さびしき住《すま》ひ、一間の庵《いおり》」であっても、「みづからこれを愛す」から、「閑居の気味」を感じている。

【古文の内容】

ああ、人間の世界は心の持ち方一つだ。心がもし安らかでなかったら象や馬や七つの珍宝があっても意味がないし、宮殿や楼閣《ろうかく》があっても希望が持てない。今は、さびしい住《すま》い、一間の庵にいるが、自分でここが気に入っている。都に出ることがあって自分の身が物乞いになった事を恥じることがあっても、帰ってきてここにいる時は他の者が俗世間のつまらない物事にとらわれる事を憐れだと思う。もし他の人が私の言うことを疑うならば、魚と鳥のあり方を見てみなさい。魚は水の中にいて水に飽きない、魚でなければその心はわからない。鳥はいつでも林の中にいたがる、鳥でなければその心はわからない。世俗を逃れた暮らしの良さや趣もまた同じである。住んでみないで、誰がわかるだろうか。

《2023　数学　解説》

1　(1)　与式$=8-3=\mathbf{5}$

(2)　与式$=\dfrac{12ab\times 2b}{6a^2}=\dfrac{\mathbf{4b^2}}{\mathbf{a}}$

(3)　$4=\sqrt{4^2}=\sqrt{16}$で，$\sqrt{16}>\sqrt{10}$だから，$\mathbf{4>\sqrt{10}}$

(4)　与式$=2x-10y+10x+15y=12x+5y$

ここで$x=\dfrac{1}{2}$，$y=-3$を代入すると，$12\times\dfrac{1}{2}+5\times(-3)=6-15=\mathbf{-9}$

(5)　与式$=\dfrac{\sqrt{2}}{2}-\dfrac{\sqrt{2}}{3\times 2}=\dfrac{3\sqrt{2}}{6}-\dfrac{\sqrt{2}}{6}=\dfrac{2\sqrt{2}}{6}=\mathbf{\dfrac{\sqrt{2}}{3}}$

(6)　与式の両辺に4をかけて，$5x-2=28$　　$5x=30$　　$\mathbf{x=6}$

(7)　$2x+y=5$…①，$x-4y=7$…②とする。

①×4＋②でyを消去すると，$8x+x=20+7$　　$9x=27$　　$\mathbf{x=3}$

①に$x=3$を代入すると，$6+y=5$　　$\mathbf{y=-1}$

(8)　2次方程式の解の公式より，$x=\dfrac{-5\pm\sqrt{5^2-4\times 1\times 2}}{2\times 1}=\dfrac{-5\pm\sqrt{25-8}}{2}=\mathbf{\dfrac{-5\pm\sqrt{17}}{2}}$

(9)　周囲の長さのうち，右図の破線部分の長さはすべて(5－a)cmである。

実線部分の長さはすべて5cmだから，この図形の周囲の長さは，

$5\times 3+6(5-a)=\mathbf{45-6a}$(cm)

(10)　**【解き方】231を素因数分解すると，231＝3×7×11だから，231の約数は，1と231，3と77，7と33，11と21の8個ある。**

n＋2が231の約数ならばよい。したがって，(231の約数)－2が素数ならば，その値が求めるnの値である。

よって，求めるnの値は，7－2＝**5**，21－2＝**19**，33－2＝**31**である。

(11)　**【解き方】正方形ＡＢＣＤを，Ｃを中心として時計まわりに45°回転させると，辺ＢＣと辺ＦＣが重なるのだから，∠ＢＣＦ＝45°である。**

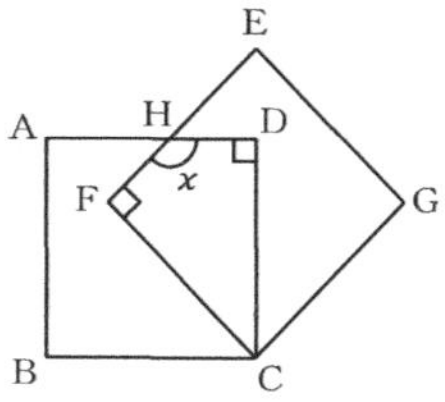

∠ＦＣＤ＝90°－45°＝45°だから，右図の四角形ＣＤＨＦの内角の和より，

$\angle x+90°+90°+45°=360°$　　$\angle x=$**135°**

(12)　**【解き方】円周角は，同じ弧に対する中心角の半分の大きさだから，∠ＢＯＣの大きさから∠xの大きさを求められる。**

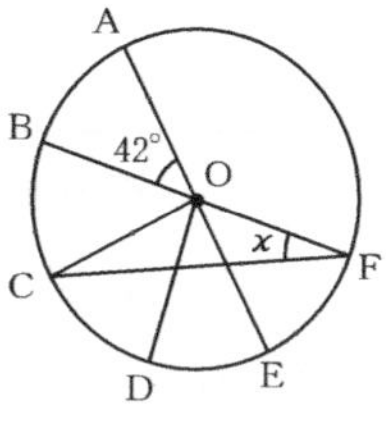

∠ＢＯＥ＝180°－42°＝138°　　中心角は弧の長さに比例するから，

∠ＢＯＣ＝∠ＣＯＤ＝∠ＤＯＥなので，∠ＢＯＣ$=\dfrac{1}{3}$∠ＢＯＥ$=\dfrac{1}{3}\times 138°=46°$

よって，$\angle x=\dfrac{1}{2}$∠ＢＯＣ$=\dfrac{1}{2}\times 46°=$**23°**

(13)　**【解き方】相似な三角形を探す。**

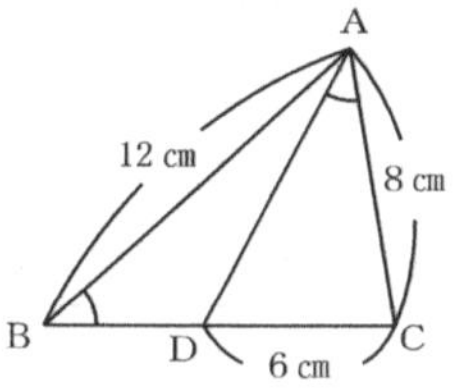

△ＡＢＣと△ＤＡＣにおいて，∠ＡＢＣ＝∠ＤＡＣ，∠ＡＣＢ＝∠ＤＣＡだから，

△ＡＢＣ∽△ＤＡＣである。よって，ＢＡ：ＡＤ＝ＡＣ：ＤＣ

12：ＡＤ＝8：6　　ＡＤ$=\dfrac{12\times 6}{8}=$**9**(cm)

(14)　**【解き方】水が入っていない空間の容積が等しいことに注目する。**

△ＡＢＣ$=\dfrac{1}{2}\times 6\times 8=24$(cm²)だから，図1で水が入っていない空間の容積は，

$24\times(12-8)=96$(cm³)である。したがって，図2でも水が入っていない空間の容積は96cm³である。図2の水が入っていない部分を，右図の△ＡＧＨを底面とする高さがＡＤ＝12cmの三角柱とみると，容積について，

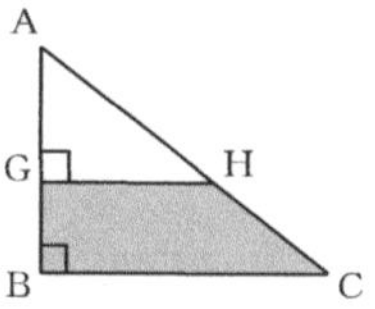

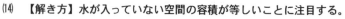

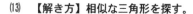

△ＡＧＨ×12＝96 より，△ＡＧＨ＝８（㎠）となる。

ＧＨ//ＢＣだから，△ＡＧＨ∽△ＡＢＣであり，面積比は，８：24＝１：３

相似比がａ：ｂの図形の面積比はa^2：b^2となるから，△ＡＧＨと△ＡＢＣ

の相似比は，$\sqrt{1}:\sqrt{3}=1:\sqrt{3}$である。したがって，$AG=\frac{1}{\sqrt{3}}AB=\frac{6}{\sqrt{3}}=2\sqrt{3}$（㎝）

よって，求める高さは，ＢＧ＝**$(6-2\sqrt{3})$**㎝

⒂　**【解き方】円Ｏの円周は円すいの底面の円周の3.5倍＝$\frac{7}{2}$倍であり，円Ｏの面積は円すいの側面積の$\frac{7}{2}$倍である。**

円Ｏの円周は，$2\pi\times4\times\frac{7}{2}=28\pi$（㎝）である。円Ｏの半径をｒとすると，$2\pi r=28\pi$より，$r=14$（㎝）

よって，円Ｏの面積は，$14^2\pi=196\pi$（㎠）である。円すいの側面積をＳとすると，$\frac{7}{2}S=196\pi$より，$S=56\pi$（㎠）

円すいの底面積は$4^2\pi=16\pi$（㎠）だから，円すいの表面積は，$56\pi+16\pi=$**72π**（㎠）

2　⑴①　**【解き方】グラフは直線をつないだ形になるので，グラフが折れるところの座標がわかればよい。**

休憩後に図書館までかかった時間は，(3600－1800)÷120＝15(分)だから，休憩を終えたのは，出発してから50－15＝35(分後)である。よって，点(30，1800)，(35，1800)，(50，3600)を順に直線で結べばよい。

②　**【解き方】出発してからｔ分後に出会ったものとし，ｔの方程式を立てる。**

健司さんと美咲さんが出会うまでに進んだ道のりの和が3600ｍだから，$60t+240t=3600$より，$t=12$

よって，求める時刻は，午前10時＋12分＝**午前10時12分**

⑵①　**【解き方】積が奇数になるのは，ＡでもＢでも奇数のカードを引いたときである。**

Ａからの取り出し方が３通り，Ｂからの取り出し方が３通りあるから，取り出し方は全部で，３×３＝９（通り）ある。積が奇数になるのは，（Ａ，Ｂ）＝（１，５）（３，５）の２通りだから，求める確率は，**$\frac{2}{9}$**である。

②　**【解き方】７のカードをＢにx枚入れたとする。①で全部の取り出し方をかけ算で求めたように，全部の取り出し方と積が奇数になる取り出し方を，それぞれかけ算を用いてxの文字式で表し，方程式を立てる。**

Ａからの取り出し方が３通り，Ｂからの取り出し方が$(3+x)$通りあるから，取り出し方は全部で，$3(3+x)$通りある。このうち積が奇数になるのは，ＡでもＢでも奇数を取り出したときである。Ａの奇数は１と３の２枚，Ｂの奇数は５が１枚と７がx枚だから，$(1+x)$枚ある。したがって，奇数だけを取り出す取り出し方は，$2(1+x)$通りと表せる。積が奇数になる確率が$\frac{1}{2}$になればよいので，$\frac{2(1+x)}{3(3+x)}=\frac{1}{2}$を解けばよい。ただし$x$は自然数だから，$3(3+x)$は０ではない。$\frac{2(1+x)}{3(3+x)}=\frac{1}{2}$を解くと，$x=5$となるから，求める枚数は**５枚**である。

⑶　円の接線は接点を通る半径に垂直だから，Ａを通るＯＡの垂線を引けばよい。

3　⑴　**【解き方】最頻値は最も度数が大きい階級の階級値なので，ヒストグラムを見れば含まれる階級がひと目でわかる。ア～エそれぞれで，中央値が含まれる階級を調べていく。**

31人の中央値は，31÷２＝15余り１より，大きさ順に並べたときの16番目の値である。

アでは，50分未満が１＋２＋３＋５＝11(人)，60分未満が11＋６＝17(人)だから，16番目のデータは50分以上60分未満の階級に含まれる。最頻値は60分以上70分未満の階級に含まれるから，適切でない。

同様に調べていくと，イは中央値が40分以上50分未満に，最頻値が20分以上30分未満に含まれ，ウは中央値が50分以上60分未満に，最頻値が60分以上70分未満に含まれ，エは中央値が40分以上50分未満に，最頻値が60分以上70分未満に含まれる。よって，適切なものは**イ**である。

⑵　(範囲)＝(最大値)－(最小値)＝110－５＝**105**(分)

第１四分位数は，すべてのデータを半分に分けたときの下位のデータの中央値である。30÷２＝15だから，下位のデータは15個ある。15÷２＝７余り１だから，小さい方から８番目のデータが下位15個の中央値である。

よって，第１四分位数は全体のうち小さい方から８番目のデータだから，30分である。

⑶① **【解き方】箱ひげ図からは，右図のようなことが読み取れる。**

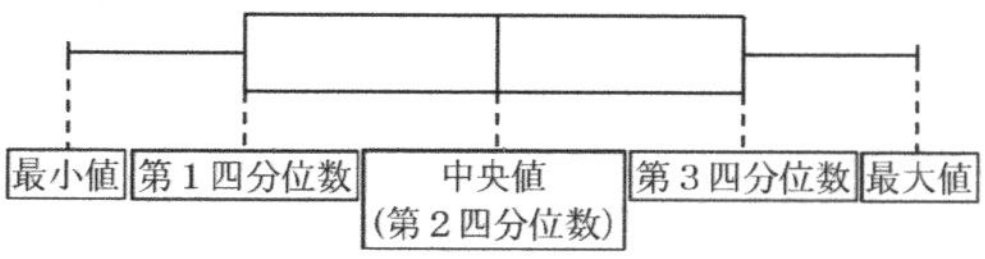

16÷２＝８だから，中央値は小さい方から８番目と９番目の値の平均である。８÷２＝４だから，第１四分位数は小さい方から４番目と５番目の値の平均，第３四分位数は大きい方から４番目と５番目の値の平均である。

ア．グループ２では55分は第１四分位数より小さいから，55分以下には多くても４人しかいない。グループ１とグループ３では，55分は中央値と第３四分位数の間だから，55分以下は少なくても８人いる。よって，正しい。

イ．グループ１とグループ３では，55分は中央値と第３四分位数の間であり，中央値と最大値の間の分布の詳細は箱ひげ図からは読み取れない。

ウ．箱ひげ図からデータの分布をすべて読み取ることはできないので，80分以上100分未満の生徒は，どのグループでもいない可能性がある。

エ．どのグループも最大値が100分以上なので，100分以上の生徒は必ずいるから，正しい。

以上より，正しいものは**ア，エ**である。

② 箱ひげ図において，範囲は箱ひげ図全体の長さ，四分位範囲は箱の長さとして読み取ることができる。

データの総数が同じなのに箱ひげ図全体が長いということは，散らばりぐあいがより大きいということである。

4 ⑴ まず，問題文の仮定を図にかきこんで，証明のために必要な条件を探そう。条件が足りない場合は，問題の内容に応じて，図形の性質，平行線の同位角・錯角，円周角の定理などからわかることもかきこんでみよう。

⑵ 「［ Ａ ］ならば［ Ｂ ］」ということがらのＡとＢを入れかえると，逆のことがらになる。

反例とは，そのことがらが成り立たないような例のことである。

⑶ **【解き方】短い順に辺ＣＡ，辺ＢＣ，辺ＡＢだから，右図のようになる。ＣＡ＝$x$cmとし，三平方の定理からxの方程式を立てる。**

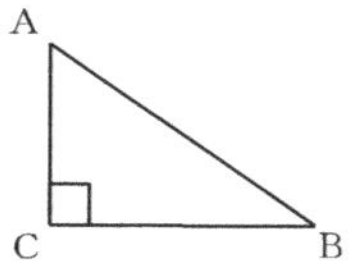

ＣＡ＝$x$cm，ＢＣ＝$(x+7)$cm，ＡＢ＝$(x+7)+2=x+9$（cm）だから，

$\mathrm{CA}^2+\mathrm{BC}^2=\mathrm{AB}^2$より，$x^2+(x+7)^2=(x+9)^2$　　$2x^2+14x+49=x^2+18x+81$

$x^2-4x-32=0$　　$(x-8)(x+4)=0$　　$x=8,\ -4$　　$x>0$より$x=8$だから，ＡＢ＝$8+9=$**17**（cm）

5－Ⅰ

⑴ Ａ$(-1,\ 1)$，Ｂ$(2,\ 4)$だから，直線ＡＢの傾きは，$\frac{(y\text{の増加量})}{(x\text{の増加量})}=\frac{4-1}{2-(-1)}=1$

直線ＡＢの式を$y=x+\mathrm{b}$とし，Ｂの座標を代入すると，$4=2+\mathrm{b}$より，$\mathrm{b}=2$

よって，直線ＡＢの式は$\boldsymbol{y=x+2}$である。

⑵ **【解き方】三平方の定理より，ＢＣ＝$\sqrt{(\text{ＢとＣの}x\text{座標の差})^2+(\text{ＢとＣの}y\text{座標の差})^2}$で求める。**

$y=\frac{2}{3}x^2$にＣのx座標の$x=3$を代入すると，$y=\frac{2}{3}\times3^2=6$となるから，Ｃ$(3,\ 6)$である。

三平方の定理より，ＢＣ＝$\sqrt{(\text{ＢとＣの}x\text{座標の差})^2+(\text{ＢとＣの}y\text{座標の差})^2}=\sqrt{(3-2)^2+(6-4)^2}=\boldsymbol{\sqrt{5}}$（cm）

⑶ **【解き方】ＰはＡとy座標が等しいから，y軸についてＡと対称なので，Ｐ$(1,\ 1)$である。ＱはＢとy座標が等しい。したがって，四角形ＡＰＢＱはＡＰ//ＱＢの台形である。まずＢＱの長さを求める。**

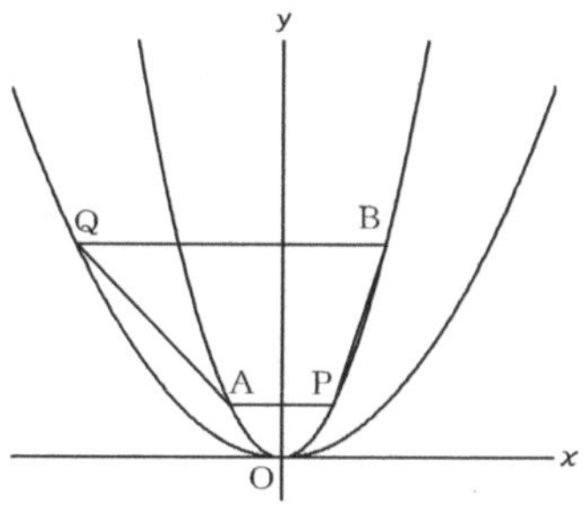

ＡＰ＝（ＡとＰのx座標の差）＝$1-(-1)=2$（cm），

台形ＡＰＢＱの高さは，（ＢとＰのy座標の差）＝$4-1=3$（cm）だから，

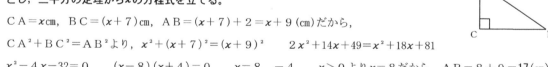

ＢＱ＝ｔcmとすると，台形ＡＰＢＱの面積について，

$\frac{1}{2}\times(AP+BQ)\times 3=12$　　$2+t=8$　　$t=6$

したがって，Ｑのx座標は，（Ｂのx座標）$-6=2-6=-4$

Ｑ$(-4,\ 4)$であり，$y=ax^2$にＱの座標を代入すると，$4=a\times(-4)^2$　　$a=\frac{1}{4}$　　これは$0<a<1$に合う。

5－Ⅱ

(1)　$y=\frac{1}{2}x^2$にＰのx座標の$x=-2$を代入すると，$y=\frac{1}{2}\times(-2)^2=2$となるから，Ｐ$(-2,\ 2)$である。

Ａ$(-4,\ 8)$だから，直線ＡＰの傾きは，$\frac{(y\text{の増加量})}{(x\text{の増加量})}=\frac{2-8}{-2-(-4)}=-3$

直線ＡＰの式を$y=-3x+b$とし，Ｐの座標を代入すると，$2=-3\times(-2)+b$より，$b=-4$

よって，直線ＡＰの式は$\boldsymbol{y=-3x-4}$である。

(2)①　**【解き方】㋑の傾きが－１だから，右図の△ＡＣＱは直角二等辺三角形である。**

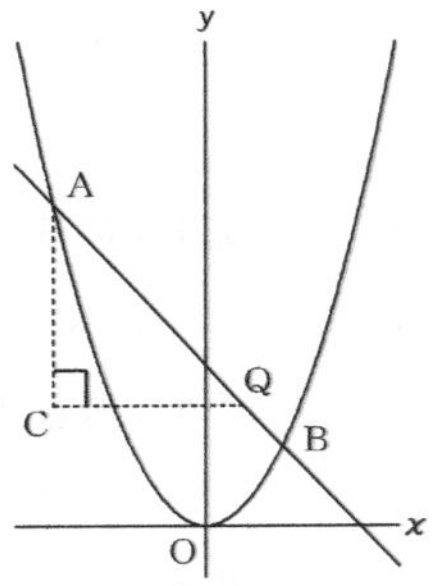

$AQ=5\sqrt{2}$ cmのとき，$AC=CQ=\frac{1}{\sqrt{2}}AQ=\frac{1}{\sqrt{2}}\times 5\sqrt{2}=5$ (cm)

したがって，Ｑのx座標は，（Ａのx座標）$+5=-4+5=1$，

Ｑのy座標は，（Ａのy座標）$-5=8-5=3$である。

よって，$t=\boldsymbol{1}$であり，$-4<t<2$に合う。

②　**【解き方】ＰＱとＲＳはともにy軸に平行だから，四角形ＰＱＳＲはＰＱ//ＲＳの台形である。その面積をｔの式で表し，ｔの方程式を立てる。**

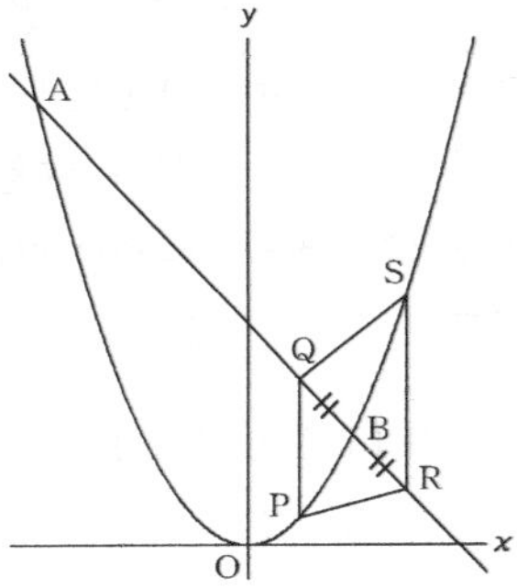

Ｐ，Ｑのx座標がｔだから，㋐の式よりＰ$(t,\ \frac{1}{2}t^2)$，㋑の式より

Ｑ$(t,\ -t+4)$と表せる。

ＢＲ＝ＢＱだから，ＢとＲのx座標の差はＢとＱのx座標の差と等しく，

$2-t$なので，Ｒのx座標は，$2+(2-t)=-t+4$

$y=-x+4$にＲのx座標を代入すると，$y=-(-t+4)+4=t$となる

ので，Ｒ$(-t+4,\ t)$と表せる。

$y=\frac{1}{2}x^2$にＳのx座標の$x=-t+4$を代入すると，

$y=\frac{1}{2}(-t+4)^2=\frac{1}{2}t^2-4t+8$となるから，Ｓ$(-t+4,\ \frac{1}{2}t^2-4t+8)$と表せる。

したがって，ＱＰ＝（Ｑのy座標）－（Ｐのy座標）$=(-t+4)-\frac{1}{2}t^2=-\frac{1}{2}t^2-t+4$ (cm)

ＳＲ＝（Ｓのy座標）－（Ｒのy座標）$=(\frac{1}{2}t^2-4t+8)-t=\frac{1}{2}t^2-5t+8$ (cm)

台形ＰＱＳＲの高さは，（Ｒのx座標）－（Ｐのx座標）$=(-t+4)-t=-2t+4$ (cm)

よって，台形ＰＱＳＲの面積について，$\frac{1}{2}\times\{(-\frac{1}{2}t^2-t+4)+(\frac{1}{2}t^2-5t+8)\}\times(-2t+4)=30$

$(-6t+12)(-2t+4)=60$　　$(-6)(t-2)\times(-2)(t-2)=60$　　$(t-2)^2=5$　　$t-2=\pm\sqrt{5}$

$t=2\pm\sqrt{5}$　　$-4<t<2$より，$t=\boldsymbol{2-\sqrt{5}}$

《2023　英語　解説》

1　(1)①　質問「彼は何をするつもりですか？」…Ａ男「おお，とても美しいです。写真を撮ってもいいですか？」→Ｂ女「いいですよ」→Ａ男「ありがとうございます。私は書道に興味があるんです」より，ウが適切。

②　質問「ケンは昨日，何をしましたか？」…Ａ女「昨日は１日中雨が降っていたね。ケン，あなたは何をしてい

たの？」→B男「家で本を読んでいたよ。外でテニスをしたかったけれど出来なかったから」より，イが適切。

(2)① A女「何だか嬉しそうだね」→B男「うん。カナダのホストファミリーからの手紙を受け取ったんだ」→A女「そうなのね。彼らについてもっと教えて」より，イ「彼らはとても親切だったよ」が適切。

② A女「こんにちは」→B男「こんにちは。次の土曜日の計画を変更することができますか？」→A女「大丈夫です。その日はお忙しいですか？」より，変更する理由であるウ「病院に行かなければならないのです」が適切。

③ A男「この本は昨日からここにあるね」→B女「それはユウタのだよ」→A男「彼は今どこにいるのかな？」より，ア「体育館にいるよ」が適切。

(3)【放送文の要約】参照。

① 質問「なぜ香菜は新しいコンサートホールに行きましたか？」…イ「コンサートに向けて練習するため」が適切。 ② 質問「コンサートはいつ行われますか？」…ア「次の日曜日」が適切。 ③ 質問「ジョーンズ先生はチケットをもらうために何をしますか？」…エ「音楽の先生に頼みます」が適切。

【放送文の要約】

ジョーンズ先生：昨日，新しいコンサートホールの前で君を見かけたよ。

香菜　　　　　：①イコンサートに向けて練習するために吹奏楽部の部員たちとそこにいました。

ジョーンズ先生：練習はどうだった？

香菜　　　　　：上々でした。でも私たちはもっと練習する必要があります。

ジョーンズ先生：②アコンサートはいつなの？

香菜　　　　　：②ア次の日曜日です。今度の金曜日にもう１度コンサートホールで練習します。

ジョーンズ先生：③エ私もコンサートに行きたいな。チケットは必要かな？

香菜　　　　　：はい。③エ音楽のサトウ先生からもらえますよ。

ジョーンズ先生：③エわかった。サトウ先生に頼んでみよう。コンサートを楽しみにしているよ。

香菜　　　　　：ありがとうございます。ベストを尽くします。

(4)【放送文の要約】参照。ア○「トムは毎日７つの授業がある」 イ「×トムはスペイン語が得意で，一生懸命勉強している」 ウ○「トムは日本のマンガが好きなので日本語を学ぶつもりである」 エ「トムは友達と×教室で昼食を食べる」 ・be good at ～「～が得意だ」 ・someday「いつか」

トムからの質問「僕の学校生活について何か質問がありますか？」に，自分で質問を考えて１文で答えること。

（例文１）「あなたはどのように学校へ行きますか？」（例文２）「あなたは制服を着ますか？」

【放送文の要約】

みなさん，こんにちは。僕は今日，僕の学校生活についてお話します。ア授業は毎日，午前中に４つ，午後に３つあります。僕の学校では，生徒たちはいくつかの言語を学ぶことができます。僕はスペイン語を勉強しています。あまり得意ではありませんが，いつかスペインに行きたいので一生懸命勉強しています。ウ僕は日本のマンガが好きなので来年はもう１つの言語，日本語を勉強するつもりです。昼食時間には友達と一緒に学校の食堂で自分の好きなものを食べます。ピザとサンドイッチが人気です。さて，僕の学校生活について何か質問がありますか？

2 (1)① 直前の the と of all bookstores in this city より，large の最上級 largest にする。 ② 主語の many books と直前の are より，〈be 動詞＋過去分詞〉の受け身の文。sell の過去分詞 sold にする。 ③ enjoy に続く動詞は ing 形にする。talk の ing 形 talking にする。 ④ 主語の It（三人称）と時制が現在だから，says にする。say には「（新聞や本などに）～と書いてある」という意味がある。

【本文の要約】

アンナ：ここにはとてもたくさんの種類の本があるね。

麻衣子：ここはこの市で１番①大きな（＝largest）書店だよ。

アンナ：ここで血液型についての本がたくさん②売られていて（＝are sold）びっくりしたよ。

麻衣子：人気の話題だから。私たちは血液型の③話をするのが好きなの（＝enjoy talking）。日本では，「あなたの血液型は何ですか？」は，よくある質問だよ。

アンナ：アメリカでは普通，そんな質問しないよ。実際，ほとんどの人が自分の血液型を知らないよ。どうして血液型を知っていることが必要なの？

麻衣子：日本ではよく血液型と性格を結びつけるの。この雑誌を見て。これには，Ａ型の人は他人に親切だ，④と書いてある（＝says）よ。

アンナ：おもしろいね。

⑵①　「（　　）休みの間，日本の多くの人々は年賀状を送る」…説明「秋と春の間の季節」より，winter「冬」が適切。　・between A and B「ＡとＢの間」　②「図書館では（　　）していることが大事だ」…説明「穏やかな，大きな音や声のない」より，quiet「静かに」が適切。　③「もし友達があなたと違う（　　）だったら，あなたはそれに耳を傾けるべきだ」…説明「考え，あるいは何かに関する感情」より，opinion「意見」が適切。

④「昨日はよく（　　）ことができなかったので早く寝ます」…説明「目を閉じて休むこと」より，sleep「眠る」が適切。

⑶①　直後にポールが，「彼は70歳です」と答えたから，How old is he?「彼は何歳ですか？」が適切。

②　状況から，Could you show me a menu?「メニューを見せてくれませんか？」が適切。　・show＋人＋もの「(人)に（もの）を見せる」　③　been skiing と直後にルミが「約４時間ですが，私はまだ大丈夫です」と答えたから，How long have you been skiing?「あなたはどのくらいスキーをしていますか？」が適切。

・have/has been ～ing「ずっと～し続けている」現在完了進行形の文。

３　【本文の要約】参照。

⑴①　質問「幸太は放課後どこでサッカーの練習をしますか？」…幸太の１回目の発言の１～２行目より，He practices it at the Sports Park.と答える。　②　質問「エマの目標は何ですか？」…エマの２回目の発言の１～２行目より，It is to be a translator in her country.と答える。①，②ともに先に出た名詞を代名詞すること。

⑵　無理に難しい単語を使わなくてよいので，ミスのない文にする。15～25語という条件を必ず守ること。

（例文１）「私が尊敬する人は小平奈緒さんです。彼女はオリンピックで金メダルを獲得した初の日本人女性スピードスケーターです。私は彼女のレースに感銘を受けました」

（例文２）「私が尊敬する人は私の祖母です。祖母は80歳ですが，まだ農家として働いています。祖母は何年もおいしいお米を作っています。祖母は私にたくさんのエネルギーを与えてくれます」

【本文の要約】

エマ：幸太，あなたのサッカーチームは放課後だけでなく土曜日も練習しているそうね。大変じゃない？

幸太：うん，大変だよ。⑴①放課後，サッカーの練習をするためにスポーツパークまで走らなくてはいけないしね。もうすぐ市のトーナメントがあるから，優勝できるように一生懸命練習しているんだよ。僕はチームのみんなと一緒にプレイするのが好きなんだ。難しいけれど，本当に優勝したいんだよ。

エマ：なぜ一生懸命練習しているかがわかった。⑴②私の場合は，自分の国で翻訳家になりたいから，日本語を一生懸命勉強しているよ。それが私の目標なの。目標を持つことは大事，だよね？

幸太：絶対にそうだよ。僕たちが何かしようとするときは明確な目標を持つべきだよ。美保，君はどう思う？

美保：賛成だよ，幸太。目標を持っていると積極的になれるね。それからヒーロー，つまり尊敬する人がいることも大切だと思うな。

エマ：美保，良い考えね。あなたが尊敬する人は誰？その人とその理由を聞かせて。

4 【本文の要約】参照。

(3) 由紀は職業イベントが始まる時間の前に部屋にいたいので《before》が適切。

(4) マイクが記入したアンケート「僕は料理人と芸術家が日本の伝統を守っていることを学びました。彼らは毎日技術も向上しようと努力しています。僕は学校生活において，彼らのように新しいことを学び続けたいと思います（＝I'd like to continue learning)」　・continue ～ing「～することを続ける」

【本文の要約】

由紀　：見て。私たちはＡからＤの中から職業を選べるよ。どれにする？

マイク：僕は日本の伝統的なものに興味があるんだ。僕は和食の料理の仕方とその歴史を学びたいな。だから僕は(1)Ｃに参加するよ。

由紀　：じゃあ午前中は寿司について学ぶのね。①イ午後はＤに参加すれば？

マイク：いいね。こけしの歴史についても学べるね。君はどれに参加するか決めたの？

由紀　：そうね，私はプログラミングを経験したいの。だからＢがいいと思う。去年，ロボットを見てびっくりしたの。ロボットがレストランで食べ物を運んでいたんだよ。私はロボットプログラミングについて学びたいな。

マイク：ロボットは僕たちの生活をこの先も良くしてくれるよ。そして多くの場所でロボットを見ることができるよ。ドローンのことを学ぶためにＡに参加する？

由紀　：いいえ。去年の夏，おじさんの仕事を手伝った時にドローンを１度操作したことがあるの。②ウだから違う職業にする。私も和食について学びたいから，あなたと一緒に参加するよ。

マイク：おもしろいだろうね。朝，コミュニティセンターの前で会おうよ。

由紀　：そうしよう。９時45分に待ち合わせる？職業体験イベントが始まる《前に（＝before)》部屋にいたいの。

マイク：わかったよ。じゃあそのときにね。

5 【本文の要約】参照。

(1) 直前の２文より，エミーが全能の神は願いを叶えてくれると思い込んでいたことから，ウ「期待して」が適切。

(2) 代名詞は前にある名詞や文を指すことが多い。ここでは施設を逃げ出した少女の言葉と同じ内容のウ「施設には大勢の飢えた子どもたちがいる」が適切。

(3) 直後の文より，当時のインドでは外国人が施設に立ち入ることができなかったことを答えればよい。

(4) エミーの幼い日のエピソードから答える。　(a) 「もし私が（　　）目なら，インドの人のようにはなれなかった」より，インド人に見えない目の色の blue「青い」が適切。　(b)「彼女の（　　）目のおかげで，彼女はインドで大勢の子どもたちを救うことができた」より，インド人のように見えた brown「茶色い」が適切。

(5) ア「エミーは×兄や姉たちと室内で遊ぶのが好きだった」　イ〇「エミーは母親と違う目の色をしていた」…第２段落１～２行目と一致。　ウ×「エミーは幼い頃にインドへ行った」…本文にない内容。　エ〇「エミーは施設の責任者と会うためにコーヒーの粉を使った」…第４段落最後の文と一致。　オ×「エミーはイギリスを紹介するために何冊か本を書いた」…本文にない内容。　カ×「エミーは宣教師として活動した後，イギリスに戻った」

…本文にない内容。

(6) 【ある生徒が本文を読んで考えたこと】参照。　・stop ~ing「~することをやめる」

【本文の要約】

エミー・カーマイケルは1867年イギリスのある村に生まれました。彼女の両親はいつも他の人を助けるために一生懸命働いていました。彼女は弟や妹がいる長女でした。エミーは小さい時，弟たちと一緒に外で危険なことをするのが好きでした。それで彼女の母親は「そんなことをしてはいけません」と彼女に言いました。エミーは母親の言うことを聞きました。将来両親のように宣教師として人々を助けたいと思っていたからです。彼女は良い子になることを決心し，両親をよく手伝いました。また毎晩，両親とともに神に祈りを捧げました。

ある朝，エミーが鏡の前に立っていた時のことです。(5)イ彼女は自分の目が茶色であることが気に入らなくて悲しく思いました。エミ一の母親が美しい青い目をしていたので，エミーは母親のような目がほしいと思いました。「なぜ私の目は茶色なのかしら？」エミーは思い悩みました。「もし私の目が青かったら，可愛くなれるのにね」とエミーは母親に言いました。「私はあなたの茶色の目が大好きよ」と母親は言いました。その夜，エミーは神に祈りました。神は何事でもできると思ったからです。「どうか，どうか，私に青い目をください」翌朝，エミーは(A)ウ期待して(＝in anticipation)急いで鏡の前に行きました。しかし目は茶色いままでした。エミーは神様が願いを叶えてくれなかったので泣きました。母親はエミーに言いました。「あなたの目はとてもきれいよ！目の色を変える必要なんかありません。エミー，あなたのことが大好きよ」

エミーは27歳になった時，宣教師としてインドに行きました。当時インドでは，貧しい人がしばしば我が子を施設に置き去りにしました。面倒を見ることができなかったからです。しかし施設の中でさえ十分な食べ物がありませんでした。ある日エミーは施設から逃げ出した少女に会いました。彼女は空腹で衰弱しているように見えました。彼女と話した後，エミーは，その少女は７歳で，施設でとても大変な状況の中で暮らしていることがわかりました。彼女はエミーに言いました。「施設には私のような子どもたちがたくさんいます」エミーはこれを聞いた時，彼らを助けるために行動を起こす決心をしました。

まず，彼女は施設の責任者と会って話をしなければなりませんでした。しかし責任者と会うことは困難でした。当時インドでは，他の国から来た人が施設に立ち入ることはできなかったのです。そこで彼女は自分の肌の色を変え，インド人の服を着なければなりませんでした。(5)エ彼女は鏡の前に立つとコーヒーの粉を顔につけて肌の色を変えました。

その時エミーは自分が子どもの頃に祈ったことを思い出しました。「もし私がa青い(＝blue)目をしていたら，私はインド人に見えなかっただろう。コーヒーの粉で肌の色は変えられても目の色は変えられない。私には青い目は必要なかったのね」と彼女は思いました。「母は正しかったわ」

施設の責任者と会った後，エミーは施設にいる子どもたちについて何冊か本を書きました。そして世界の人々にその子どもたちのことが知れ渡り，インド政府は彼らを保護する法律を作らざるを得なくなったのです。

彼女のb茶色い(＝brown)目のおかげで，インドの子どもたちをたくさん救うことができました。「私は自分自身と自分の目の色を誇りに思っています。私は生きている価値があるのだと実感します」とエミーは言いました。エミーはこのことを理解した時，自らをもっと愛せるようになりました。

彼女はインドで一生を捧げ，千人を超す子どもたちを救いました。

【ある生徒が本文を読んで考えたこと】

私はエミーの物語について２つのことが気に入りました。１つ目は，エミーは強くて，自分に関する全てを①オ受け入れる(＝accept)ことを学んだ点です。２つ目は，難しい状況でも②イエミーが子どもたちを救うことをやめなかった(＝

Amy didn't stop helping children)点です。エミーはインドの多くの子どもたちを幸せにしました。私は彼女のような人になりたいです。

《2023　理科　解説》

1　(1)①　ペプシンは胃液にふくまれるタンパク質を消化する消化酵素，アミラーゼはだ液にふくまれるデンプンを消化する消化酵素，リパーゼはすい液にふくまれる脂肪を消化する消化酵素，トリプシンはすい液にふくまれるタンパク質を消化する消化酵素である。　②　消化酵素はヒトの体温付近の温度で最もよくはたらく。　③　結果より，Bのヨウ素液によって青紫色になる反応が消えたことから，Bではデンプンがなくなったことがわかる。

④　デンプンが分解されてできた糖を調べるときは，ベネジクト液を加えて加熱する。

(2)①　デンプンが分解されてできたブドウ糖とタンパク質が分解されてできたアミノ酸は毛細血管(X)に入る。なお，脂肪が分解されてできた脂肪酸とモノグリセリドは再び脂肪に戻ってリンパ管(Y)に入る。　②　小腸の柔毛と同じように，肺の肺胞や植物の根の根毛も表面積を大きくするつくりである。

2　(1)①　水素〔H_2〕は１種類の原子からなる単体であり，１種類の物質からなる純粋な物質である。　②　塩化コバルト紙は水に反応して，青色から赤色に変化する。　③　図３より，8.0㎤の水素とちょうど反応する酸素は4.0㎤とわかるので，8.0㎤の水素と7.0㎤の酸素を混ぜると，7.0－4.0＝3.0(㎤)の酸素〔O_2〕が残る。

(2)①　(1)③解説より，水素と酸素は体積が(水素)：(酸素)＝8.0：4.0＝２：１の割合で結びつくことがわかる。

②　水素原子〔H〕をふくむ物質は，燃焼して酸素原子〔O〕と結びつくと水〔H_2O〕ができる。砂糖とエタノールは水素原子をふくむので，燃焼すると水ができる。鉄〔Fe〕と炭素〔C〕は水素原子をふくまない。

(3)　化学変化を原子や分子のモデルを使って表すときは，矢印の左右で原子の種類と数が等しくなるようにする。矢印の右側の酸素原子が１個少ないので，水分子を１個増やして酸素原子の数をそろえる。すると，矢印の左側で水素原子が２個少なくなるので，水素分子を１個(水素原子を２個)増やす。

3　(1)①　日本列島付近の太平洋では，海洋プレート(太平洋プレート，フィリピン海プレート)が大陸プレート(北アメリカプレート，ユーラシアプレート)の下にしずみこんでいる。

(2)①　グラフより，S波は地震発生から40秒間で140㎞進むことがわかるので，$\frac{140}{40}$＝3.5(km/s)となる。

②　初期微動継続時間はP波が到達してからS波が到達するまでの時間である。初期微動継続時間は震源からの距離に比例するので，原点を通る直線のグラフになる。　③Y　緊急地震速報はあらゆる地点に同時に出されるので，震源からの距離が大きく，S波が伝わるまでの時間が長いほど，大きなゆれに対処する時間ができる。

4　(1)　位置エネルギーは，おもりの基準面からの高さと質量に比例する。

(2)②　〔仕事(J)＝力の大きさ(N)×力の向きに動いた距離(m)〕，〔仕事率(W)＝$\frac{仕事(J)}{時間(s)}$〕，20㎝→0.2mより，仕事の大きさは2.7×0.2＝0.54(J)，仕事率は$\frac{0.54}{3}$＝0.18(W)となる。　③　求めるおもりの質量をxgとする。図３では動滑車を使って２本の糸でおもりと動滑車を持ち上げ，力の大きさは動滑車とおもりにかかる重力の合計(500＋40＝540(g)→5.4N)の半分の2.7Nになる。図５の装置でおもりを持ち上げるとき，４本の糸でおもりを持ち上げるので，力の大きさは，おもり(xg)と，動滑車２つと動滑車をつなぐ板の質量の合計(100g)にかかる重力の合計の４分の１となる。よって，$\frac{x+100}{100}\times\frac{1}{4}$＝1.7より，$x$＝580(g)となる。　④　表より，動滑車を使うと，糸を引く距離は物体を持ち上げる距離より大きくなるが，加える力の大きさは，物体にはたらく力の大きさより小さくなる。

5　(1)①　アでは酸素，イでは二酸化炭素，ウでは水素，エではアンモニアが発生する。　②　バイオマス発電では，間伐材などを燃焼させたときに発生した二酸化炭素は，光合成によって植物が大気からとりこんだものであり，全体としてみれば大気中の二酸化炭素は増加していない。

(2)①　発光ダイオードでは，足の長い方から短い方へ電流が流れると点灯するが，その反対向きには電流が流れない。よって，図２のようなつなぎ方にして，電流の向きが周期的に変わる交流電流を流すと，一方が点灯するときにはもう一方は点灯せず，交互に点灯する。　②　電気エネルギーは，送られている間に一部が熱エネルギーなどに変化して失われる。

(3)　燃料となる物質がもっているエネルギーを化学エネルギー，運動している物体がもっているエネルギーを運動エネルギーという。

6　(1)①　スズメ，ワシ，ペンギンは鳥類，コウモリは哺乳類である。　②　鳥類やは虫類は陸上に卵をうむので，卵に乾燥を防ぐための殻がついている。

(2)①　太陽は東の地平線からのぼり，南の空で最も高くなって，西の地平線に沈むので，ウが南であり，アが北，イが東，エが西である。

②　地球が地軸を傾けたまま太陽の周りを公転しているため，太陽の南中高度が異なり，季節が生じる。　③　夏至の日と冬至の日の，同じ面積に当たる太陽の量は図ｉの通りである。

図ｉ

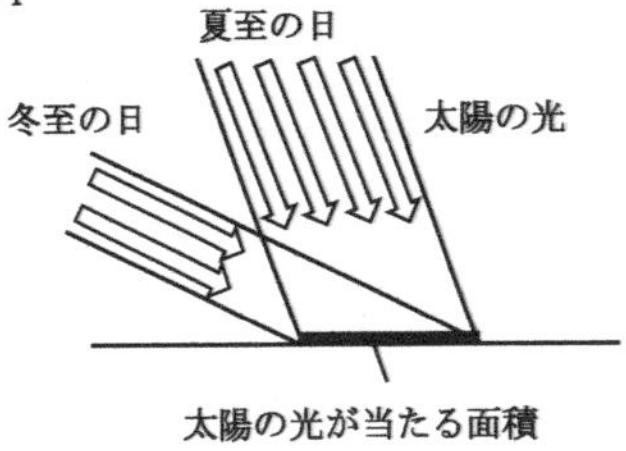

《2023　社会　解説》

1　(1)　インド洋　　模式図内の大陸と大洋の位置関係は右図を参照。

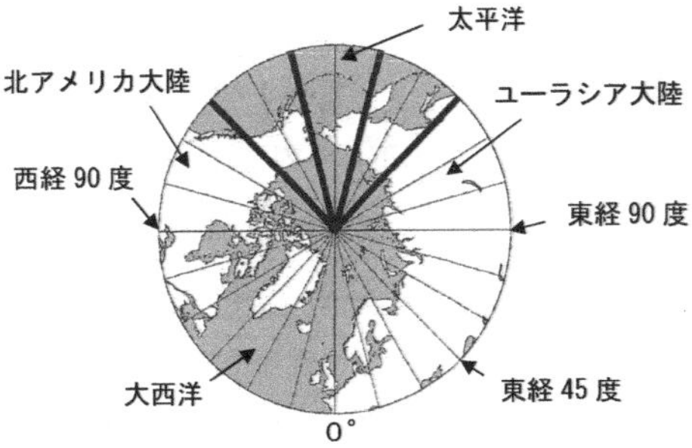

(2)　え　　日本は兵庫県明石市を通る，東経 135 度の経線を標準時子午線としている。模式図は本初子午線を基準に 15 度ごとに経線を引いていて，右側が東経，左側が西経で表されている。よって，本初子午線から反時計回りに 135÷15＝９(本)目の経線を選べばよい。

(3)　く／タイガ　　図１を見ると，冬の気温が氷点下 10℃以下であり，寒さが厳しいことがわかる。また，夏と冬の気温差が大きいことから，この都市は中緯度から高緯度にかけての内陸部と判断できる。よって，くを選ぶ。もともとはシベリア地方に広がる針葉樹林帯をタイガと呼ぶが，高緯度地域の針葉樹林帯という意味でも使われる。

(4)①　㋐　　A州は北アメリカ州，B州はアフリカ州，C州はアジア州，D州はヨーロッパ州である。農林水産業就業人口比率が高い州ほど，発展途上国が多い州と考えてよいので，㋐と㋑がアフリカ州とアジア州，㋒と㋓が北アメリカ州とヨーロッパ州である。アフリカ州とアジア州を比べた場合，東南アジア・東アジアを中心に稲作が発達したアジア州の方が穀物の生産量は多いと考えられるので，㋐がアフリカ州，㋑がアジア州と判断する。㋒は北アメリカ州，㋓はヨーロッパ州。　②　㋕　　人口 100 人あたりの自動車保有台数が多いほど，車社会が進んだ先進国であると考える。また，1990 年から 2018 年にかけての二酸化炭素の総排出量が急激に増加している国は，発展途上の国であると考えられる。南アフリカ共和国は2000年代に入って急激に発展してきたＢＲＩＣＳの一員であり，インドネシアより発達している。よって，㋔はインドネシア，㋕はイギリス，㋖はアメリカ，㋗は南アフリカ共和国。

③　2000 年以降，中国のＧＤＰは急激に増加していることを読み取る。その上で，都市部の一人あたりの所得と農村部の一人あたりの所得の差が年々広がっていることを読み取る。中国では，都市部(沿岸部)と農村部(内陸部)の所得の格差が問題となっており，高収入を求めて，内陸部から沿岸部への人口移動が起きている。

2　⑴　宇都宮　　アは栃木県である。

⑵①　Ｐ＝イ　Ｑ＝エ　　Ｐ．上位８県のうち本州にある栃木県・群馬県・長野県・山梨県・岐阜県はいずれも海に面していない内陸県である。Ｑ．図２のグループⅡは人口が多い東京都・神奈川県・大阪府だから，グループⅠは北海道・青森県・秋田県・新潟県・石川県であり，いずれも日本海に面している。

⑶　え／阪神工業地帯　　Ａは北海道，Ｂは長野県，Ｃは大阪府，Ｄは佐賀県である。水力発電所は，高低差のある河川の上流の山間部に立地する。火力発電所は，大都市周辺の臨海部に立地する。風力発電は，風の強い沿岸部や山頂に立地する。地熱発電は，火山活動が活発な大分県・鹿児島県と東北・北海道地方に立地する。以上のことから，**あ**は佐賀県，**い**は長野県，**う**は北海道，**え**は大阪府である。阪神工業地帯は，大阪と神戸を中心とした沿岸部に広がる工業地帯である。

⑷①　３倍　　再生可能エネルギー発電量は，2010 年が約 1100 億 kW，2030 年が約 3300 億 kW だから，3300÷1100＝３(倍)になっている。　②　Ｘ＝再生可能エネルギーの発電量を増やす　Ｙ＝化石燃料の輸入量が減る　　図４を見ると，秋田県の再生可能エネルギー発電量は年々増加していることが読み取れる。化石燃料は，石油・石炭・天然ガスなどの地下資源であり，これらを燃焼させると，地球温暖化の原因となる温室効果ガス(二酸化炭素)を排出する。また，化石燃料には限りがあり，化石燃料に依存していると，将来化石燃料が枯渇したとき，エネルギー供給ができなくなる。よって，化石燃料による発電から，再生可能エネルギーによる発電への転換がはかられている。

3　⑴①　ア，エ　　資料１は，『後漢書』東夷伝であり，内容は１世紀の出来事である。福岡県の志賀島から出土した，「漢委奴国王」と刻まれた金印が，光武帝が授けたものとされている。アは紀元前 3000 年ごろ，イは７世紀，ウは 11 世紀末，エは紀元前６世紀ごろ。　②　イ　　唐は 618 年～907 年まで存在した王朝で都は長安であった。飛鳥時代から奈良時代，平安時代の前半にかけて，たびたび遣唐使が派遣された。　③　調と庸が男子だけに課された税であることを読み取る。律令の時代，厳しい税から逃れるために，戸籍を偽ったり，口分田を捨てて逃亡したりする成人男子がいた。そのため，６年ごとに作成される戸籍は，男女比が極端に異なるものになっていた。

⑵①　ウ　　アは京都，イは尾張，エは江戸あたりを指している。　②　図１から牛馬耕が始まったことを読み取る。資料３から二毛作が始まったことを読み取る。１つの土地において，１年のうちに２種類の作物を収穫する農業を二毛作という。資料３では，稲の裏作として麦を栽培していることが読み取れる。　③　エ　　アは江戸時代，イは安土桃山時代，ウは鎌倉時代の社会や文化について述べた文である。

⑶①　近世　　安土桃山時代から江戸時代までを近世とする。　②　イ　　資料４は，豊臣秀吉の出したバテレン追放令だから，刀狩のイを選ぶ。アは鎌倉幕府(執権北条貞時)が出した永仁の徳政令，ウは江戸幕府の将軍が代々出した武家諸法度，エは織田信長らが出した楽市令(楽市・楽座)である。　③　松平定信　　元白河藩主であった松平定信の寛政の改革を風刺した狂歌である。「松平定信(白河)の政治はきれいすぎて，民衆には住みづらい。これだったら元のわいろ政治が行われていた田沼の時代のほうがましだった。」という意味である。

⑷①　第一次世界大戦　　サラエボ事件をきっかけとして始まった第一次世界大戦は，イギリス・フランス・ロシアなどの連合国側と，ドイツ・オーストリア・トルコなどの同盟国側に分かれた総力戦となった。1914 年に始まって 1918 年に終結し，1919 年のパリ講和会議でベルサイユ条約が締結された。　②　ア　　太平洋戦争中，アメリ

カ軍による本土攻撃に備えて，都市部の小学生たちは農村部へ疎開を始めた。50 万人以上の都市部の人口Ⓦが急激に減るとともに，地方の農村部Ⓩの人口が増えていることが読み取れる。

③　都市部＝ウ　農村部＝イ　　1960 年から 1970 年にかけては，高度経済成長期であり，東京などの都市部に人口が集中したころである。都市部では人口集中による住宅不足が発生し，農村部では過疎化が始まった。

④　い＝ソ連　う＝冷戦　　アメリカを中心とした資本主義陣営と，ソ連を中心とした社会主義陣営による，戦火を交えない緊張状態を冷戦という。マルタ島で，アメリカのブッシュ大統領と，ソ連のゴルバチョフ書記長が会談し，冷戦の終結を宣言した。

4　(1)①　基本的人権　　人間が生まれながらにもつ永久の権利を基本的人権という。　②　ア　　国を相手として民事裁判(行政裁判)を起こせば，裁判を受ける権利を行使したことになる。団体交渉権は労働者が企業を相手に要求する権利，国政調査権は国会がもつ権利，自己決定権はすべての人がもつ権利である。

(2)①　住民投票　②　う＝イ　え＝エ　③　イ

直接請求については，右表を参照。監査請求は地方公共団体で行われる。弾劾裁判は国会内で行われる。違憲審査は，すべての裁判所で行われる。

	必要な署名数	請求先
条例の制定・改廃請求	有権者の50 分の1以上	首長
監査請求		監査委員
議会の解散請求	※有権者の3分の1以上	選挙管理委員会
首長・議会の議員の解職請求		
副知事・副市長村長・選挙管理委員・公安委員・監査委員の解職請求		首長

※有権者数が 40 万人以下の場合。

議会と首長・議会の議員については，住民投票を行い，その結果，有効投票の過半数の同意があれば解散または解職される。

(3)　ウ　　ア，イ，エはいずれも国会の行うことである。

(4)　Q＝不信任　R＝解散　S＝権力の集中を防ぐ

国会(立法権)，内閣(行政権)，裁判所(司法権)が互いに抑制し，均衡を保つこと，地方の政治では地方議会と首長が互いに抑制し，均衡を保つことが重要であり，権力のらん用を防ぐことになる。

(5)　価格の変化が大きい　　生鮮品であるほうれんそうは，加工品の野菜ジュースより，価格の変動が大きいことを図２から読み取る。

(6)　独占禁止法　　公正取引委員会が運用している独占禁止法は，同じ業種の企業同士が，競争を避けるために価格の維持や引き上げの協定を結ぶカルテルなどを禁じている。

(7)　ア，エ　　図は景気が後退している時期だから，企業の倒産が増加し，失業者が増加する。イとウは好景気のときに起こりやすい状況である。

(8)　ウ　　アは社会福祉，イは公衆衛生，エは公的扶助にあたる。

(9)①　図４から，一人あたりの労働時間が減少傾向にあること，国民総所得は増加傾向にあることを読み取る。

②　イ　　働き方を変えるとあることからイを選ぶ。フェアトレードは，発展途上国の農産物・鉱産資源・工業製品を適正な価格で持続的に購入することで，発展途上国の生産者や企業の自立を促す取り組み。クーリング・オフは，訪問販売や電話勧誘販売などによる契約において，一定期間内であれば，一方的に契約を解除できる制度。セーフティネットは，網の目のように救済策を張ることで，安全や安心を提供する仕組み。

2022 解答例
令和4年度

秋田県公立高等学校

《2022　国語　解答例》

一　1．自然に囲まれた環境でスポーツを楽しめる　2．旬の野菜が手に入る　3．聞き手の興味や関心に基づいて　4．ウ

二　1．繁栄　2．困難に対応するサバイバル能力　3．(1)a．意図的　b．実力が出しきれない　(2)逆転の可能性にかけている　(3)イ　4．悪条件を克服する力が他の植物より強い雑草が、生存競争を有利に進める

三　1．①おごそ　②貴重　③けいしょう　④営　2．エ　3．五段　4．イ

四　1．発掘　2．a．自然に変化させる力　b．完全に離されてしまった　3．高い技術を身につけたいと純粋に思っていたわけではなく、仲間への邪推や競争心があった　4．(1)指の動かし方　(2)エ　(3)確かな技術を身につけて、ものづくりに一生懸命取り組んでいく

五　1．①ように　②おいては　2．B　3．ア　4．高い所から蝸牛を落として殻を割ればよい　5．(1)烏　(2)技を殊にする　(3)優れた人に聞く

六　（例文）表から気付いたことは、第八版の国語辞典には、既に記載されていた語句に新たな意味が加えられたことと、新たな語句と意味が記載されたということだ。「言葉」は、時代や社会とともに変化するものである。だから、世の中のことを深く正しく理解するためには、常に言葉に敏感でなければならない。そのため、ニュースや新聞で新しい言葉に触れたときや、これまでと異なる使い方をしていると感じたときは、すぐに国語辞典を引いて、その意味を知ることを習慣にしたいと思う。

《2022　数学　解答例》

1　(1)9　(2)b　(3)20　(4)$\sqrt{2}$，π　(5)$x=7$　$y=2$　(6)-2，-1　(7)$y=\frac{8}{x}$　(8)150　(9)109　(10)6　(11)10　(12)115　(13)右図　(14)$3\sqrt{55}\pi$　(15)108

2　(1)①右グラフ　②イ　(2)①6　②$2\sqrt{3}$　(3)右図　(4)エ

3　(1)①ア．28　イ．21　②15　③ウ．$m(m+1)$　エ．$\frac{m(m+1)}{2}$
(2)$3n^2$

4　(1)①$\frac{1}{2}$　②記号…A　理由…Aのとき，起こりうるすべての場合は12通りで，このうち，和が5以上になるのは8通りある。Bのとき，起こりうるすべての場合は16通りで，このうち，和が5以上になるのは10通りある。これより，和が5以上になる確率は，Aのときは$\frac{8}{12}=\frac{2}{3}$，Bのときは$\frac{10}{16}=\frac{5}{8}$となる。$\frac{2}{3}>\frac{5}{8}$だから，Aのほうが起こりやすい。　(2)エ

5　Ⅰ．(1)仮定より，∠ACB＝∠ADC＝90°…①
共通な角だから，∠BAC＝∠CAD…②
①，②より，2組の角がそれぞれ等しいから，
(2)①ウ　②$\frac{9}{25}$
Ⅱ．(1)共通な角だから，∠BAC＝∠DAB…①
半円の弧に対する円周角だから，∠ACB＝90°…②
円の接線は，接点を通る半径に垂直だから，∠ABD＝90°…③

図2
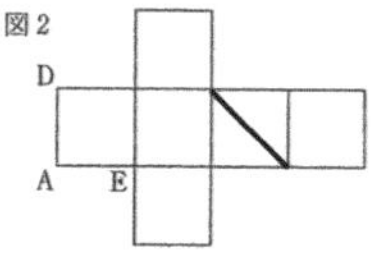

1⑬の図

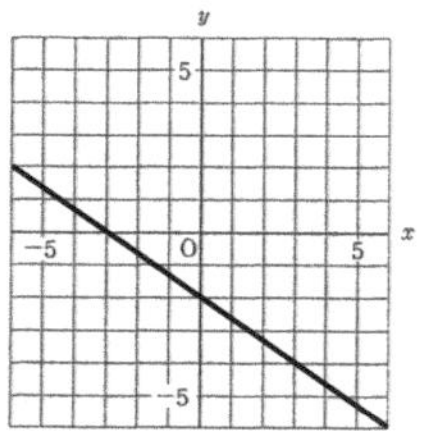

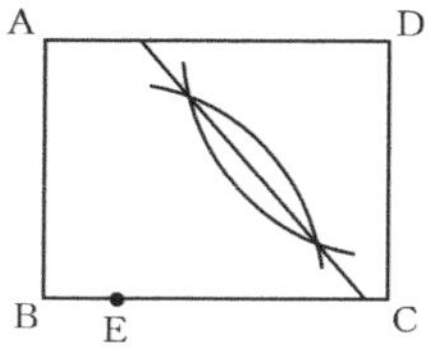

2⑶の図

②，③より，∠ＡＣＢ＝∠ＡＢＤ…④

①，④より，２組の角がそれぞれ等しいから，

(2)①イ　② $\frac{9}{46}$

《2022　英語　解答例》

1　(1)①ウ　②エ　(2)①ウ　②イ　③ア　(3)①ア　②エ　③イ　(4)ア，エ　答え…I went to a shrine with my family／I wished for good health and a good year

2　(1)①found　②getting　③gave　④better　(2)①Saturday　②library　③popular　④collect
(3)①How／did／you　②most／exciting／of　③me／to／go

3　(1)①It was held in May　②He practiced it for two hours　(2)our school festival／Our class danced this year.　We practiced hard after school.　I was happy to see the smile of the audience.

4　(1)①イ　②ア　(2)ago　(3)choose　(4)幸…ⓐ　ベッキー…ⓒ　理由…ステージ上の人々の表情がよく見えたから

5　(1)ウ　(2)ア　(3)前に並んでいた客が支払ってくれていたから　(4)イ　(5)ウ，オ　(6)①イ　②エ

《2022　理科　解答例》

1　(1)①酢酸オルセイン　②細胞壁　③イ　(2)①水　②葉緑体　③養分からエネルギーをとり出す

2　(1)名称…沸点　記号…ウ　(2)19.4　(3)液体が急に沸騰する現象　(4)①W．大きい　X．小さい　Y．小さい
②エタノールの割合

3　(1)①ウ　②水蒸気が水滴に変わった　(2)①ア，イ　②⦶　③過程…Ｂ日正午において，気温が 16℃のときの飽和水蒸気量は 13.6(g/m³)で，湿度は 79(%)だから，空気１m³中に含まれる水蒸気量は 13.6×0.79＝10.744　よって 10.7(g)／10.7　④X．C　Y．気温と露点の差が大きい

4　(1)右図　(2)弾性力　(3)2.0　(4)ウ　(5)水中にある部分の体積　(6)記号…イ　距離…３

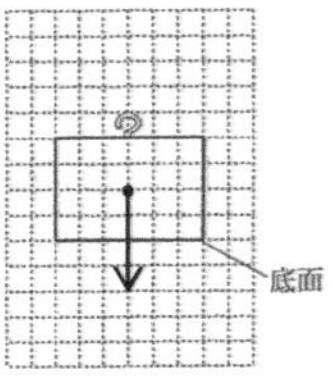

5　(1)①光の屈折　②D，E　③エ　(2)①M　②X．東　Y．ア

6　(1)①ア，エ　②P．無性　Q．親の形質がそのまま現れる　(2)①加熱した試験管に水が流れこむことを防ぐため　②0.8　③X．分解　Y．CO_2

《2022　社会　解答例》

1　(1)海洋名…大西洋　記号…う　(2)F　(3)ウ　(4)㋐　(5)エ　(6)インドは他国よりも第３次産業人口の割合が低く，人口が多いため一人あたりのＧＤＰも低い。

2　(1)イ　(2)①ウ　②Y．ゆるやか　Z．果樹園　(3)㋐　(4)①鉄道　②他の輸送機関に比べてエネルギー消費量の割合が高く，貨物輸送量の割合が減っている。

3　(1)①あ．ア　い．カ　②ウ→ア→イ　③名称…衆議院　資格…税金を国に納める満 25 歳以上の男子　(2)①イ　②ア　(3)①ウ　②徳川家光　③清とは対等な条約を結び，朝鮮とは日本に有利な不平等条約を結んだ。　④政権を朝廷に返上した。　⑤エ　⑥日本に復帰した

4　(1)①労働基準法　②年齢が上がるにつれて，格差が拡大する　③イ　(2)①グローバル　②ウ　③エ　④イ　⑤アメリカ　(3)①ウ　②ア，イ　③エ　④世界人権宣言　⑤採択されなかった　理由…反対する常任理事国があったから。

《2022　国語　解説》

二　１　次の一文に「攪乱《かくらん》」は「多くの植物の生存を困難にしている」とある。一方「雑草」は、前の段落より、「予測不能な変化に適応し、攪乱が起こる条件を好んで繁栄している」。

２　「予測不能な攪乱」が雑草にとって有利な理由が同じ段落にくわしく述べられている。その後半で、「予測不能な攪乱」という困難な環境で要求される能力にも言及されている。

３⑴ａ　「奇抜な一手」について、「定跡《じょうせき》」や「常識的な読み筋」をどのように外すのかを読みとる。すると、将棋の例を挙げた段落に「意図的に定跡《じょうせき》を外れた手や、常識的な読み筋を外した奇抜な手を指すことがある」とある。　　ｂ　サッカーで「悪条件下では、両チームとも」どうなるのかを読み取る。すると、雨天の試合(悪条件下)は、「どちらも実力が出しきれない状況」とある。　　⑵　将棋の対局において「定跡を外れた手や、常識的な読み筋を外した奇抜な手」を指すことで、「未知の世界、予測不能な世界」に持ち込めば、「逆転の可能性が出てくる」とある。　　⑶　「予測不能な攪乱」という状況がかえって雑草には有利に働くという筆者の主張について、人間の世界での似たような例を挙げることで、説得力を持たせようとしている。

４　「逆境」、すなわち「悪条件な環境」を「生存競争の場とすれば」、「雑草にも活路が見いだせる」「むしろ～有利になるチャンス」とある。このことを雑草と他の植物との関係をふまえてまとめる。

三　２　「身近で」と「なじみ深い」は、意味の上で対等なので、エの「並立の関係」が適する。

３　活用の種類は後に「ない」をつけて見分けるとよい。「ない」をつけると「思わない」となり、「ない」の前がア段の音になるので、五段活用。

４　「多種多様」とイの「千差万別」は、種類や性質が様々であるという意味。　ア．「大同小異」は、細かい点は異なるが、全体的にはほとんど違いがないこと。　ウ．「花鳥風月」は、自然界の美しい風物のこと。

エ．適材適所は、人をその才能に適した地位や仕事につけること。

四　１　心《しん》が「浮き上がってきた」と感じたネジの様子は、２段落後にくわしく書かれている。

２ａ　３～４段落前を参照。今までの心は「正しい形をつくるために～鉄に立ち向かうような気持ちでいた」が、原口の作業を見るうちに「確かな技術というのは、硬い鉄さえも自然に変化させる力を持っているものかもしれない」と思い始めた。　　ｂ　原口の作業を見た後、亀井を見て感じたことを読み取る。

３　「ゆがんでいた」を含む一文は、その前２行の内容を理由としてまとめたものである。「原口」と「亀井」を「仲間」という一語にしてまとめる。

４⑴　最後から２番目の段落に、折り紙を折るようになって「指の動き方がわかってきた」とある。しかし、それだけでは不十分である。心は折り紙を折ることで「封じられた(指の)機能」も「ほかの指の使い方によっては」フォローできるし、「動きが鈍かった指も鍛えれば細かく動く」ことを知る。つまり、「指の動き方」だけでなく、「指の動かし方」も会得していったのである。　　⑵　「五十枚入りの折り紙が半分ほどになった」ということは、心がそれだけ折り紙を折り続けたことも表している。　　⑶　文章全体で、練習を見学していた心の気持ちの変化を描いているので、改めて練習に参加するようになった心の姿勢や気持ちをまとめることが求められている。３で見たように、以前の心は「ただ高い技術を身につけたいとばかり、純粋に思っていたわけではなかった」。しかし、けがをした経験を通して、自分の考えのゆがみに気づき、「技術」を身につけることの大切さを悟った。また、原口や亀井の練習の様子を見ているときに思い出した大山先生の言葉「一生懸命になっとる時、それが本物かどうか、人は時々試される」も手がかりになる。つまり、心はこれから一生懸命に取り組もうと思ったのだと考えられる。

五　1①　古文の「ア段＋う」は、「オ段＋う」に直す。　②　古文の「わゐうゑを」は、「わいうえお」に直す。

2　A.「鷲《わし》」が「蝸牛《かたつむり》」を食べる方法がわからず、「思ひ煩」っている。よって主語は「鷲」。　B.「烏《からす》～申しけるは」より、主語は「烏《からす》」。　C. 前文の「鷲、うけがふて」から主語は変わっていない。　D. 烏の提案通りにして、蝸牛の殻を「たやすく取つて」食べたのだから、主語は「鷲」。

3　この後に続く、鷲と烏の会話に注目すると、烏が「蝸牛を高き所より落し給はば、その殻、忽《たちま》ちに砕けなん」と語っている。つまり、鷲が知らなかったのは、アの「蝸牛の中身の取り出し方」である。

5(1)　本文で「智者（知恵がある者）」として描かれるのは、蝸牛の中身の取り出し方を鷲に教える「烏」である。

(3)　本文の最後に「事にふれて、事毎《ことごと》に人に問ふべし」とある。つまり、人に聞くことが大切だと言うのである。しかし、尋ねるのは誰でもよいわけではない。本文の「烏」や、書き下し文の「狸狌《りせい》」にあたるような「智者」、つまり、その分野における「優れた人」に聞くことが大切なのである。

【書き下し文の内容】

足の速い名馬は一日で千里を走ることができるが、鼠《ねずみ》を捕らえることは猫やイタチに及ばないとは、（それぞれが）異なった技能を持っていることを言ったものである。

【古文の内容】

ある時、鷲《わし》が、「蝸牛《かたつむり》を食べたい」と思ったけれども、どうしたらよいか分からない。思い悩んでいるところに、烏《からす》が、傍《そば》から進み出て申し上げることには、「この蝸牛を、食べられるようにすることは、とても簡単なことです。私が申し上げるようになさった後、私にその半分を与えてくださるならば、お教えいたしましょう」と言う。鷲は同意して、その方法を尋ねると、烏が申し上げることには、「蝸牛を高いところから落としなされば、その殻は、すぐに砕けるでしょう」と言う。そこで、（鷲は烏の）教えの通りにしたところ、烏の提案通りに、簡単に(蝸牛の中身を)取り出して、これを食べた。

このように、たとえ権力があり身分が高い家柄であっても、自分の心の思うがままにしないで、知恵がある者の教えに従うのがよい。その理由は、鷲と烏を比べると、備えた能力は、（烏が）どうして勝るだろうか(いや、鷲が勝るだろうが)、蝸牛の(中身を取り出す)技においては、烏が最もこれを会得している。物事に応じて、事々に人に問うのがよい。

《2022　数学　解説》

1　(1)　与式＝$-3\times(-3)=9$

(2)　与式＝$\dfrac{a^3b^2}{a^3b}=b$

(3)　与式＝$4\sqrt{5}\times\sqrt{5}=20$

(4)　**【解き方】有理数は，分子と分母が整数である分数で表せる(ただし分母は0以外)。有理数以外の数が無理数である。πが無理数であることは覚えておこう。**

$\sqrt{9}=3=\dfrac{3}{1}$，$\dfrac{5}{7}$，$-0.6=-\dfrac{3}{5}$は有理数である。$\sqrt{2}$とπが無理数である。

(5)　$x+y=9$…①とする。$0.5x-\dfrac{1}{4}y=3$の両辺に4をかけて，$2x-y=12$…②とする。

①＋②でyを消去すると，$x+2x=9+12$　$3x=21$　$x=7$

①に$x=7$を代入すると，$7+y=9$　$y=2$

(6)　与式より，$(x+2)(x+1)=0$　　$x=-2,\ -1$

(7)　**【解き方】反比例の式は$y=\frac{a}{x}$と表せる。**

$y=\frac{a}{x}$に$x=2$，$y=4$を代入すると，$4=\frac{a}{2}$より，$a=8$　　よって，求める式は，$y=\frac{8}{x}$

(8)　**【解き方】袋の中全体の(白い碁石の個数)：(全体の個数)は，取り出した60個の碁石における，(白い碁石の個数)：(全体の個数)とおよそ等しいものと推定できる。**

(白い碁石の個数)：(全体の個数)はおよそ$18:60=3:10$だから，白い碁石はおよそ，$500\times\frac{3}{10}=150$(個)と推定できる。

(9)　与式$=(5x)^2-y^2=(5x+y)(5x-y)$

ここで$x=11$，$y=54$を代入すると，$(5\times11+54)(5\times11-54)=109\times1=109$

(10)　**【解き方】自然数nは，148－4＝144と245－5＝240の公約数のうち，5より大きい数である。**

$144=2^4\times3^2$，$240=2^4\times3\times5$だから，共通する素因数から，144と240の最大公約数は$2^4\times3=48$とわかる。したがって，144と240の公約数は48の約数だから，1，2，3，4，6，8，12，16，24，48である。このうち5より大きい数は，下線部の6個である。

(11)　平行線と線分の比の定理より，

$18:12=15:x$　　$3:2=15:x$　　$x=\frac{2\times15}{3}=10$(cm)

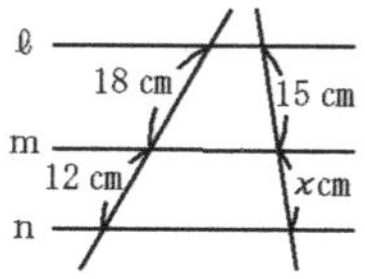

(12)　**【解き方】右の「へこみのある四角形(ブーメラン型)の角度」を利用する。**

$\angle x=41^\circ+39^\circ+35^\circ=115^\circ$

へこみのある四角形(ブーメラン型)の角度

右図の太線のようなブーメラン型の図形において，
三角形の外角の性質から，$\angle d=\angle a+\angle b$，
$\angle x=\angle c+\angle d=\angle c+(\angle a+\angle b)$だから，

$\angle x=\angle a+\angle b+\angle c$

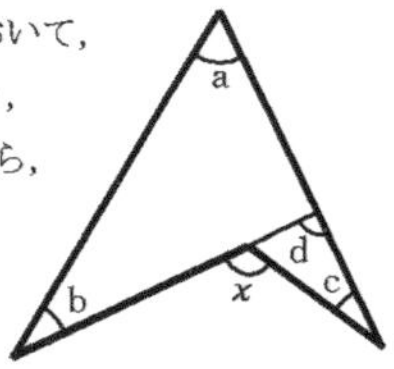

(13)　展開図に頂点の記号を書き込むと，右図のようになる。

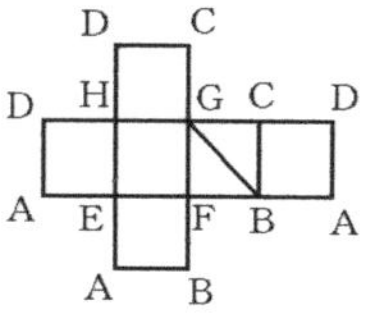

(14)　**【解き方】円すいの展開図は右図①のようになる。側面のおうぎ形の半径(母線)の長さをrcmとし，側面積について方程式を立てて，rの値を求める。**

図①

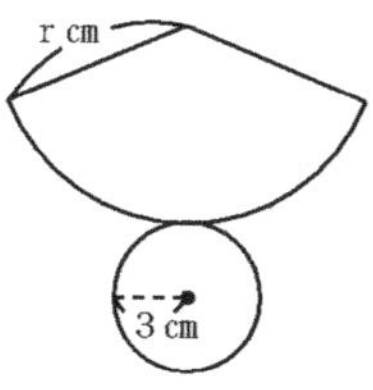

図②

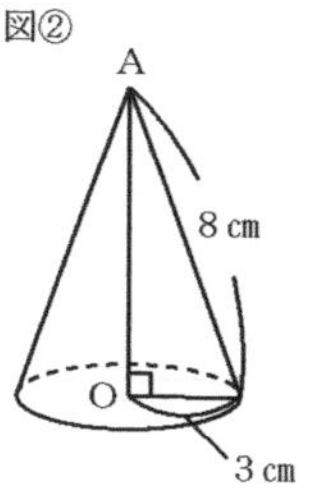

側面のおうぎ形の弧の長さは底面の円周に等しく，$2\pi\times3=6\pi$(cm)

おうぎ形の面積は$\frac{1}{2}\times$(弧の長さ)$\times$(半径)で求められるから，

側面積について，$\frac{1}{2}\times6\pi\times r=24\pi$

なお，円すいの側面積は，(底面の半径)$\times$(母線の長さ)$\times\pi$で求めることができるので，

側面積について，$3\times r\times\pi=24\pi$と方程式を立ててもよい。方程式を解くと，$r=8$

したがって，この円すいは図②のようになる。三平方の定理より，$AO=\sqrt{8^2-3^2}=\sqrt{55}$(cm)

よって，円すいの体積は，$\frac{1}{3}\times3^2\pi\times\sqrt{55}=3\sqrt{55}\pi$(cm³)

(15)　**【解き方1】四面体ＢＤＧＭを右図のように平面ＡＥＧＣで2つの三角すいに分ける。平面ＡＥＧＣとＢＤは垂直に交わるから，三角すいＢ‐ＯＭＧの高さはＯＢ，三角すいＤ‐ＯＭＧの高さはＯＤである。ＯＢ＝ＯＤだから，この2つの三角すいの体積は等しいので，求める体積は三角すいＢ‐ＯＭＧの体積の2倍である。**

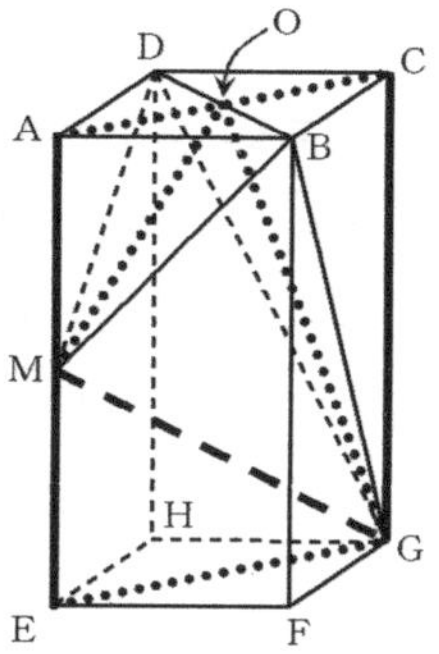

△ＡＢＣは直角二等辺三角形だから，$AC=\sqrt{2}AB=6\sqrt{2}$(cm)

$AO=OC=\frac{1}{2}AC=3\sqrt{2}$(cm)，$AM=ME=\frac{1}{2}AE=\frac{1}{2}\times12=6$(cm)

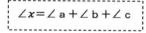

△OMG＝(長方形AEGCの面積)－△AMO－△CGO－△MEG＝

$12\times6\sqrt{2}-\frac{1}{2}\times3\sqrt{2}\times6-\frac{1}{2}\times3\sqrt{2}\times12-\frac{1}{2}\times6\sqrt{2}\times6=$

$72\sqrt{2}-9\sqrt{2}-18\sqrt{2}-18\sqrt{2}=27\sqrt{2}$ (cm²)

OB＝OA＝$3\sqrt{2}$cmだから，求める体積は，$(\frac{1}{3}\times27\sqrt{2}\times3\sqrt{2})\times2=108$ (cm³)

【解き方２】直方体ABCD－EFGHの体積から，三角すいM－ABD，三角すいG－BCD，四角すいG－MEFB，四角すいG－MEHDの体積を引く。

直方体ABCD－EFGHの体積は，$6\times6\times12=432$ (cm³)

三角すいM－ABDの体積は，$\frac{1}{3}\times(\frac{1}{2}\times6\times6)\times6=36$ (cm³)

三角すいG－BCDの体積は，$\frac{1}{3}\times(\frac{1}{2}\times6\times6)\times12=72$ (cm³)

四角すいG－MEFBの体積は，$\frac{1}{3}\times\{\frac{1}{2}\times(6+12)\times6\}\times6=108$ (cm³)

四角すいG－MEHDの体積も同様に，108 cm³

よって，求める体積は，$432-36-72-108-108=108$ (cm³)

2　(1)①　$2x+3y=-6$より，$3y=-2x-6$　　$y=-\frac{2}{3}x-2$

よって，点$(0,\ -2)$を通り，xが３増加するとyが２減少する直線をかけばよい。

②　図より，右上がりの直線だから$a>0$であり，切片(y軸との交点のy座標)が負だから，$b<0$である。

(2)①　$y=x^2$にBのx座標の$x=2$を代入すると，$y=2^2=4$となるから，B$(2,\ 4)$である。

$y=-\frac{1}{2}x^2$にCのx座標の$x=2$を代入すると，$y=-\frac{1}{2}\times2^2=-2$となるから，C$(2,\ -2)$である。

よって，BC＝(BとCのy座標の差)＝$4-(-2)=6$ (cm)

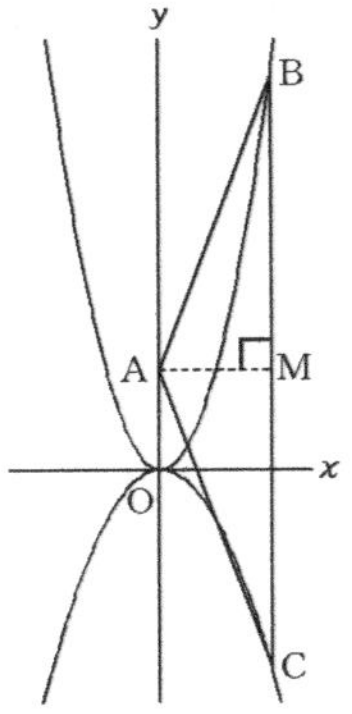

②　**【解き方】AからBCに垂線AMを引く。△ABCがAB＝ACの二等辺三角形となるのは，MがBCの中点のときだから，Mのy座標について方程式を立てる。**

Bのx座標をtとすると，B$(t,\ t^2)$，C$(t,\ -\frac{1}{2}t^2)$，M$(t,\ 3)$と表せる。

MがBCの中点のとき，(BとCのy座標の和)$\times\frac{1}{2}$＝(Mのy座標)より，

$(t^2-\frac{1}{2}t^2)\times\frac{1}{2}=3$　　$\frac{1}{2}t^2=6$　　$t^2=12$　　$t=\pm2\sqrt{3}$

$t>0$より$t=2\sqrt{3}$であり，これがBのx座標である。

(3)　DとEは折り目の線について線対称だから，折り目の線はDEの垂直二等分線である。

(4)　**【解き方】$x=0$，$x=8$のとき以外は，yの値は台形ABQPの面積である。$x=8\div2=4$のときにQがCで折り返すから，$0\leqq x\leqq4$と$4\leqq x\leqq8$のときで場合を分けてyをxの式で表す。**

$0\leqq x\leqq4$のとき，AP＝$x$cm，BQ＝$2x$cmだから，$y=\frac{1}{2}\times(x+2x)\times4=6x$

$4\leqq x\leqq8$のとき，AP＝$x$cm，BQ＝BC×２－(Qが動いた長さ)＝$8\times2-2x=16-2x$ (cm)だから，

$y=\frac{1}{2}\times(x+16-2x)\times4=-2x+32$

$x=4$のとき$y=6\times4=24$だから，右上がりの直線が点$(4,\ 24)$で折れて右下がりの直線になっている，エが適切である。

3　(1)①　７番目の図形の三角形Aの個数は，$1+2+3+4+5+6+7=_{ア}\underline{28}$(個)

一番下の段の三角形Bの個数は１つ上の段の三角形Aの個数と同じだから，７番目の図形の三角形Bの個数は，

$28-7=_{イ}\underline{21}$(個)

②　$(m+1)$段目の三角形Aの個数が16個なのだから，$m+1=16$より，$m=15$

③　三角形Aの個数は，１段目が$(1+m)$個，２段目が$\{2+(m-1)\}=m+1$(個)，３段目が$\{3+(m-2)\}=$

m＋１(個)，……のように，すべての段で(m＋１)個となる。段は全部でm段あるから，③の図で三角形Aの個数は全部で，ウ<u>m(m＋1)</u>個である。

これを半分にすると，図３の図形のm番目の図形の三角形Aの個数となり，エ$\dfrac{m(m+1)}{2}$個である。

⑵　**【解き方】正六角形は右図のように６個の合同な正三角形に分けることができる。３番目の正六角形において，６個に分けた正三角形のうちPの位置にある３個の正三角形は，図３の３番目の図形の正三角形であり，Qの位置にある３個の正三角形は，図３の２番目の図形の正三角形である。**

3番目の正六角形

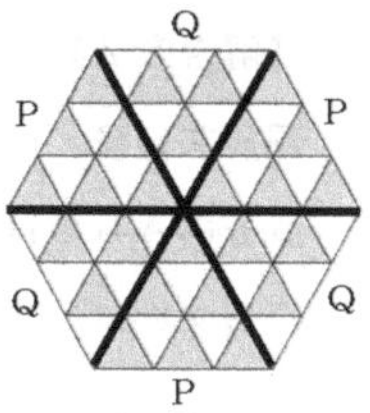

n番目の正六角形において，Pの位置にある３個の正三角形は，図３のn番目の図形の正三角形だから，三角形Aが$\dfrac{n(n+1)}{2}$個ずつ含まれる。

n番目の正六角形において，Qの位置にある３個の正三角形は，図３の(n－1)番目の図形の正三角形だから，三角形Aが$\dfrac{n(n+1)}{2}-n=\dfrac{n^2-n}{2}$(個)ずつ含まれる。

よって，n番目の正六角形にある三角形Aの個数は，$\dfrac{n(n+1)}{2}\times3+\dfrac{n^2-n}{2}\times3=3n^2$(個)

４　⑴①　取り出し方は１，２，３，４の４通り，そのうち偶数は２，４の２通りだから，求める確率は，$\dfrac{2}{4}=\dfrac{1}{2}$

②　**【解き方】A，Bそれぞれの方法について，すべての取り出し方を表にまとめると右表のようになる。Aでは１回目と２回目で同じカードが取り出されることはないことに注意する。**

A		2回目 1	2	3	4
1回目	1	＼			○
	2		＼	○	○
	3		○	＼	○
	4	○	○	○	＼

B		2回目 1	2	3	4
1回目	1				○
	2			○	○
	3		○	○	○
	4	○	○	○	○

Aの取り出し方は全部で４×４－４＝12(通り)あり，そのうち和が５以上になるのは○印の８通りだから，和が５以上になる確率は，$\dfrac{8}{12}=\dfrac{2}{3}$

Bの取り出し方は全部で４×４＝16(通り)あり，そのうち和が５以上になるのは○印の10通りだから，和が５以上になる確率は，$\dfrac{10}{16}=\dfrac{5}{8}$　$\dfrac{2}{3}=\dfrac{16}{24}$，$\dfrac{5}{8}=\dfrac{15}{24}$だから，$\dfrac{2}{3}>\dfrac{5}{8}$なので，BよりAの方が起こりやすい。

⑵　ア．60～62の階級の相対度数は，Pが$\dfrac{1}{10}$，Qが$\dfrac{2}{10}=\dfrac{1}{5}$だから，Qの方が大きいので，正しくない。

イ．58ｇ以上の個数は，Pが２＋１＝３(個)，Qが１＋２＋１＝４(個)だから，Qの方が多いので，正しくない。

ウ．最頻値は，Pが(56＋58)÷２＝57(ｇ)，Qが(54＋56)÷２＝55(ｇ)だから，Pの方が大きいので，正しくない。

エ．10個のデータの中央値は，10÷２＝５より，大きさ順に並べたときの５番目と６番目の平均である。Pの中央値は56～58の階級に含まれ，Qの中央値は54～56の階級に含まれるから，Pの方が中央値が大きいので，正しい。

５－Ⅰ

⑴　まず，問題文の仮定を図にかきこんで，証明のために必要な条件を探そう。条件が足りない場合は，問題の内容に応じて，図形の性質，平行線の同位角・錯角，円周角の定理などからわかることもかきこんでみよう。

⑵①　$\overset{\frown}{AE}$に対する円周角だから，「ウ　∠ABE＝∠ACE」が正しい。

②　**【解き方】⑴，⑵①より，右図のように等しい角がわかるから，△BCD∽△CADである。この２つの三角形の相似比から面積比を求める。**

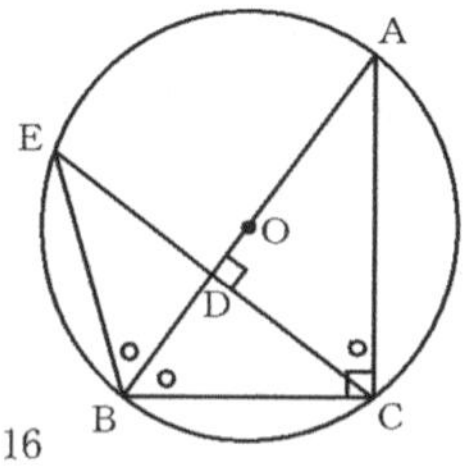

△BCD≡△BED(BD＝BD，∠BDC＝∠BDE，∠DBC＝∠DBE)だから，

BC＝BE＝６cm

△BCDと△CADの相似比はBC：CA＝６：８＝３：４で，

相似な図形の面積比は相似比の２乗に等しいから，△BCD：△CAD＝3^2：4^2＝９：16

よって，△ABC：△BCD＝(９＋16)：９＝25：９だから，△BCDの面積は△ABCの面積の$\dfrac{9}{25}$倍である。

5－Ⅱ

⑴　まず，問題文の仮定を図にかきこんで，証明のために必要な条件を探そう。条件が足りない場合は，問題の内容に応じて，図形の性質，平行線の同位角・錯角，円周角の定理などからわかることもかきこんでみよう。

⑵①　⑴より，∠ABC＝∠ADB…㋐　　∠CBD＝90°－∠ABC…㋑

△ADBの内角の和より，∠BAD＝180°－90°－∠ADB＝90°－∠ADB…㋒

㋐，㋑，㋒より，「イ　∠BAD＝∠CBD」が正しい。

なお，接弦定理を知っていればすぐに∠BAD＝∠CBDとわかる。

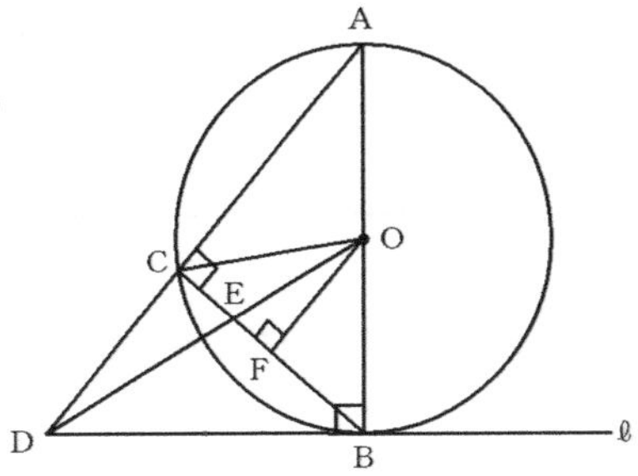

②　【解き方】AB：OB＝2：1だから，△ABDと△OBDの面積比はすぐに求められる。OD：OEから△OBD：△OBEを求めたいので，右のように作図し，△DEC∽△OEFを作る。OB＝3x，AD＝8xとし，AB→AC→CD→FOの順に長さをxの式で表していく。

AB＝2OB＝6xだから，△ADBにおいて，

AB：AD＝6x：8x＝3：4

したがって，△ABCにおいてAC：AB＝3：4だから，

AC＝$\frac{3}{4}$AB＝$\frac{3}{4}\times 6x=\frac{9}{2}x$　　CD＝AD－AC＝8$x-\frac{9}{2}x=\frac{7}{2}x$

△ABCにおいて，OがABの中点でAC//OFだから，中点連結定理より，OF＝$\frac{1}{2}$AC＝$\frac{1}{2}\times\frac{9}{2}x=\frac{9}{4}x$

△DEC∽△OEFだから，DE：OE＝CD：FO＝$\frac{7}{2}x:\frac{9}{4}x$＝14：9　　OD：OE＝(14＋9)：9＝23：9

高さが等しい三角形の面積比は底辺の長さの比に等しいから，

△ABD：△OBD＝AB：OB＝2：1　　△OBD＝$\frac{1}{2}$△ABD

△OBD：△OBE＝OD：OE＝23：9　　△OBE＝$\frac{9}{23}$△OBD＝$\frac{9}{23}\times\frac{1}{2}$△ABD＝$\frac{9}{46}$△ABD

よって，△OBEの面積は△ABDの面積の$\frac{9}{46}$倍である。

《2022　英語　解説》

1　⑴①　質問「どの絵がこれを示していますか？」…Aの発言「帽子を探しているよ」とBの発言「テーブルの下で見かけたわ」より，ウが適切。

②　質問「彼らは次の日曜日にどのスポーツをしますか？」…B「その日は雨がふりそうだから，テニスのかわりに公民館でバスケットボールをしよう」より，エが適切。

⑵①　電話でのやりとり。Aの最後の発言「ごめんね，彼女は今外出しているよ」より，ウ「伝言をお願いします」が適切。　　②　Aの最後の発言「おいくらですか？」より，イ「5ドルです」が適切。　　③　男性が姉(妹)と買い物に行く話をしている。A(男性)の最後の発言「一緒に来ない？」より，ア「いいよ。楽しみだわ」が適切。

⑶【放送文の要約】参照。

①　質問「グリーン先生は何回イタリアを訪れたことがありますか？」…ア「2回」が適切。

②　質問「リクはなぜイタリアを訪れたいのですか？」…エ「彼はその国の歴史に興味があるからです」が適切。

③　質問「明日，グリーン先生はリクに何を持ってきますか？」…イ「歴史的な建造物の写真」が適切。

【放送文の要約】

グリーン先生：こんにちは，リクさん。何を読んでいるの？

リク　　　　：こんにちは，グリーン先生。旅行の本を読んでいます。

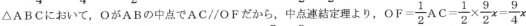

グリーン先生：旅行に興味があるのね？

リク　　　　：はい。僕はいつかイタリアに行きたいです。

グリーン先生：あら，そうなの？①ア私は 2013 年と 2015 年にそこへ行ったわ。私はイタリアが大好きなの。どうしてそこに行きたいの？

リク　　　　：②エその国の歴史に興味があります。そこで歴史的な建造物を見たいんです。

グリーン先生：③イ私はそれらの素敵な写真をたくさん持っているわ。見たい？

リク　　　　：もちろんです。

グリーン先生：③イわかった。明日，持ってくるわ。

(4)【放送文の要約】参照。ア○「ジャックは先月からずっとアメリカにいます」　イ「ジャックは日本語を学ぶのは×簡単なことだと思っていました」　ウ×「ジャックは秋田でボランティアで英語を教えていました」…放送文にない内容。　エ○「ジャックはアメリカで日本人と話すことを楽しみました」　ジャックの最後の問い「皆さんは冬休みの間，何をしましたか？」に対する答えを考える。２文で答えること。(例文)「私は家族と神社に行きました。健康でよい１年になるよう祈願しました」

【放送文の要約】

こんにちは，みなさん。ア僕は先月，アメリカに帰りました。秋田ではお世話になりました。皆さんがとても親切にしてくれたおかげで楽しく滞在できました。最初は皆さんと日本語で話すのが難しかったです。しかし，すぐに皆さんのことをよく理解することができました。皆さんが毎日僕に話しかけてくれたからです。ここアメリカで，僕はボランティア活動を始めました。僕は英語を学びたい日本人を手伝っています。僕たちは普段英語で話します。僕は彼らに日本語で話しかけることもあります。とても楽しいです。昨日，僕たちは冬休みについて話しました。エ多くの人がいろいろなことを話してくれたので面白かったです。そこで，１つ質問があります。皆さんは冬休みの間，何をしましたか？

2　(1)①　文末に last week「先週」があるので，過去形の found にする。　②　文の主語になる部分。「それを手に入れること」となるように動名詞の getting にする。t を２つ重ねることに注意する。　③　文末に last month「先月」があるので，過去形の gave にする。　④　直後に than があるので，比較級の better にする。

(2)①　説明「日曜日の前の曜日」より，Saturday「土曜日」が適切。　②　説明「たくさんの本，新聞などがある建物」より，library「図書館」が適切。　③　説明「たくさんの人々に好まれ，楽しまれている」より，popular「人気がある」が適切。　④　説明「さまざまな場所からものを手に入れること」より，collect「集める」が適切。

(3)①　直後にカナが「電車でそこへ行きました」と答えたので，How did you go there?「どうやってそこへ行きましたか？」が適切。　②　直前の the と直後の all winter sports より，最上級の文と判断する。I think skiing is the most exciting of all winter sports.「私はすべての冬のスポーツの中でスキーが最もわくわくすると思うわ」　「すべての○○の中で最も…」＝〈the＋最上級＋of all＋○○〉　③　先生がタケルに言った言葉だから，「(人)に～するように言う」＝tell＋人＋to＋～，を使った文と判断する。He told me to go to the science room after lunch.「彼は僕に昼食後に理科室に行くように言ったよ」が適切。

3　【本文の要約】参照。

(1)①　質問「ホワイト先生の学校でタレントショーが開催されたのはいつですか？」…ホワイト先生の１回目の発言の２行目より，５月だから It was held in May.と答える。　②　質問「ホワイト先生は毎晩，何時間ギターを練習しましたか」…ホワイト先生の２回目の発言の１～２行目より，夜の７時から９時の２時間だから，He practiced it for two hours.と答える。

(2) 無理に難しい単語を使わなくてよいので，ミスのない文にする。15～25 語で書くこと。(例文)「私の最高の思い出は学園祭です。今年は，私たちのクラスはダンスをしました。放課後，一生懸命練習しました。観衆の笑顔が見れてうれしかったです」

【本文の要約】

ホワイト先生：日本の中学校には，多種多様な興味深い学校行事があるね。私は本当にそれらが大好きだよ。亮太，君の好きな学校行事は何だった？

亮太　　　　：僕の好きな学校行事は運動会でした。僕の最高の思い出です。ホワイト先生は，中学生のときに好きな学校行事は何だったのですか？

ホワイト先生：うーん…。私は君のように学校生活を楽しんでいたよ。私の好きだった行事はタレントショーだよ。(1)①それは５月にあったよ。その行事では，舞台で特技を披露したんだ。例えば，友人は器械体操を披露したよ。

絵美　　　　：面白そうですね。その行事で先生は何をしたのですか？

ホワイト先生：私はギターを弾いたよ。たくさんの生徒たちの前でベストを尽くすために，(1)②毎晩，夜の７時から９時までそれを練習したんだ。行事当日は緊張したけど，とても楽しく演奏できたよ。その行事はコンテストではなかったから，みんなで楽しい時間を過ごしたよ。最高の思い出だよ。ではみんな，中学校生活で最高の思い出は何だった？

4 【本文の要約】参照。

(2) 幸はベッキーが過去に見たミュージカルの話をしているので，３年前(＝ago)が適切。

(3) ベッキーの最後の発言にある，ＡＢＣ劇場でミュージカルを見る際のアドバイスを受けて，幸はメザニンとオーケストラのどちらを選ぶ(＝choose)かよく考えた。　・which ○○ to ～「どちらの○○を～すべきか」

(4) ベッキーの６回目の発言より，ベッキーはメザニン(２階席)のⓒに座ったことがわかり，幸がベッキーに送った手紙の２～３行目より，幸はオーケストラ(１階席)のステージの真ん前のⓐに座ったことがわかる。また，幸が満足した理由は，幸がベッキーに送った手紙の３行目に書かれている。

【本文の要約】

ベッキー：あなたはブロードウェイのミュージカルに興味があるそうね。①ィ私の母と私もミュージカルに興味があるの。私がアメリカにいたとき，よく一緒にブロードウェイに行ったわ。

幸　　　：いいわね。私はそこに行ったことがないけど，本当に気に入っているわ。

ベッキー：私は以前に見たミュージカルのチケットを持ってきたわ。見たい？

幸　　　：ええ，お願い。私はブロードウェイのミュージカルについてもっと知りたいの。

ベッキー：どうぞ。

幸　　　：わぁ，あなたは２年前(＝ago)にＡＢＣ劇場で「The Cat King」を見たのね。

ベッキー：そうよ。「The Cat King」は私の大好きなミュージカルだったの。音楽と演技がすごくよかったからね。

幸　　　：それは私がずっと見たかったもののひとつよ。私はいつかアメリカに行ってそれを見たいわ。

ベッキー：そうするチャンスがきっとあると思うわ。

幸　　　：ありがとう。そうだ，質問があるわ。あなたのチケットの「MEZZ」はどういう意味？

ベッキー：メザニンのことよ。２階の席のあるエリアのことなの。この館内図を見て。この劇場では，このエリアがメザニンと呼ばれているわ。⑷ベッキーⓒ私はメザニンで「The Cat King」を見たの。もう１つのエリアはオーケストラと呼ばれているわ。１階の席があるエリアなの。

幸　　　：メザニンからミュージカルを見るのが好きなの?

ベッキー：まぁ，メザニンにもオーケストラにもそれぞれの良いところがあるわ。例えば，オーケストラの座席はステージに近いわ。一方，メザニンの座席はより高いところにあるから②ア全体を見やすいわ。ミュージカルを見るときは，そのことを考えるといいわね。

幸　　　：なるほど。アドバイスをありがとう。

翌年の2021年，幸はアメリカで同じミュージカルを見て，ベッキーに手紙を書きました。

昨日，ニューヨークのＡＢＣ劇場で「The Cat King」を見たの！私はメザニンとオーケストラのどちらの階⑶を選ぶ(＝choose)べきかよく考えたわ。⑷幸ⓐ結局，オーケストラのステージの真ん前の席に座ったの。⑷理由ステージ上の人々の表情がよく見えたわ。私はそれに満足したの。

５【本文の要約】参照。

⑴ 第２，３段落に，さくらが日本ではしたことがない体験について書かれているので，ウ「特有の」が適切。ア「厳しい」，イ「同じ」，エ「高価な」は不適切。

⑵ I didはI used the tray.「トレイを使った」ということである。第２段落の店のレジ係の説明より，さくらはア「トレイからペニーを取った」が適切。

⑶ ２文後のレジ係の発言を日本語でまとめる。

⑷ 前後の内容から単語の意味を類推しよう。新たな考え方を知って変わったものだから，イが適切。

⑸ ア「アメリカに行く前は，さくらは挨拶は大切ではないと思っていて，×他の生徒に挨拶をしませんでした」　イ「アメリカのレジの近くでペニーを使うときは，×返さなければなりません」　ウ〇「ドライブスルーレストランの多くの人が次の客のためにお金を支払いました」　エ×「アメリカ人はいつも他人を助けます。なぜならそれは義務だからです」…本文にない内容。　オ〇「さくらは気分がいいです。なぜなら今，学校の前で彼女に挨拶をする生徒がいるからです」

⑹ 【ある生徒が本文を読んで考えたこと】参照。

【本文の要約】

８時でした。私は16歳でした。私が学校に着くと，何人かの生徒会メンバーが学校の前に立っていました。彼らは笑顔で生徒たちに挨拶をしていました。それで，私は他のみんなと同じように「おはようございます」と言いましたが，心の中では「なぜ彼らはそんなことをしているの？ 挨拶がそんなに大切なの？」と思いました。

私は17歳のとき，英語を勉強し，アメリカ《ウ特有の(＝unique)》文化について学ぶためにアメリカに行きました。ある日，私はお店に行きました。店のレジの近くにトレイがありました。トレイの中には数ペニー入っていました。店のレジ係にそれが何かを聞きました。わからなかったからです。すると，彼は私に「アメリカのいくつかの店では，レジの近くにこのトレイを置いています。トレイに数ペニー入っています。おつりで小銭を受け取り，いらないときは，その小銭を他人のためにトレイに入れます。もし物を買うために数ペニー必要なら，トレイから数枚取り出して，支払いに使うことができます」と説明しました。それから，私は支払いをしようとしたときに，３ペニー必要でした。トレイを使いたかったので，使うことにしました。アメリカ文化の一部を体験できたのでうれしかったです。

その直後，私に興味深いことが起こりました。ホストマザーと私はドライブスルーレストランに行きました。そこでホストマザーがハンバーガーを注文して支払いをしようとしたとき，店のレジ係は「支払わなくていいです」と言いました。彼女は驚いて理由を尋ねました。(3)彼は「あなたの前の方がすでに支払いを済ませてくれました」と答えました。彼女は「私はあのお客さんのことは知らないのに，お金を支払ってくれたわ！」と言いました。ホストマザーと私は少し話をして，彼女は「次の家族の分は私たちが払います」と言いました。私たちは自分たちが決めたことに満足しました。数日後，私は新聞の記事を読んで，私たちのあとにも，他の多くの客が同じことをしたことを知りました。(5)ウ約50人が他人の食べ物の代金を支払いました！

アメリカでのこの２つの例は，私に重要なことを教えてくれました。日本では，生徒会メンバーが挨拶をしたとき，「おはよう」と言う人が多かったので私もそうしました。しかし，これらのアメリカの例では，人々はペニーを寄付したり，他の客のためにお金を支払ったりする必要はありませんでした。彼らは心にある親切心からこうしたのです。彼らは助けている相手が誰なのかを気にしませんでした。この考え方は私にとって新鮮で，私の(c)イ視点を変えました。私は，「見返りを求めずに，他人のために何かしてみよう」と自分に言い聞かせました。

今，８時です。 私は 18 歳で日本に戻ってきています。私は生徒会のメンバーとして学校の前にいます。私は笑顔で生徒たちに挨拶しています。「おはようございます」と言わずに通り過ぎる生徒もいます。(5)オ他の生徒たちは私たちに挨拶をして，うれしそうです。それが私を幸せにしてくれます。やっと自分の人生を豊かにする方法がわかりました。

【ある生徒が本文を読んで考えたこと】

この話を読む前，私は人は誰かが親切にしてくれたときに喜ぶと思っていました。しかし，私は①イ知らない(＝didn't know)人を助けたいとは思いませんでした。また，私はいつも，他の誰かが困っている人を助けてくれると思っていました。この話は，私たちの親切な行動が人々に良い感情を与え，彼らの人生を変えるかもしれないと教えてくれています。これらの行動が世界中の多くの場所で永遠に②エ続く(＝continue)ことを願っています。

《2022　理科　解説》

1　(1)①　染色液には，酢酸カーミン(溶液)や酢酸ダーリア(溶液)などもある。　③　体細胞分裂では，分裂前に染色体が複製されて２倍になり，それが分裂によって２つに分けられるので，細胞１個の染色体の数は変わらない。

(2)①　○が二酸化炭素，●が酸素，◇が水を表している。

2　(1)　沸騰は，液体がその内部から気体に変化する現象である。

(2)　表２より，水17㎤の質量は1.00×17＝17.00(g)，エタノール３㎤の質量は0.79×３＝2.37(g)だから，これらの混合物の質量は17.00＋2.37＝19.37→19.4ｇである。

(4)①　密度の小さいものほど上に，密度の大きいものほど下に移動する。ポリプロピレンは，Ａにういたからよりも密度が小さく(Ａ＞ポリプロピレン)，Ｂにしずんだからよりも密度が大きい(ポリプロピレン＞Ｂ)とわかる。したがって，Ａ＞ポリプロピレン＞Ｂとなり，ＢはＡよりも密度が小さいとわかる。　②　水とエタノールでは，エタノールの方が沸点が低いため，出てきた順が早いものほどエタノールの割合が大きい。これは，表３のポリプロピレンのうきしずみや，火をつけたときのようすからもわかる。

3　(1)②　線香の煙を入れたのは，水蒸気が水滴に変わるときの核にするためである。

(2)①　ウ×…陸は海よりもあたたまりやすく，冷めやすいから，晴れた日の夜は，海上よりも陸上の方が温度が下がりやすい(海上の温度の方が高くなる)。したがって，陸上では下降気流，海上では上昇気流が生じ，地表付近では陸から海に向かって陸風がふく。　エ×…高気圧の中心付近では下降気流が生じるため，雲ができにくい。なお，低気圧の中心付近では上昇気流が生じるため，雲ができやすい。　②　降水がないとき，雲量が０～１は快晴(○)，２～８は晴れ(⦶)，９～10はくもり(◎)である。　④　雲のできはじめる温度は露点に等しい。例えば，Ａ日は空気の温度が22《気温》－16《露点》＝６(℃)下がると雲ができはじめるから，資料より，雲ができはじめる高さは100×６＝600(ｍ)となる。つまり，気温と露点の差が大きいほど雲ができはじめる高さも高くなる。

4　(1)　Ｂにはたらく重力は80ｇ→0.8Ｎだから，Ｂの中心から下向きに４目盛りの矢印をかけばよい。

(3)　表３で，Ｔが２㎝のときのばねばかりの値は０Ｎであるが，このときＢはういているのでＢにはたらく重力と浮力はつり合っている。つまり，Ｂには0.8Ｎの浮力がはたらいている。この状態からばねばかりを引くと，Ｂを無理やりしずめていくことになるため，ばねばかりの値と同じ大きさの浮力がはたらくことになる。よって，Ｔが６㎝のとき，Ｂにはたらく浮力は0.8＋1.2＝2.0(Ｎ)である。

(4)　水圧は，単位面積あたりにはたらく力の大きさであり，深いところほど大きくなる。水面から物体の底面までの距離が同じ(同じ深さ)であれば，底面積の違いにかかわらず，水圧は同じ大きさである。

(5)　表２と３より，物体がすべて水中に入ったとき(Ｓが４㎝以上，Ｔが５㎝以上)，ばねばかりの値が変化しないことから，物体にはたらく浮力は変化しないことがわかる。浮力は物体の上面と下面にはたらく水圧の差によって生じるため，物体の高さが変化しなければ，物体がすべて水中に入ったあとの浮力は変化しない。

(6)　アとイでは，重力が80＋80＝160(ｇ)→1.6Ｎで等しいから，水にういたときの浮力も1.6Ｎで等しい。イでは，Ａがすべて水中にあるので，アよりもＢの水中にある部分の体積は小さい(水面からＢの底面までの距離が小さい)。表２より，Ａがすべて水中にあることで0.8－0.4＝0.4(Ｎ)の浮力がはたらくので，Ｂが水中にしずむことで浮力が1.6－0.4＝1.2(Ｎ)はたらくときを考えればよい。これは，(3)解説より，表３でのばねばかりの値が1.2－0.8＝0.4(Ｎ)になるとき，つまりＴが３㎝のときである。

5　(1)②　物体が焦点よりも凸レンズに近い位置(ＤとＥ)にあるとき，物体の反対側から凸レンズをのぞくと，物体と同じ向きで物体より大きな虚像が見える。なお，物体が焦点よりも凸レンズから遠い位置にあるとき，物体の反対側に置いたスクリーンに，上下左右が逆向きの実像ができる。　③　対物レンズによって，上下左右が逆向きの実像ができ，接眼レンズによって，実像と同じ向きの虚像が見えるから，見える像は上下左右が逆向きである。

(2)①　太陽，月，地球の順に一直線に並ぶＭのときが新月である。　②　新月から次の新月まで360度公転するのに30日かかるとすると，ＭからＬまで315度公転するのに$30\times\frac{315}{360}=26.25$(日)かかるから，下線部ｃはＬとＭの間にある。Ｍは夜明け(日の出)に東の空にあるから，下線部ｃは夜明けの少し前に東の空にある。また，芭蕉が下線部ｃを見た日から２日後に次の新月となり，さらにその３日後に三日月となるから，およそ５日後である。

6　(1)①　イとウは単子葉類の特徴である。　②　無性生殖では，体細胞分裂によって新しい個体がつくられる。子は親とまったく同じ遺伝子を受け継ぐため，子には親の形質がそのまま現れる。サツマイモやジャガイモのように，体の一部から新しい個体をつくる無性生殖を特に栄養生殖という。

(2)②　炭酸水素ナトリウムを加熱すると，炭酸ナトリウム(白い固体)と水(液体)と二酸化炭素(気体)に分解される〔$2NaHCO_3 \rightarrow Na_2CO_3+H_2O+CO_2$〕。反応の前後で，反応に関わる物質全体の質量は変化しないから，加熱した炭酸水素ナトリウムの質量からできた炭酸ナトリウムの質量を引くと，水と二酸化炭素の質量の和を求めることができる。よって，炭酸水素ナトリウムの質量と，水と二酸化炭素の質量の和の比は，84：(84－53)＝84：31だから，水と二酸化炭素の質量の和は$2.1\times\frac{31}{84}=0.775$→0.8ｇである。

《2022　社会　解説》

1　(1)　大西洋／う　　「あ」はインド洋，「い」は太平洋である。

(2)　F　　A国はイギリスである。イギリスは北緯 54 度，経度０度あたりに位置する。(北緯ａ度，東経ｂ度)の位置から，地球の中心を通り，正反対の位置になる地点(対蹠点)は，(南緯ａ度，西経(180－ｂ)度)になるから，イギリスの対蹠点の緯度と経度は(南緯 54 度，経度 180 度)になる。これはニュージーランドの南東あたりになる。

(3)　ウ　　西ヨーロッパは，暖流である北大西洋海流と偏西風の影響で，比較的温暖で１年を通して気温の変化が少ない西岸海洋性気候である。アは熱帯，イは南半球の温帯，エは冷帯の気温と思われる。

(4)　㋐　　D州は北アメリカ州である。北アメリカ州は，先進国が多いから年平均人口増加率は低い。また，アメリカ合衆国があるから日本からの輸入額は高く，一人あたりの CO_2 排出量は多い。以上のことから㋐と判断する。㋑はアフリカ州(C州)，㋒はアジア州(B州)，㋓はヨーロッパ州(A州)。

(5)　エ　　とうもろこしの生産量は，アメリカ合衆国＞中国＞ブラジル＞アルゼンチン＞ウクライナの順に多い。肉類の生産量は，中国＞アメリカ合衆国＞ブラジル＞ロシア＞インドの順に多い。(牛肉はアメリカ合衆国＞ブラジル＞中国の順，豚肉は中国＞アメリカ合衆国＞ドイツの順，鶏肉はアメリカ合衆国＞中国＞ブラジルの順になる。)　鉄鉱石の生産量は，オーストラリア＞ブラジル＞中国＞インド＞ロシアの順に多い。ただし，ウクライナやロシアについては，今後の生産量が変化していくと思われる。

(6)　一人あたりのＧＤＰが低いこと，第３次産業人口割合が低いことの２つが盛り込まれていればよい。

2　(1)　イ　　美濃(岐阜県)と尾張(愛知県)に広がるから濃尾平野と呼ばれる。讃岐平野は香川県，越後平野は新潟県，石狩平野は北海道に位置する。

(2)①　ウ　　地形図で河川に流水方向が書かれていない場合は，等高線・水準点・三角点などの標高を読み取る。地図中央部に 48m，南側に 43.4mの三角点があることから，左上(北西)から右下(南東)に流れていると判断する。

②　Ｙ＝ゆるやか　Ｚ＝果樹園　　土地の傾斜は，等高線の間隔がせまいほど急で，広いほどゆるやかだから，ⓐの方が明らかにゆるやかである。また，地図記号を読み取ると，水田(Ⅱ)と果樹園()が広がっていることがわかる。

(3)　㋐　　４つの港湾・空港のうち，関西国際空港だけが空港で，残りの３つが港湾であることから，輸出品目が小型軽量で単価が高いものを取り扱っている㋐を選ぶ。㋑は横浜港，㋒は名古屋港，㋓は神戸港。

(4)①　鉄道　　1965 年に最も輸送量が多く，2017 年にはＡと割合が逆転していることから鉄道と判断する。Ａは自動車，Ｃは航空，Ｄは船舶。　　②　資料２から，自動車の貨物輸送量に対するエネルギー消費量の割合が，他の輸送機関より高いこと，図３から，自動車による貨物輸送量の割合が減っていることを読み取る。このようにトラックなどによる貨物輸送を，環境負荷の小さい鉄道や船舶による輸送に切り替えることをモーダルシフトと言う。

3　(1)①　あ＝ア　い＝カ　　詔＝天皇の命令　三宝＝仏・法・僧　　法(のり)は仏の教えのこと。聖徳太子は，家がらにとらわれず有能な豪族を役人にとりたてるために冠位十二階を制定し，豪族に役人としての心構えを教えるために十七条の憲法を示した。　②　ウ→ア→イ　　平将門の乱(10 世紀)→平治の乱(12 世紀)→承久の乱(13 世紀)

③　衆議院／一定額以上の税金を国に納める満 25 歳以上の男子　　明治憲法下の帝国議会は，選挙のない貴族院と選挙で選ばれる衆議院による二院制であった。有権者の資格については，「一定額以上の税金を国に納める」の部分は，「直接国税を 15 円以上納める」でもよい。

(2)①　イ　　狩野永徳は，安土桃山時代の絵師で，『唐獅子図屏風』『上杉本洛中洛外図屏風』などで知られる。歌川広重は化政文化(江戸時代)，千利休は桃山文化(安土桃山時代)，清少納言は国風文化(平安時代)，近松門左衛門は元禄文化(江戸時代)の頃に活躍した人物。　　②　ア　　大正時代は，ラジオ放送が始まり，バスの車掌やタイピスト，電話交換手などの働く女性(職業婦人)が現れた時代である。イは昭和時代の 1960 年代，ウは明治時代，エは昭和時代の太平洋戦争の頃。

(3)① ウ　X は元だから，鎌倉時代のウを選ぶ。アは弥生時代，イは安土桃山時代から江戸時代初期，エは室町時代の中頃。　② 徳川家光　オランダ商館が出島に移されたのは鎖国体制が完成した頃だから，第三代将軍の徳川家光と判断する。　③ 日清修好条規が対等な条約であること，日朝修好条規が日本に有利な不平等条約であることを資料６から読み取る。日朝修好条規の第 10 条は，日本の領事裁判権を認めた内容である。

④ 徳川慶喜は，幕府だけで政治を行うことは難しくなったと考え，新しい政権の中で幕府勢力の地位を確保しようとして，朝廷に政権を返上する大政奉還を行った。これに対して慶喜の勢力を政治の中心から追い出すため，西郷隆盛・大久保利通・岩倉具視らが王政復古の大号令を発して天皇を中心とする清政府の成立を宣言した。

⑤ エ　オリンピックと万博の両方が 1940 年に東京で開かれる予定だったが，日中戦争が長期化したために，開催延期が決定された。ベトナム戦争の激化は 1965 年から，石油危機の発生は 1973 年，ソ連の解体は 1991 年。

⑥ 沖縄海洋博は，1972 年の沖縄返還を記念して開かれた。

4 (1)① 労働基準法　労働時間などの労働条件の最低基準を定めた労働基準法，労働者が労働組合をつくり，会社と交渉できることを保障した労働組合法，労働者と使用者の間で起きる争いごとの予防と解決を目的とした労働関係調整法の三法を「労働三法(労働基本法)」と言う。　② 図１を見ると，年齢が上がるにつれて，男性の賃金は上昇していくのに，女性の賃金は変化が少ないことが読み取れる。　③ イ　社内に保育所を設置することで，会社を辞めずに働き続けることができる。これは女性の離職率(辞める人の割合)を低下させる試みである。

(2)① グローバル　「国境を越えて地球規模で移動する」からグローバル化と判断する。　② ウ　１ドル＝120 円から１ドル＝100 円になることを円高と言う。円を買う動きが活発になるほど円の価値が上がり円高にシフトしていく。円高は輸入企業と日本からの海外旅行客に有利にはたらき，円安は輸出企業と海外から日本への旅行客に有利にはたらく。　③ エ　国内の製造業が海外に移転し，国内産業が衰退することを産業の空洞化と言う。

④ イ　地方の財政格差を抑える目的で配分される地方交付税交付金は，人口が多く税収が多い東京都には交付されないことからイと判断する。アは地方税，ウは国庫支出金，エは地方債(公債)。　⑤ アメリカ　税の支払い能力に応じることは，収入に対して税率が上がる累進課税制度と同意義である。累進課税制度は所得税などの直接税に適用されているから，最も直接税の割合が高いアメリカと判断する。左に行くほど直接税の割合が高く，右に行くほど間接税の割合が高くなるから，B はスイス，C はデンマーク，D はベルギーである。

(3)① ウ　資料３は，ムスリム(イスラム教徒)の礼拝のための祈祷室のピクトグラムと資料である。ムスリムは１日に５回，決まった時間にメッカの方角に向けて礼拝を行う。　② ア，イ　上空飛行の独占は領空に適用され，沿岸国以外の航行の禁止は領海に適用される。ただし，平和・秩序・安全を害さない船舶については，事前通告をしないで他国の領海内を航行できる無害通航権がある。　③ エ　ＡＳＥＡＮは東南アジア諸国連合の略称である。ＥＵはヨーロッパ連合，ＮＩＥＳは新興工業経済地域，ＯＰＥＣは石油輸出国機構の略称。

④ 世界人権宣言　1948 年に世界人権宣言が採択され，1966 年に法的拘束力をもつ国際人権規約が採択されると，さまざまな人権を保護するための法律が成立していった。　⑤ 採択されなかった　国際連合の常任理事国(アメリカ合衆国・イギリス・フランス・ロシア・中国)の中の１国でも反対すれば，その決議は否決される。これを大国の拒否権と言う。

(1)〔**a**〕に当てはまる語句を、本文中から**漢字一字**で抜き書きしなさい。

(2)〔**b**〕に適する内容を、〔書き下し文〕の中から**六字**で抜き書きしなさい。

(3)〔**c**〕に適する内容を、**十字以内**で書きなさい。

六 次の**【表】**は、ある国語辞典の第一版と第八版の記載内容についてまとめたものである。この**【表】**から気付いたことを具体的に取り上げながら、「言葉」について考えたことを、後の**〈条件〉**にしたがって書きなさい。

【表】

語句＼版	第一版(昭和四十七年発行)	第八版（令和二年発行）
聖地	神・仏・聖人などに関係のある、神聖な土地。	①神・仏・聖人などに関係のある、神聖な土地。 ②ある物事に強い思い入れのある人が訪れてみたいとあこがれる、ゆかりの場所。
リサイクル		いったん使用され廃物となった新聞紙・金属製品などを捨てずに回収して、再び資源として利用すること。

※「リサイクル」は、第一版には掲載されていなかった。

〈条件〉
・題名は不要
・字数は二百字以上、二百五十字以内

五　次の文章を読んで、1～5の問いに答えなさい。

ある時、鷲《わし》、「蝸牛《かたつぶり》を食らはばや（食べたい）」と思ひけれども、いかんともせん事を知らず。思ひ煩ふ処《ところ》Aに、烏《からす》、傍《かたはら》より進み出て申しけるは、「この蝸牛、亡さん事、いとやすき事にて侍《はべ》る。我が申すやうに①し給《たま》ひて後、我にその半分を与へ給はば、教へ奉《たてまつ》らん」といふB。鷲、うけがふて（同意して）、その故（方法）を問ふCに、烏申すやう、「蝸牛を高き所より落し給はば、その殻、忽《たちま》ちに砕けなん」といふ。則《すなは》ち、教へのやうにしければ、案の如《ごと》く（烏の提案通りに）、たやすく取つてD、これを食ふ。

その如く（このように）、たとひ権門高家（権力があり身分が高い家柄）の人なりとも、我が心を恣《ほしいまま》にせず（思うがままにせず）、智者の教へに従ふべし。その故は、鷲と烏を比べんに、その徳（備えた能力）、などかは勝るべきなれども、蝸牛の技におゐては②、烏、最もこれを得たる。事にふれて（物事に応じて）、事毎《ことごと》に人に問ふべし。

（「伊曾保物語《いそぼものがたり》」による）

1　①やうに　②おゐては　を現代仮名遣いに直しなさい。

2　A～Dの〰〰線部のうち、主語が他と異なるものを、一つ選んで記号を書きなさい。

3　いかんともせん事を知らず　とあるが、何を知らなかったのか。最も適切なものを、次のア～エから一つ選んで記号を書きなさい。

ア　蝸牛の中身の取り出し方　　**イ**　蝸牛を見つけ出す方法

ウ　蝸牛がたくさんいる場所　　**エ**　蝸牛が食料になること

4　教へ　とあるが、その具体的な内容を、解答欄にしたがって**二十字以内**で書きなさい。

5　次は、本文の内容について、【授業で学習した漢文】と比較している生徒A、B、Cの会話である。これを読んで、後の問いに答えなさい。

【授業で学習した漢文】

〔書き下し文〕

騏驥驊騮《ききかりゅう》（足の速い名馬）は一日にして千里を馳《は》するも、鼠《ねずみ》を捕ふるは狸狌《りせい》（猫やイタチには及ばない）に如《し》かずとは、技を殊《こと》にするを言へるなり。

（「荘子」の一節）

A　本文の「智者」は、「知恵がある者」という意味だよね。

B　「智者」にあたる動物は、〔a〕だね。能力では劣るようにみえるけれど、鼠を捕るのが上手な狸狌と似ているよ。

C　お互いに違った技能をもっているということなんだね。このことを、漢文では〔b〕と書いているよ。

A　国や時代が違っても、共通するテーマがあって興味深いね。

B　本文には、「智者」の教えに従うのがよいとも書かれているよ。そのためには、自分の力で何でもできると思わずに、それぞれの分野の〔c〕ことが大切なんだね。

C　これからの生活に役立ちそうな教訓だね。

ほかの指の使い方によっては、ちゃんとフォローできるし、動きが鈍かった指も鍛えれば細かく動く。
　五十枚入りの折り紙が半分ほどになった頃、それがわかった。そして、いつも折っていたような折り目正しいツルが、手から生まれるようになった頃、心《しん》は傷口を抜糸した。

（まはら三桃《みと》「鉄のしぶきがはねる」による）

【注】
＊旋盤……加工する物を回転させ、むらなく削る工作機械
＊バイト……工作機械に取り付けて金属の切削に使用する刃物
＊要綱……物事の基本となる大切な事柄をまとめて記したもの。ここでは、ものづくりコンテストについての資料のこと

旋盤作業

1 浮き上がってきた とあるが、その様子を次のようにまとめた。〔 〕に当てはまる語句を、本文中から**二字**で抜き書きしなさい。

鉄の塊に隠れていたネジ型が、〔 〕されたように見えた様子。

2 胸にやるせない風が吹き抜けたようになって について、次のようにまとめた。〔a〕〔b〕に当てはまる内容を、〔a〕には**九字**で、〔b〕には**十一字**で本文中からそれぞれ抜き書きしなさい。

心《しん》は、鉄の加工に必要なのは、立ち向かう気持ちよりも、硬い鉄でも〔a〕ではないかと気付き始めた。それなのに、けがで練習ができず、亀井から〔b〕と感じ、切なくなっている。

3 ゆがんでいた とあるが、心《しん》がこのように考えた理由を、「高い技術」「仲間」の二語を用いて、解答欄にしたがって**四十五字以内**で書きなさい。

4 次は、赤い折り紙がはらりと落ちた 以降の印象に残った表現について書いたメモ①～④と、生徒A、B、Cの会話である。これを読んで、後の問いに答えなさい。

①	赤い折り紙がはらりと落ちた	→ きっかけ
②	練習を見学する時には折り紙を折るようになった	→ 変化
③	五十枚入りの折り紙が半分ほどになった頃	→ 表現の効果
④	折り目正しいツルが、手から生まれるようになった頃、心《しん》は傷口を抜糸した	→ 今後を暗示

A	メモを並べると、心《しん》の気持ちの変化が分かるね。①は、心《しん》に変化をもたらすきっかけになった出来事だと思うよ。
B	それが、②のような行動につながったんだね。ものづくりをしたいという心《しん》の思いの強さが感じられるよ。
C	けがで不自由な状態だけど、折り紙を折ることを通して、心《しん》は自分の〔Ⅰ〕を学んでいくのね。
A	③の「五十枚入りの折り紙が半分ほどになった頃」は効果的な表現だね。時間の経過だけではなく、〔Ⅱ〕も読み取れるよ。折り紙を折ることで変化した心《しん》の姿が、④にも表れているのではないかな。
B	そうね。④の「折り目正しいツルが、手から生まれる」と「傷口を抜糸した」という表現からは、心《しん》がこれから〔Ⅲ〕ことが想像できるわ。
C	

(1) 〔Ⅰ〕に適する内容を、**七字以内**で書きなさい。
(2) 〔Ⅱ〕に当てはまる内容として最も適切なものを、次の**ア**～**エ**から一つ選んで記号を書きなさい。
ア 礼儀正しくなったこと　**イ** 友人関係が変化したこと
ウ 周囲の信頼を得たこと　**エ** 根気強く取り組んだこと
(3) 〔Ⅲ〕に適する内容を、「ものづくり」という語句を用いて、**三十字以内**で書きなさい。

令和４年度一般選抜学力検査問題

数　学

（ ２時間目　60分 ）

注　意

1　問題用紙と解答用紙の両方の決められた欄に，受検番号と氏名を記入しなさい。
2　問題用紙は開始の合図があるまで開いてはいけません。
3　問題は１ページから９ページまであり，これとは別に解答用紙が１枚あります。
4　答えは，すべて解答用紙に記入しなさい。
5　問題用紙等を折ったり切り取ったりしてはいけません。

受検番号		氏　名	

1 次の(1)〜(15)の中から，**指示された8問**について答えなさい。

(1)　$-3\times(5-8)$ を計算しなさい。

(2)　$a^2\times ab^2\div a^3b$ を計算しなさい。

(3)　$\sqrt{80}\times\sqrt{5}$ を計算しなさい。

(4)　次の5つの数の中から，無理数を**すべて**選びなさい。

$\sqrt{2}$ ， $\sqrt{9}$ ， $\frac{5}{7}$ ， -0.6 ， π

(5)　連立方程式 $\begin{cases} x+y=9 \\ 0.5x-\frac{1}{4}y=3 \end{cases}$ を解きなさい。

(6)　方程式　$x^2+3x+2=0$　を解きなさい。

(7)　y は x に反比例し，$x=2$ のとき，$y=4$ である。このとき，y を x の式で表しなさい。

(8)　袋の中に，白い碁石《ごいし》と黒い碁石が合わせて500個入っている。この袋の中の碁石をよくかき混ぜ，60個の碁石を無作為に抽出したところ，白い碁石は18個含まれていた。この袋の中に入っている500個の碁石には，白い碁石がおよそ何個含まれていると推定できるか，求めなさい。

(9)　$x=11$，$y=54$ のとき，$25x^2-y^2$ の値を求めなさい。

(10)　2つの整数148，245を自然数 n で割ったとき，余りがそれぞれ4，5となる自然数 n は全部で何個あるか，求めなさい。

(11)　右の図で，３直線ℓ，m，nは，いずれも平行である。このとき，xの値を求めなさい。

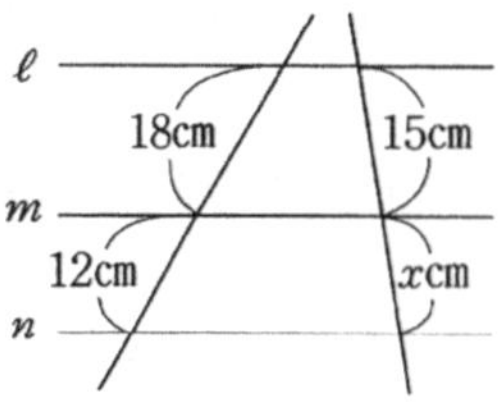

(12)　右の図で，$\angle x$ の大きさを求めなさい。

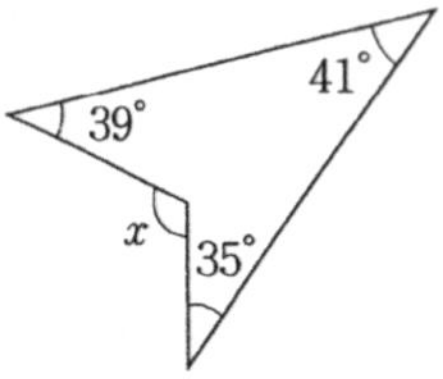

(13)　図１は，立方体ＡＢＣＤ－ＥＦＧＨに，線分ＢＧをかき加えたものである。図２は，図１の立方体の展開図である。このとき，図２に線分ＢＧを表す線をかきなさい。ただし，頂点を表すＡ～Ｈの文字を書く必要はないものとする。

図１

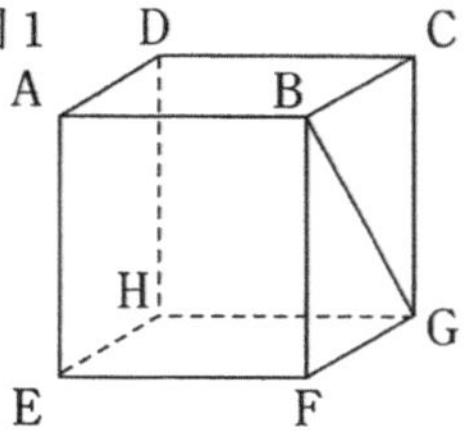

図２

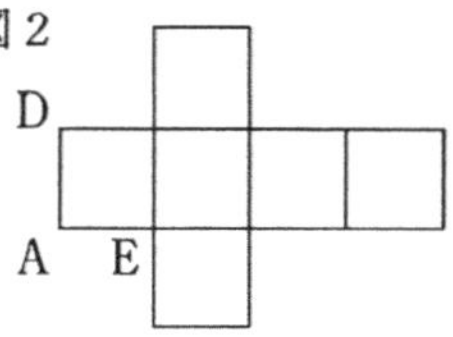

(14)　右の図は，底面の半径が３cm，側面積が 24π cm^2 の円錐である。この円錐の体積を求めなさい。ただし，π は円周率とする。

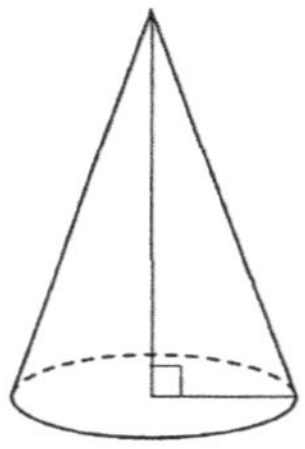

(15)　右の図のように，直方体ＡＢＣＤ－ＥＦＧＨがあり，点Ｍは辺ＡＥの中点である。ＡＢ＝ＢＣ＝６cm，ＡＥ＝12cmのとき，四面体ＢＤＧＭの体積を求めなさい。

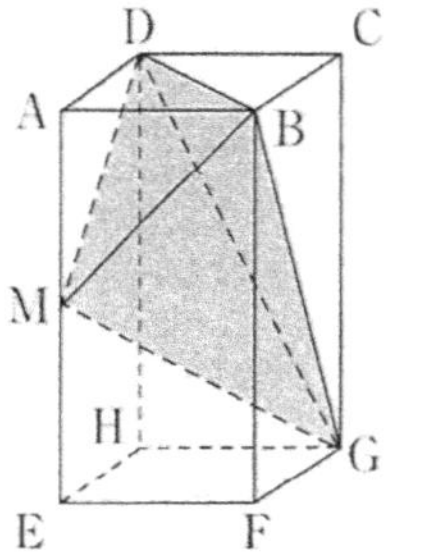

2 次の(1)～(4)の問いに答えなさい。

(1) 次の①，②の問いに答えなさい。

① 方程式 $2x+3y=-6$ のグラフをかきなさい。

② 右の図のような，1次関数 $y=ax+b$（a，b は定数）のグラフがある。このときの a，b の正負について表した式の組み合わせとして正しいものを，次の**ア**～**エ**から1つ選んで記号を書きなさい。

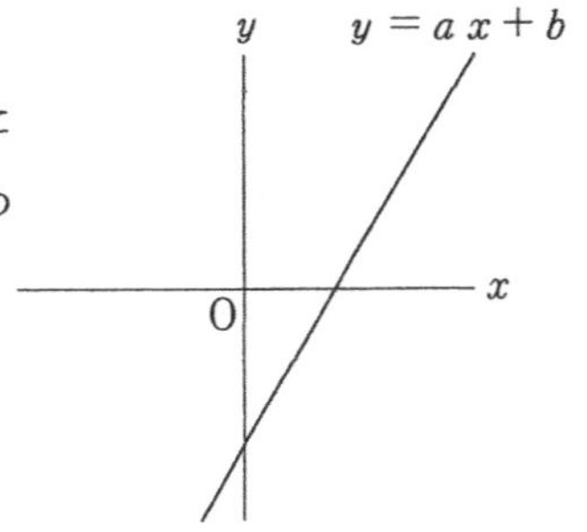

ア $a>0$，$b>0$
イ $a>0$，$b<0$
ウ $a<0$，$b>0$
エ $a<0$，$b<0$

(2) 次の図において，㋐は関数 $y=x^2$，㋑は関数 $y=-\frac{1}{2}x^2$ のグラフである。点Aは y 軸上の点であり，y 座標は3である。点Bは㋐上の点であり，x 座標は正である。点Cは㋑上の点であり，x 座標は点Bの x 座標と等しい。

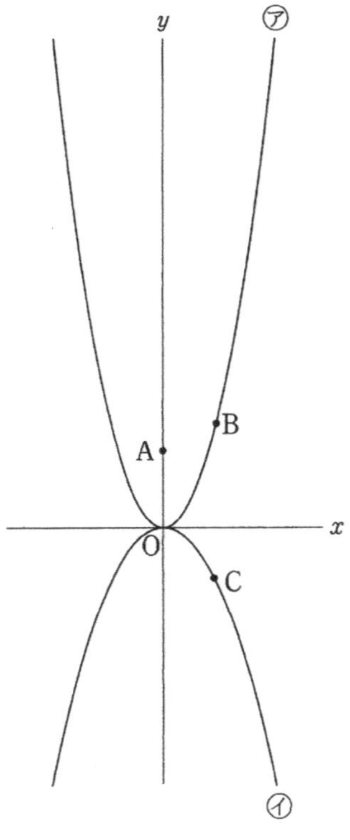

① 点Bの x 座標が2のとき，線分BCの長さを求めなさい。ただし，原点Oから（0，1），（1，0）までの距離を，それぞれ1cmとする。

② 3点A，B，Cを結んでできる△ABCがAB＝ACの二等辺三角形になるとき，点Bの x 座標を求めなさい。

（3） 図のように，長方形ＡＢＣＤがあり，点Ｅは辺ＢＣ上の点である。この長方形を頂点Ｄが点Ｅに重なるように折ったときにできる折り目の線を，定規とコンパスを用いて作図しなさい。ただし，作図に用いた線は消さないこと。

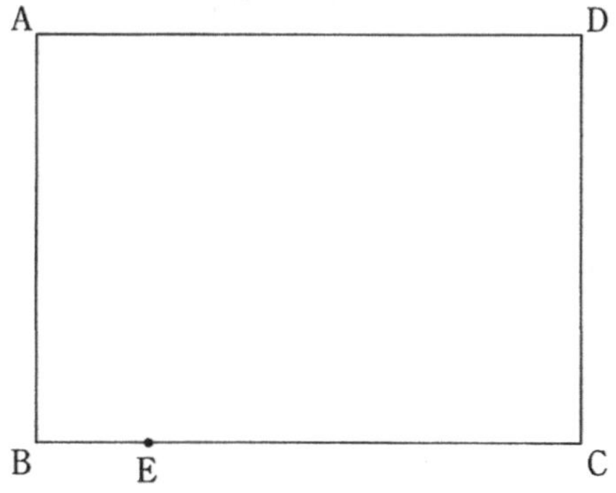

（4） 図のように，ＡＢ＝４cm，ＡＤ＝８cmの長方形ＡＢＣＤがある。点Ｐは，点Ａを出発し，辺ＡＤ上をＡ→Ｄに毎秒１cmの速さで動き，点Ｄで止まる。点Ｑは，点Ｐが点Ａを出発するのと同時に点Ｂを出発し，辺ＢＣ上をＢ→Ｃ→Ｂの順に毎秒２cmの速さで動き，点Ｂで止まる。点Ｐが点Ａを出発してから x 秒後の四角形ＡＢＱＰの面積を y cm² とする。

$0 \leqq x \leqq 8$ のとき，x と y の関係を表す最も適切なグラフを，下の**ア**～**オ**から１つ選んで記号を書きなさい。ただし，$x=0$ のとき $y=0$ とし，$x=8$ のとき $y=16$ とする。

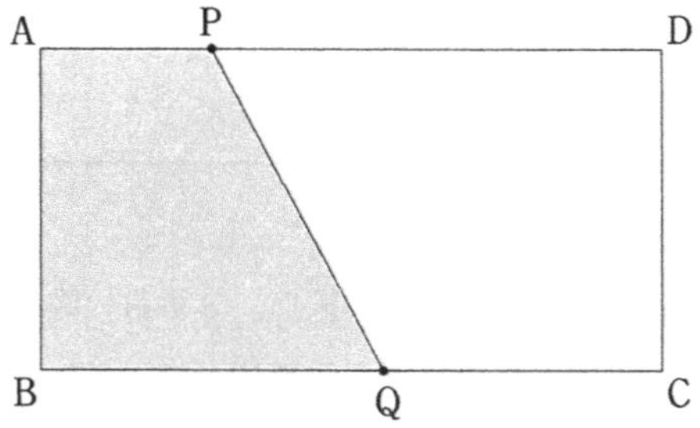

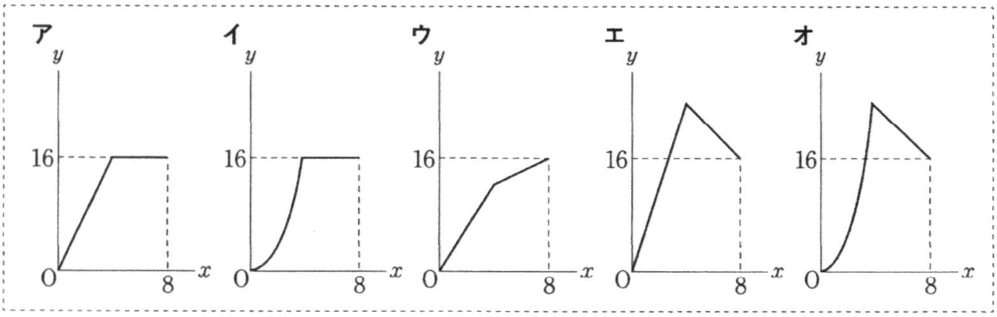

3 写真のような，「鱗文様《うろこもんよう》」と呼ばれる日本の伝統文様がある。図１の三角形Ａ と三角形Ｂ は合同な正三角形であり，この「鱗文様」は，図２のように，三角形Ａと三角形Ｂをしきつめてつくったものとみることができる。次の(１)，(２)の問いに答えなさい。

写真

「鱗文様」の布

図１

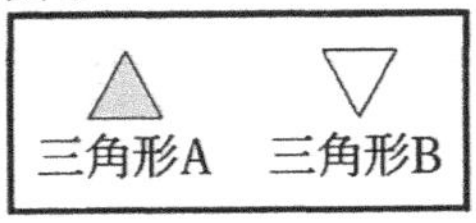

図２

(１) 図３のように，１段目に三角形Ａが１個あるものを１番目の図形とし，２番目の図形以降では，三角形Ａと三角形Ｂをすき間なく規則的に並べて，「鱗文様」の正三角形をつくっていく。m番目の図形のm段目には，三角形Ａがm個ある。

図３

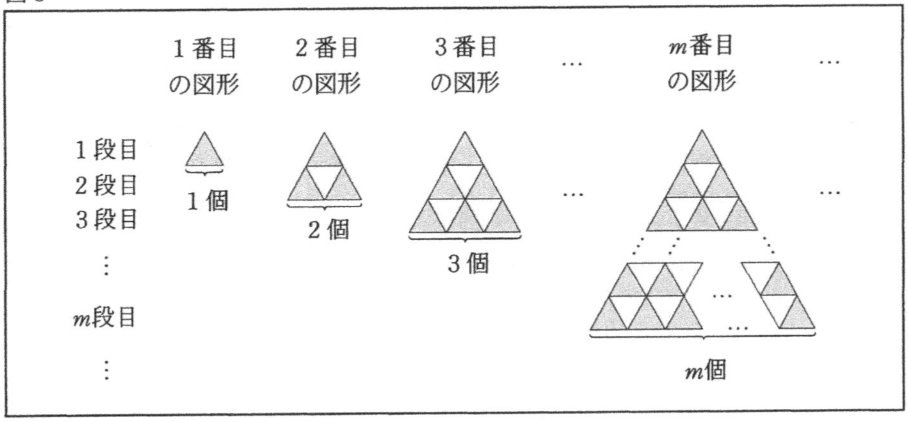

① 次の表は，１番目の図形，２番目の図形，３番目の図形，…にある三角形Ａの個数，三角形Ｂの個数をまとめたものの一部である。**ア**，**イ**にあてはまる**数**を書きなさい。

表

図形の番号　(番目)	1	2	3	4	5	6	7	…
三角形Ａの個数　(個)	1	3	6				**ア**	…
三角形Ｂの個数　(個)	0	1	3				**イ**	…

② m番目の図形に，三角形Ａ，三角形Ｂを加えて，$(m+1)$番目の図形をつくる。加えた三角形Ａの個数が16個，三角形Ｂの個数が15個のとき，mの値を求めなさい。

令和４年度一般選抜学力検査問題

英　　　語

（ ３時間目　60分 ）

注　　　意

1　問題用紙と解答用紙の両方の決められた欄に，受検番号と氏名を記入しなさい。
2　問題用紙は放送による指示があるまで開いてはいけません。
3　問題は１ページから６ページまであり，これとは別に解答用紙が１枚あります。
4　答えは，すべて解答用紙に記入しなさい。

受検番号		氏　名	

※教英出版注
音声は，解答集の書籍ＩＤ番号を
教英出版ウェブサイトで入力して
聴くことができます。

1 リスニングテスト

(1)　(会話を聞き，質問に対する答えとして最も適切な絵を選ぶ問題)　**2回ずつ放送**

①　ア　イ　ウ　エ

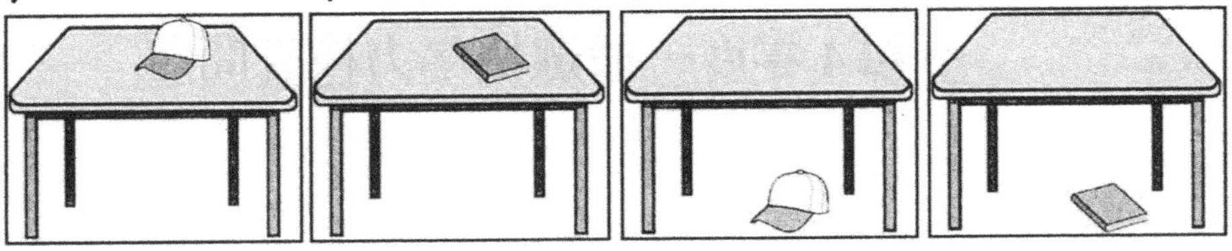

②　ア　イ　ウ　エ

(2)　(会話を聞き，会話の最後の文に対する応答として最も適切なものを選ぶ問題)

1回ずつ放送

①　ア　Can I tell her about it?　　イ　Can I use your phone?
　　ウ　Can I leave a message?

②　ア　They are too expensive.　　イ　Five dollars.
　　ウ　Here you are.

③　ア　Sure. I can't wait.　　イ　OK. I'll go alone.
　　ウ　Yes. Let's go to the park.

(3)　(会話を聞き，質問に対する答えとして最も適切なものを選ぶ問題)　**2回ずつ放送**

①　ア　Twice.　　イ　Three times.
　　ウ　Four times.　　エ　Five times.

②　ア　Because he has a friend in Italy.　　イ　Because he wants to watch soccer games.
　　ウ　Because he likes reading books.　　エ　Because he's interested in the history of Italy.

③　ア　Pictures of her friends.　　イ　Pictures of the old buildings.
　　ウ　Pictures of her family.　　エ　Pictures of the food.

(4)　(ジャックの話を聞き，その内容として適切なものを**2つ**選ぶ問題と，ジャックの最後の[問い]に対して，**話題を1つ**取り上げ，**2つの英文**であなたの[答え]を書く問題)

2回放送

ア　Jack has been in America since last month.
イ　Jack thought that learning Japanese was easy.
ウ　Jack taught English as a volunteer in Akita.
エ　Jack enjoys talking with Japanese people in America.

[答え] ＿＿＿＿＿＿＿＿＿＿＿＿＿＿＿＿＿＿＿＿

2 次の(1)～(3)の問いに答えなさい。

(1) 次は，中学生の未来(Miku)と留学生のルーシー(Lucy)が，お互いの持ち物について会話をしている場面です。(　　)内の①～④の語を，それぞれ**適切な形**に直して**英語１語**で書き，会話を完成させなさい。

Miku : Oh, you have a nice bag. Where did you find it?
Lucy : I (① find) it at the new shop near my house last week. This is my favorite *brand.
Miku : I know that brand. I like the design. It's very famous, so (② get) it is difficult, right?
Lucy : Yes. Oh, you have a new bag, too. I've never seen this kind of design.
Miku : This small bag was made by my grandmother. She (③ give) it to me last month. This type of small bag is called *gamaguchi* in Japan.
Lucy : *Gamaguchi*? What's that?
Miku : It means a *toad's mouth. It opens *wide, so it's easy to put small things into it. I think this *gamaguchi* is (④ good) than my old bag.

【注】*brand：銘柄　*toad's mouth：ヒキガエルの口　*wide：広く

(2) 次の①～④について，(例)を参考にして，〔説明〕が示す**英語１語**を(　　)に書き，英文を完成させなさい。ただし，**答えは(　　)内に示されている文字**で書き始めること。

(例) He likes (h　　) very much. He's interested in old foreign events.
〔説明〕all the events that have already happened
[答え](history)

① I have a friend who lives in Midori City. I visited him last (S　　).
〔説明〕the day of the week before Sunday

② If you want to borrow some books, you should go to a (l　　).
〔説明〕a building which has many books, newspapers and so on

③ That supermarket has become (p　　) because it sells many kinds of vegetables.
〔説明〕liked or enjoyed by a lot of people

④ I like to (c　　) cards of this anime character. I have many cards of the character.
〔説明〕to get things from different places

(3) 次の①～③について，(例)を参考にして，〈　　〉の状況の会話がそれぞれ成り立つように［　　］内の語に**必要な２語を加え，正しい語順**で英文を完成させなさい。ただし，文頭にくる語は，最初の文字を大文字にすること。

(例)〈留学生と教室で〉
Mike : [pen] this?
Naoki : Oh, it's mine. Thank you, Mike.
[答え](Whose) (pen) (is)

①〈ＡＬＴの先生との授業中のやり取りで〉
Kana : I visited Kyoto last week.
Ms. Smith : Good. [you] go there?
Kana : I went there by train. I had a lot of fun there.

②〈留学生と休日に〉
Ben : I'll go skiing next month.
Kanako : Nice! I think skiing is the [exciting] all winter sports.

③〈留学生と職員室の前で〉
Kevin : What did Mr. Sato say to you, Takeru?
Takeru : He told [go] to the science room after lunch.

3 次は，ＡＬＴのホワイト先生(Mr. White)が，中学生の亮太(Ryota)，絵美(Emi)と，英語の授業で会話をしている場面です。これを読んで，(1)，(2)の問いに答えなさい。

Mr. White

There are many kinds of interesting school events in junior high schools in Japan. I really love them. What was your favorite school event, Ryota?

Ryota

My favorite school event was *Sports Day. It was my best *memory. What was your favorite school event when you were a junior high school student, Mr. White?

Mr. White

Let's see.... I enjoyed my school life like you. My favorite event was the *Talent Show. We had it in May. In the event, we showed our *special skills on the stage. For example, my friends showed us *gymnastics.

Emi

Sounds interesting! What did you do in the event?

Mr. White

I played the guitar. To do my best in front of a lot of students, I practiced it from 7 p.m. to 9 p.m. every night. On the day of the event, I felt nervous, but I really enjoyed playing it. The event was not a contest, so all of us had a good time. It was my best memory. Now everyone, <u>what was the best memory of your junior high school life?</u>

【注】*Sports Day：運動会　　*memory：思い出　　*Talent Show：タレントショー(イベント名)
*special skills：特技　　*gymnastics：器械体操

(1)　次の①，②の問いに対する答えを，それぞれ**主語と動詞を含む英文１文**で書きなさい。

①　When was the Talent Show held in Mr. White's school?

②　How many hours did Mr. White practice the guitar every night?

(2)　あなたなら，下線部のホワイト先生の質問に対してどのように答えますか。解答用紙の(　　)に紹介したい内容を書き入れ，次の≪条件≫にしたがって，英文を書きなさい。

≪条件≫・文の数は問わないが，**15語以上25語以内の英語**で書くこと。
・符号(，．？！など)は語数に含めない。

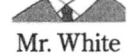

令和４年度一般選抜学力検査問題

理　　　科

（　４時間目　50分　）

注　　　意

1　問題用紙と解答用紙の両方の決められた欄に，受検番号と氏名を記入しなさい。

2　問題用紙は開始の合図があるまで開いてはいけません。

3　問題は１ページから６ページまであり，これとは別に解答用紙が１枚あります。

4　答えは，すべて解答用紙に記入しなさい。

受検番号		氏　名	

1 細胞のつくりやはたらきについて，次の(1)，(2)の問いに答えなさい。

(1) オオカナダモの葉とヒトのほおの粘膜《ねんまく》を用いて，次の観察を行った。

【観察】スライドガラスを2枚用意し，一方にはオオカナダモの葉をのせ，もう一方にはヒトのほおの粘膜を綿棒でこすりつけ，それぞれに染色液を数滴加え，プレパラートをつくった。次に，オオカナダモの葉の細胞をA，ヒトのほおの粘膜の細胞をBとし，顕微鏡でそれぞれの細胞を観察した。

【結果】

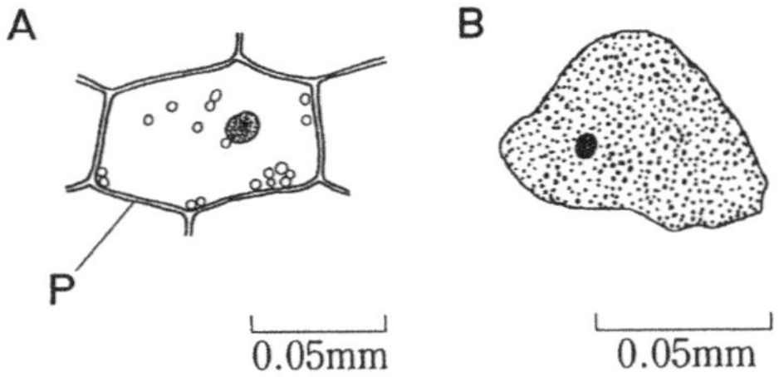

・AとBの両方に，染色液によく染まるa丸いものが見られた。

・Pは，Aには見られたが，Bには見られなかった。

① 下線部aをよく染めることのできる染色液は何か，書きなさい。

② Pは，細胞の形を維持《いじ》し，からだを支えるのに役立っている。Pは何か，書きなさい。

③ ヒトのほおの粘膜の細胞は，体細胞分裂を活発に行っている。体細胞分裂を行う前の細胞1個の染色体の数を x と表した場合，体細胞分裂を行ったあとの細胞1個の染色体の数はどのように表されるか，次から1つ選んで記号を書きなさい。

ア $\frac{1}{2}x$　　イ x　　ウ $2x$　　エ $4x$

(2) 細胞で行われる光合成や呼吸について次のようにまとめた。［○，●，◇］は［水，酸素，二酸化炭素］のいずれかを表している。

光合成

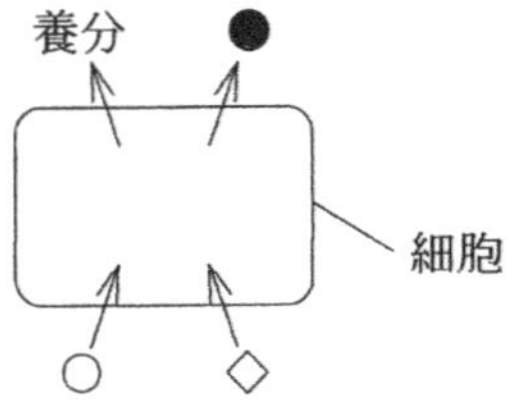

呼吸

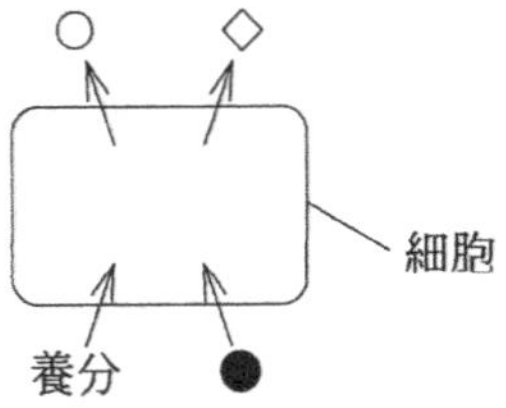

・光合成では，気孔からとり入れた○と根から吸い上げた◇を使い，b光のエネルギーを利用して，デンプンなどの養分と●がつくられる。

・呼吸では，●を使って［　Q　］ときに，○と◇ができる。

① ◇が表しているものは何か，書きなさい。

② 下線部bを利用して，細胞質の中で光合成を行う部分を何というか，書きなさい。

③ Qにあてはまる内容を「**養分**」と「**エネルギー**」という語句を用いて，書きなさい。

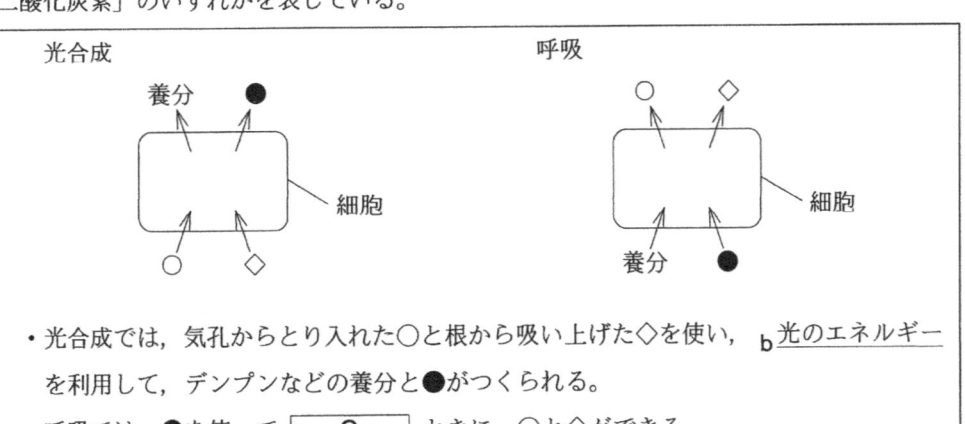

2 香さんの学級では，「水とエタノールの混合物からエタノールをとり出すにはどうすればよいか」という課題を設定し，実験を行った。下の(1)～(4)の問いに答えなさい。

【仮説】表1のように，物質の種類によって a 沸騰するときの温度は決まっている。この温度のちがいを利用すれば，水とエタノールの混合物からエタノールをとり出すことができるのではないか。

表1

物質	沸騰《ふっとう》するときの温度［℃］
水	100
エタノール	78

【実験】 b 水17cm³とエタノール3cm³の混合物をつくり，そのうち2cm³を液体A，残りの混合物をSとした。Sと c 沸騰石を枝つきフラスコに入れ，図のように気体の温度をはかりながら熱した。出てきた液体を順に3本の試験管に約2cm³ずつ集め，出てきた順に液体B，C，Dとした。次に，A～Dそれぞれにポリプロピレンの小片を入れ，うきしずみを調べた。また，A～Dそれぞれにひたしたろ紙を蒸発皿に移し，マッチで火をつけたときのようすを調べた。表2は，水，エタノール，ポリプロピレンの密度を，表3は，実験の結果をそれぞれ表したものである。

図

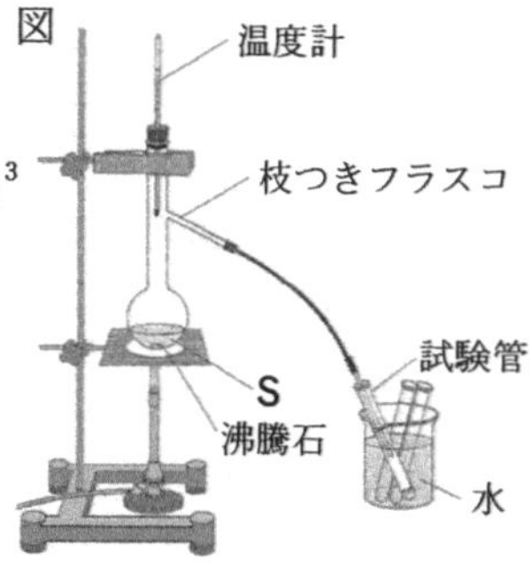

表2

物質	密度［g/cm³］
水	1.00
エタノール	0.79
ポリプロピレン	0.90～0.91

表3

液体	液体を集めたときの気体の温度［℃］	ポリプロピレンのうきしずみ	火をつけたときのようす
A	－	ういた	燃えなかった
B	78 ～ 83	しずんだ	よく燃えた
C	83 ～ 87	ういた	少し燃えた
D	87 ～ 92	ういた	燃えなかった

(1) 下線部aを何というか，**名称**を書きなさい。また，表1のエタノールは沸騰しているときどのような状態か，次から1つ選んで**記号**を書きなさい。

ア 液体　　**イ** 気体　　**ウ** 液体と気体が混ざった状態

(2) 下線部bの質量は何gか，四捨五入して小数第1位まで求めなさい。

(3) 下線部cは，実験においてどのような現象を防ぐために用いられるか，書きなさい。

(4) 香さんの班では，表1～表3をもとに話し合った。次の会話は，その一部である。

仁さん：Aはポリプロピレンよりも密度が（ W ）こと，Bはポリプロピレンよりも密度が（ X ）ことから，BはAよりも密度が（ Y ）ことがわかるね。
舞さん：A～Dを比べると，Bが最も燃えやすいこともわかるね。
明さん：密度や燃えやすさのちがいは，それぞれの液体における［ Z ］のちがいに関係があるよね。
香さん：熱する前のSよりも，エタノールが沸騰するときの温度あたりで集めたBのほうが［ Z ］が大きいから，沸騰するときの温度のちがいを利用すれば，エタノールをとり出すことができたといえるね。

① 仁さんの発言が正しくなるように，W～Yに「大きい」か「小さい」のいずれかを，それぞれ書きなさい。

② 明さんと香さんの発言が正しくなるように，Zにあてはまる内容を書きなさい。

3 卓さんは，空気の上昇により気圧が下がって雲ができることについて，実験を行ったり，資料や記録を調べたりした。次の(1)，(2)の問いに答えなさい。

(1) 卓さんは，気圧を下げたときの空気の変化を調べるため，次の実験を行った。

【実験】図のように，少量の水と線香の煙を入れた丸底フラスコと注射器をつないだ。a 丸底フラスコ内の気圧を下げるために注射器のピストンをすばやく引いたところ，b 丸底フラスコ内の温度が下がり，白くくもった。

図

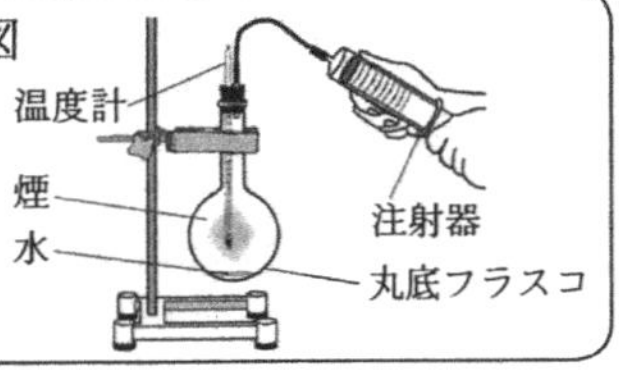

① ピストンを引く前，下線部 a は約 1 気圧である。1 気圧は何hPa か，最も適切なものを次から 1 つ選んで記号を書きなさい。

ア 987hPa　**イ** 1000hPa　**ウ** 1013hPa　**エ** 1026hPa

② 下線部 b の理由について，卓さんがまとめた次の文が正しくなるように，P にあてはまる内容を書きなさい。

ピストンを引いて丸底フラスコ内の気圧を下げると，空気が膨張して温度が下がって露点に達し，丸底フラスコ内の空気中の［　P　］からだと考えられる。

(2) 卓さんは，雲のできはじめる高さについて，次のように考えた。

c 空気のかたまりが上昇したときに空気 1 m³ 中の水蒸気量が変わらない場合，資料と，同じ場所で観測された表 1 の記録から，A，B，C 日における，d 雲のできはじめる高さのちがいを推測できる。

資料

空気の温度は，雲ができるまで 100 m 上昇するごとに 1 ℃ずつ下がる。

表 1

観測日	A日	B日	C日
観測時刻	正午	正午	正午
雲量	7	8	7
気温[℃]	22	16	20
湿度[%]	70	79	62
露点[℃]	16	12	12
降水量[mm]	0	0	0

① 下線部 c について，次のうち，上昇気流ができる場所はどこか，**2つ**選んで記号を書きなさい。

ア 太陽の光で地面があたためられるところ　**イ** 空気が山の斜面にぶつかるところ

ウ 夏の夜に海陸風がふいているときの陸上　**エ** 高気圧の中心付近

② 表 1 の観測日の天気はすべて同じである。この天気は何か，**天気記号**でかきなさい。

③ 表 2 は，気温に対する飽和水蒸気量を示している。B 日正午の空気 1 m³ 中に含まれる水蒸気は何 g か，四捨五入して小数第 1 位まで求めなさい。求める**過程**も書きなさい。

表 2

気温[℃]	16	18	20	22
飽和水蒸気量[g/m³]	13.6	15.4	17.3	19.4

④ 下線部 d について，卓さんが考えた次の文が正しくなるように，X には A～C のいずれかを，Y にはあてはまる内容を「**気温**」と「**露点**」という語句を用いて，それぞれ書きなさい。

空気の上昇によって雲のできはじめる高さが最も高かったのは，（ X ）日だと考えられる。その理由は，（ X ）日はほかの 2 日と比べて［　Y　］からである。

令和４年度一般選抜学力検査問題

社　　　会

（ ５時間目　50分 ）

注　　　意

1　問題用紙と解答用紙の両方の決められた欄に，受検番号と氏名を記入しなさい。
2　問題用紙は開始の合図があるまで開いてはいけません。
3　問題は１ページから６ページまであり，これとは別に解答用紙が１枚あります。
4　答えは，すべて解答用紙に記入しなさい。

受検番号		氏　名	

1 次の模式図と地図，図，表を見て，(1)～(6)の問いに答えなさい。

模式図

地図

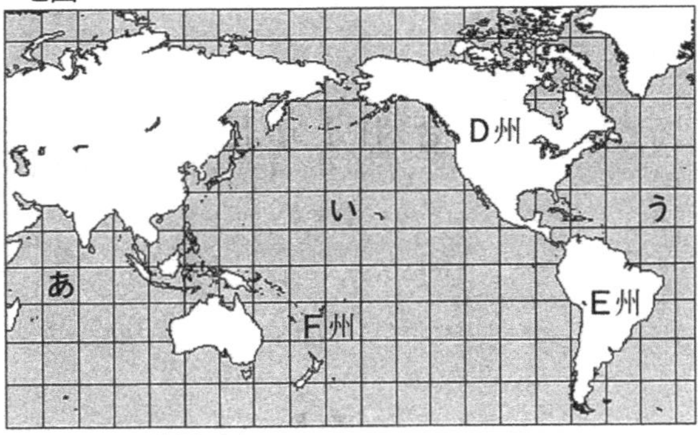

※ロシア連邦はA州に位置づける。
※模式図と地図の緯線は赤道を，経線は本初子午線を基準に，それぞれ15度ごとに引いている。

図１　気温の変化

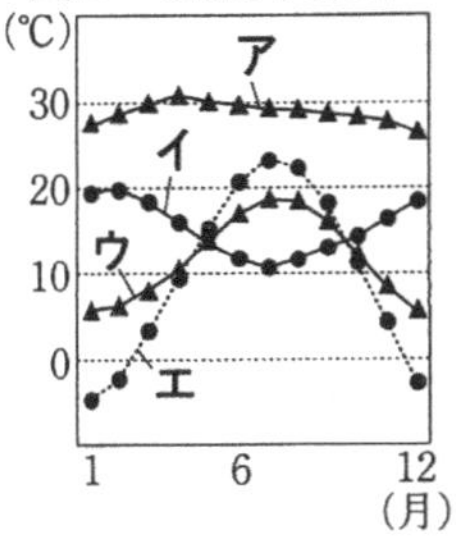

表１　模式図と地図のA～D州の比較（2017年）

項目＼州	年平均人口増加率(%)(2000～2015年)	日本からの輸入額(億円)	一人あたりのCO_2排出量(t)
㋐	1.05	183 925	10.3
㋑	2.55	8 433	1.1
㋒	1.14	457 345	4.0
㋓	0.16	100 642	6.9

図２　農・鉱産物の生産割合（2018年）

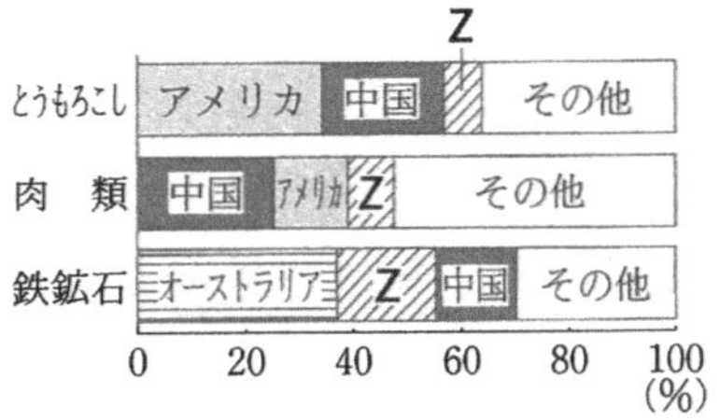

（図１，表１，図２は「データブック　オブ・ザ・ワールド2021年版」などから作成）

(1) 模式図のXは，世界の三大洋のうちの一つである。Xの海洋名を書きなさい。また，Xと同じ海洋を，地図の**あ**～**う**から一つ選んで記号を書きなさい。

(2) 模式図に示したY国の位置から，地球の中心を通り，正反対にある州を模式図と地図のA～F州から一つ選んで記号を書きなさい。

(3) 模式図のY国の首都の気温を示すものを，図１の**ア**～**エ**から一つ選んで記号を書きなさい。

(4) 表１の㋐～㋓から，地図のD州にあてはまるものを一つ選んで記号を書きなさい。

(5) 図２のZにあてはまる国を一つ選んで記号を書きなさい。

ア　カナダ　　**イ**　フランス　　**ウ**　サウジアラビア　　**エ**　ブラジル

(6) 表２と図３は，A～D州の各州において，ＧＤＰの上位国を取り上げ，比較したものである。表２と図３から読みとれる，他国と比較したインドの経済的な特色を書きなさい。

表２　各国の統計（2018年）

国＼項目	ＧＤＰ（億ドル）	人口（万人）
ドイツ	39 495	8 312
インド	27 794	135 264
南アフリカ共和国	3 681	5 779
アメリカ	205 802	32 710

図３　第３次産業人口割合と一人あたりのＧＤＰ（2018年）

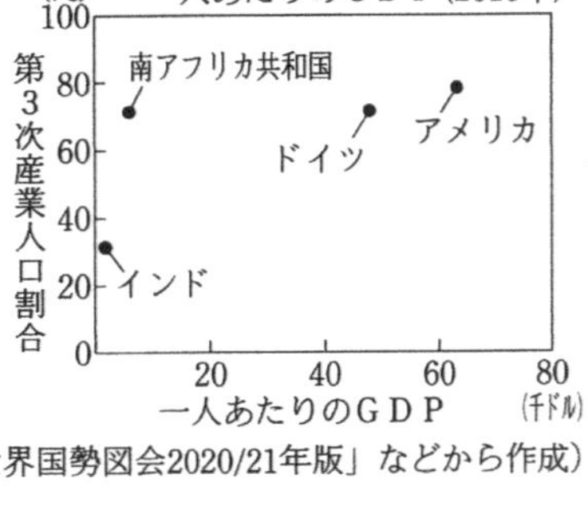

（表２，図３は「世界国勢図会2020/21年版」などから作成）

2 次の地図と図，表を見て，(1)～(4)の問いに答えなさい。

地図

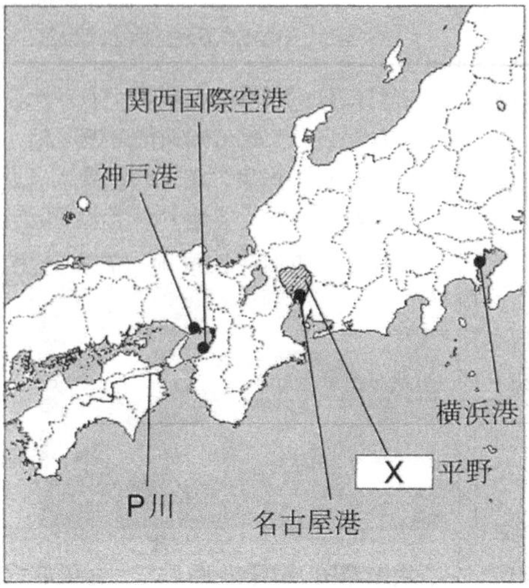

図１

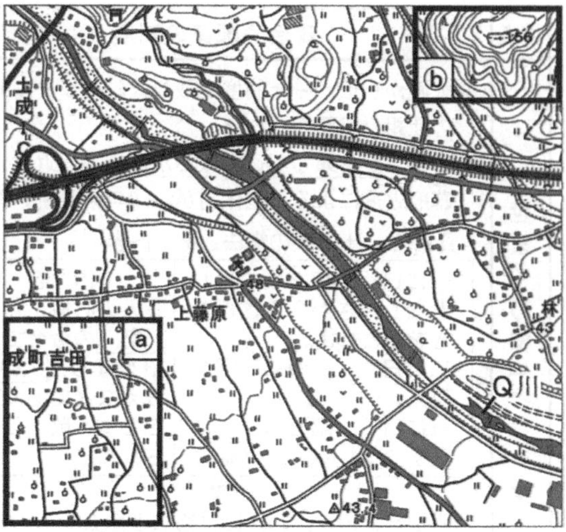

（「国土地理院電子地形図25000」を加工して作成）

(1) 地図の X にあてはまるものを，一つ選んで記号を書きなさい。

ア 讃岐　　**イ** 濃尾　　**ウ** 越後　　**エ** 石狩

(2) 図１は，地図のP川の支流であるQ川付近の地形図の一部である。

① Q川はどの方角からどの方角へ流れているか，一つ選んで記号を書きなさい。

ア 北東から南西　　**イ** 南東から北西　　**ウ** 北西から南東　　**エ** 南西から北東

② 次の文の Y に入る適切な内容と， Z にあてはまる語を，それぞれ書きなさい。

図１のⓐの範囲は，ⓑよりも土地の傾斜が Y であり，水田や Z が広がっている。

(3) 表１の㋐～㋓は，地図の四つの港湾・空港のいずれかを表している。関西国際空港を示すものを，一つ選んで記号を書きなさい。

表１　四つの港の主な輸出品目と輸出額（2019年）

	輸出額の上位品目	輸出額(億円)
㋐	集積回路，電気回路用品，*1科学光学機器	51 872
㋑	自動車，自動車部品，*2内燃機関	69 461
㋒	自動車，自動車部品，内燃機関	123 068
㋓	プラスチック，建設・鉱山用機械，内燃機関	55 571

*1カメラ，レンズ，計測機器など　*2エンジン

(4) 国内輸送に関する問題である。

① 表２のA～Dは，鉄道，自動車，船舶，航空のいずれかの輸送機関を表している。Bにあてはまる輸送機関を書きなさい。

表２　国内の*旅客輸送量の輸送機関別割合（%）

	A	B	C	D
1965年	31.6	66.7	0.8	0.9
2017年	62.8	30.4	6.6	0.2

*輸送時の人数に輸送距離をかけたもの

② 図２と図３から読みとれる貨物輸送の特色を，解答欄にしたがって書きなさい。

図２　国内の*1貨物輸送量に対する*2エネルギー消費量の割合

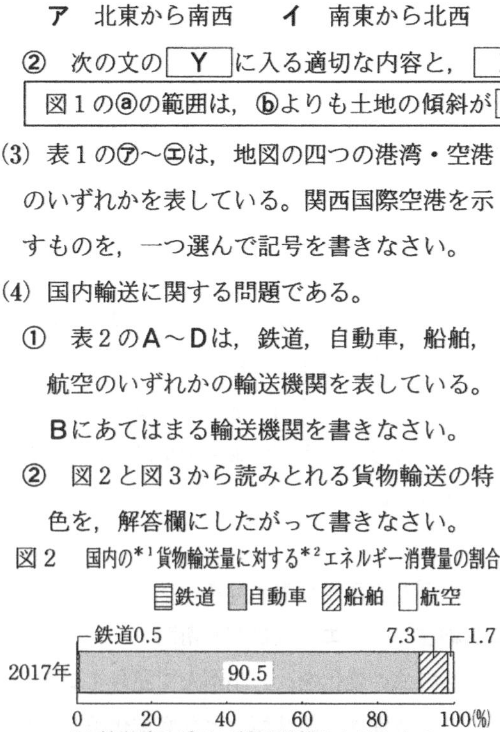

*1 輸送時の重量に輸送距離をかけたもの
*2 使用したエネルギー（石油，石炭など）を熱量で表したもの

図３　国内の貨物輸送量の割合の変化

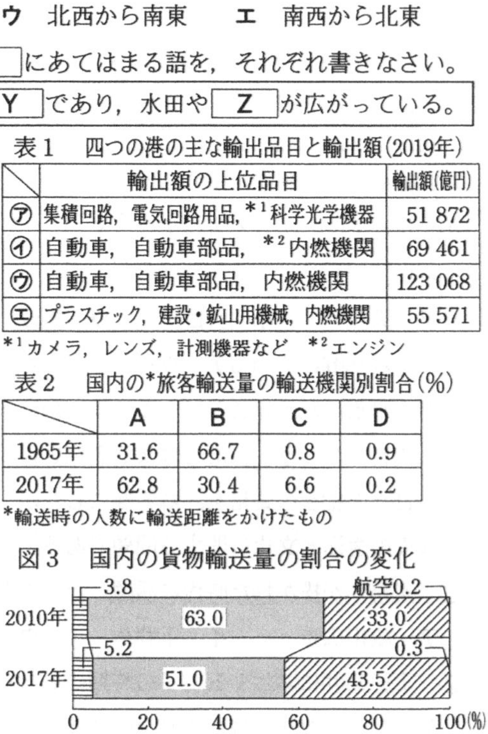

※図３の凡例は図２に同じ。

（表１，表２，図２，図３は「日本国勢図会2020/21年版」などから作成）

3 次の表は，三つの視点から，わが国の近世までの様子と近現代の様子を比較し，まとめたものである。

表

視点	政治や国家の制度	人々の生活と文化
近世までの様子	◇大陸から伝わった制度を取り入れながらⓐ政治の仕組みが整えられた。 ◇ⓑ武士が台頭して武家政治が広まり，近世には幕府と藩による支配体制が２６０年余り続いた。 資料１　十七条の憲法とその内容 一に曰く，和を以て貴しとなし，さからうことなきを宗とせよ。 二に曰く，あつく三宝を敬え。… 三に曰く，詔《みことのり》を承りては必ずつつしめ。（部分） 内　容 役人の心構えとして［あ］の命令である詔を守り，［い］の教えなどである三宝をあつく敬うこととされた。	◇古代には，国際的な要素をもった文化を基礎としながら，文化の国風化が進んだ。 ◇中世からの民衆の成長を背景に，近世には都市での町人文化，各地方の生活文化が生まれた。 資料３　唐《から》獅子《じし》図《ず》屏風《びょうぶ》（狩野永徳）  作品の特色 二頭の唐獅子が歩く姿を描いた，力強く豪華な作品である。
近現代の様子	◇明治維新の後，わが国は憲法と議会をもつ近代的な立憲国家となった。 ◇太平洋戦争の後，日本国憲法が制定されるなど民主化が進められた。 資料２　第１回帝国議会の議員構成（1890年） 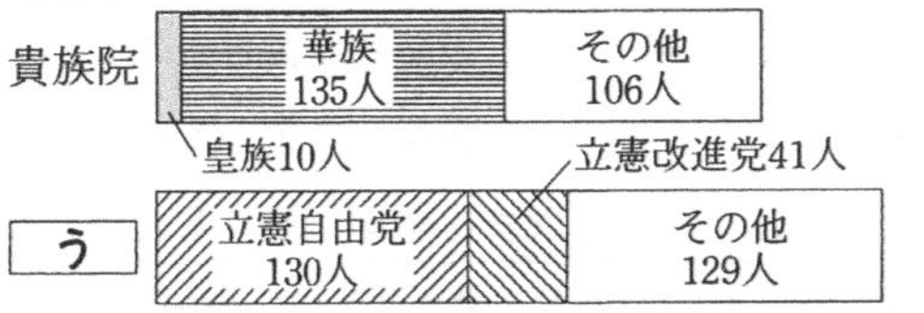 （「議会制度百年史」などから作成）	◇欧米諸国の影響を受けて，生活様式の変化や，ⓒ文化の大衆化が見られた。また，科学技術の発展により国民の生活水準が向上した。 資料４　５年ごとの雑誌の出版数（1910～1930年） 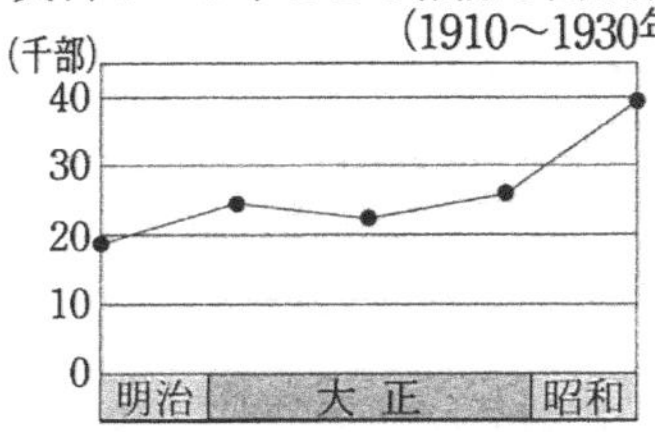 （「数字でみる日本の100年」から作成）

(1) **政治や国家の制度**に関する問題である。

① 下線部ⓐに関わる資料１の［あ］と［い］にあてはまる語を，それぞれ一つずつ選んで記号を書きな

さい。

ア　天皇　　**イ**　大臣　　**ウ**　摂政　　**エ**　律令　　**オ**　儒教　　**カ**　仏教

② 下線部ⓑに関わる**ア**～**ウ**を，年代の古い順に並べ替え，記号を書きなさい。

ア　平治の乱が起こる　　**イ**　承久の乱が起こる　　**ウ**　平将門の乱が起こる

③ 資料２の［う］にあてはまる名称を書きなさい。また，［う］の議員選挙において，選挙権があたえ

られた有権者の資格を，解答欄にしたがって書きなさい。

(2) **人々の生活と文化**に関する問題である。

① 資料３が描かれた時代に活躍した人物を，一人選んで記号を書きなさい。

ア　歌川広重　　**イ**　千利休　　**ウ**　清少納言　　**エ**　近松門左衛門

② 下線部ⓒに関わる資料４の時期に見られた生活様式の変化を，一つ選んで記号を書きなさい。

ア　ラジオ放送がはじまり全国に普及した　　**イ**　洗濯機，冷蔵庫など家庭電化製品が普及した

ウ　太陰暦に代わって太陽暦が採用された　　**エ**　米などの生活物資が配給制や切符制になった

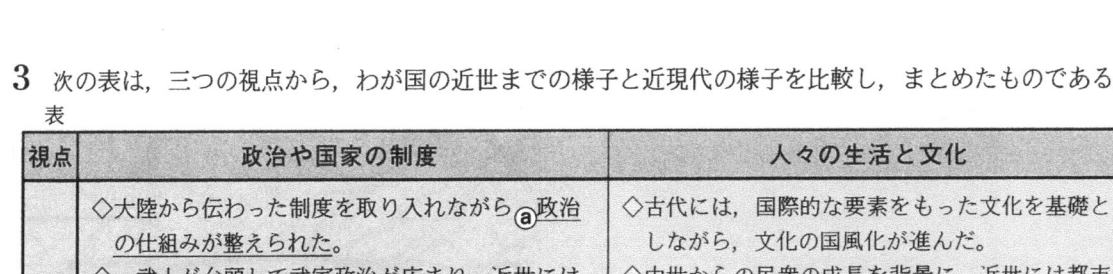

ゆか	なるほど。私は品物の安さに焦点を当てて紹介するのがよいと思っていましたが、さとるさんの話を聞いて、旬の野菜が手に入るということを伝えた方が、トム先生に興味をもってもらえそうだと考え直しました。
たけし	では、産地直売センターについては、旬の野菜が手に入ることに焦点を当てるのがよさそうですね。プレゼンテーションの際に、季節ごとにどんな野菜が売られているかを紹介するだけでなく、実物の野菜やその野菜を使った和食のレシピを資料として提示することも検討してみませんか。
さとる	そうですね。実物やレシピを提示するのは、おもしろいと思います。
たけし	ここまでの話し合いから、プレゼンテーションをする上で大切なことは、聞き手の興味や関心に基づいて情報を伝えることだと言えそうですね。みんなで話し合ったことを基に、トム先生が喜んでくれるプレゼンテーションにしましょう。

（間2秒）

話し合いの様子はここまでです。

（間2秒）

それでは問題に移ります。問題は選択肢も含めてすべて放送で出題します。答えは解答用紙に記入しなさい。

（間3秒）

1　さとるさんが、運動公園について紹介したいと考えたことは、たくさんの運動施設があることと、もう一つはどのようなことでしたか。解答欄にしたがって書きなさい。

（間30秒）

次の問題に移ります。

2　ゆかさんは、さとるさんの話を聞いて、産地直売センターについてどのようなことを伝えた方がよいと考え直しましたか。解答欄にしたがって書きなさい。

（間30秒）

次の問題に移ります。

3　たけしさんは、プレゼンテーションをする上で、どのようなことが大切だとまとめましたか。解答欄にしたがって書きなさい。

（間30秒）

次の問題に移ります。

4　たけしさんの進行の仕方について、最もふさわしいものを、次に読み上げる選択肢**ア**、**イ**、**ウ**、**エ**の中から一つ選んで、解答欄に記号をカタカナで書きなさい。選択肢は二回読みます。

ア　互いの発言を比較し、数値を示して客観的に内容を分析しながら進めている。

イ　互いの発言の問題点を明らかにし、話題の方向性を修正しながら進めている。

ウ　相手の発言を受け止め、提示する資料について具体案を示しながら進めている。

エ　相手の発言のあいまいな部分を指摘し、詳しい説明を求めながら進めている。

繰り返します。（※**ア**から**エ**を繰り返して読む）

（間10秒）

これで国語の「聞くこと」に関する検査を終わります。問題用紙を開いて、次の問題に移ってください。

※教英出版注
音声は，解答集の書籍ＩＤ番号を教英出版ウェブサイトで入力して聴くことができます。

令和４年度

英語リスニングテスト台本

［注］（　　　）内は音声として入れない。

ただ今からリスニングテストを始めます。解答用紙を準備し，問題用紙の１ページを開いてください。（間５秒）

問題は(1)から(4)まであります。聞きながらメモをとってもかまいません。また，(2)の会話は１回しか言いませんので，注意して聞いてください。（間２秒）

(1)を始めます。問題は２つです。二人の会話とそれについての質問を聞いて，答えとして最も適切な絵を，それぞれ**ア**，**イ**，**ウ**，**エ**から**１つずつ**選んで記号を書きなさい。会話と質問は通して２回ずつ言います。では始めます。

①（A 男）: I'm looking for my cap. Do you know where it is?
（B 女）: I saw it under the table.
（A 男）: Oh, thank you.（間２秒）

Question : Which picture shows this?（間２秒）繰り返します。
（間３秒）

②（A 女）: I want to play tennis with you next Sunday.
（B 男）: Well, it will rain on that day. Instead of tennis, let's play basketball at the community center.
（A 女）: Sounds good.（間２秒）

Question : What sport will they play next Sunday?（間２秒）繰り返します。
（間５秒）

(2)に移ります。問題は３つです。二人の会話を聞いて，それぞれの会話の最後の文に対する応答として最も適切なものを，それぞれ**ア**，**イ**，**ウ**から**１つずつ**選んで記号を書きなさい。会話は通して１回だけ言います。では始めます。

①（A 男）: Hello.
（B 女）: Hello, this is Aya. May I speak to Naomi, please?
（A 男）: I'm sorry, but she is out right now.
（間７秒）

②（A 女）: I'll have a hamburger and a salad.
（B 男）: OK. Anything to drink?
（A 女）: Apple juice, please. That's all. How much is it?
（間７秒）

③（A 男）: I'm going to go shopping with my sister tomorrow.
（B 女）: That's nice.
（A 男）: Do you want to come with us?
（間７秒）

令和四年度

国語

（解答用紙）

受検番号	
氏名	

一

小計	

「聞くこと」に関する検査

1	こと
2	品物の安さより、　　　ということを伝えた方がよい
3	情報を伝えること
4	

1．２点
2．３点
3．３点
4．２点

二

小計	

1		環境に適応して生息し、　　　していること
2		
3	(1) a	
	(1) b	
	(2)	

合計	表合計

※100点満点

六

小計

内容構成…５点
表現叙述…４点
表記等…３点

(10)	個
(11)	$x =$
(12)	°
(13)	図 2 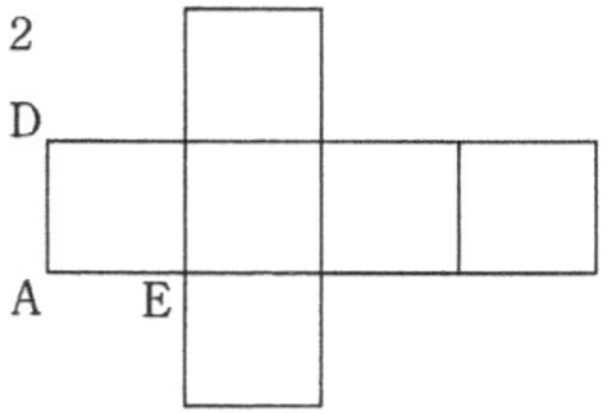
(14)	cm^3
(15)	cm^3

(1)～(15)から８問選択。すべて４点で４点×８

②	
(３)	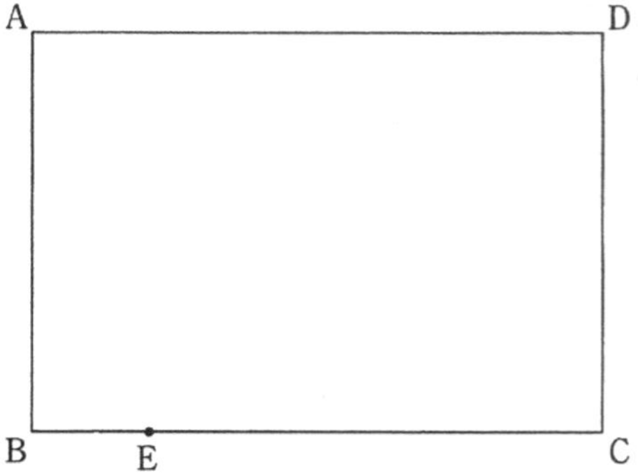
(４)	

(1)４点×２　(2)４点×２　(3)５点　(4)４点

4

小　計

(1)	①	
	②	(記号) (理由)
(2)		

(1)①３点　②５点　(2)４点

5 − Ⅱ

小　計

(1)	[証明] △ＡＢＣと△ＡＤＢにおいて △ＡＢＣ∽△ＡＤＢ	
(2)	①	
	②	倍

(1)５点　(2)５点×２

(1)	②	
	③	
	④	
(2)	①	
	②	
	③	
	④	
(3)	①	(　　　)(　　　)(　　　) go there?
	②	I think skiing is the (　　　)(　　　)(　　　) all winter sports.
	③	He told (　　　)(　　　)(　　　) to the science room after lunch.

⑴ 2 点 × 4　⑵ 2 点 × 4　⑶ 2 点 × 3

3

小　計

(1)	①	.
	②	.
(2)	(記入例) I'm sorry , but I'm very busy .	
	My best memory was (　　　　　　　　).	
	_____ _____ _____ _____ _____ 5語	
	_____ _____ _____ _____ _____ 10語	
	_____ _____ _____ _____ _____ 15語	
	_____ _____ _____ _____ _____ 20語	
	_____ _____ _____ _____ _____ 25語	

⑴ 3 点 × 2　⑵ 5 点

(4)		
(5)		
(6)	①	
	②	

(1) 3点　(2) 3点　(3) 3点　(4) 3点　(5) 3点×2　(6) 3点×2

【解答用

(4)① 4点
②3点

(4)	①	W：	X：
		Y：	
	②		

(1)	②		
	③		
(2)	①		
	②	X：	Y：

(1)① 2点
②3点
③3点
(2)① 3点
②3点

3

小　計

(1) 3点×2
(2)① 3点
②3点
③3点
④3点

(1)	①		
	②		
(2)	①		
	②		
	③	過程：	
		g	
	④	X：	
		Y：	

6

小　計

(1)① 2点
②3点
(2)① 3点
②3点
③3点

(1)	①		
	②	P：	
		Q：	
(2)	①		
	②	g	
	③	X：	
		Y：	

2

小　計

(1) 2点
(2) ① 3点
　② 2点
(3) 2点
(4) ① 3点
　② 4点

(1)			
(2)	①		
	②	Y	
		Z	
(3)			
(4)	①		
	②	自動車は,	

3

小　計

(1) ① 3点
　② 3点
　③ 2点×2
(2) 3点×2

(1)	①	あ		い	
	②	→ →			
	③	名称			
		資格	一定額以上の		
(2)	①				
	②				

4

小　計

(1) ① 2点
　② 3点
　③ 3点
(2) 3点×5
(3) ① 2点
　② 2点
　③ 2点
　④ 2点
　⑤ 3点

(1)	①		
	②		
	③		
(2)	①		
	②		
	③		
	④		
	⑤		
(3)	①		
	②		
	③		
	④		
	⑤	採択された	採択されなかった
		理由	

令和４年度

社　　　　会
（解　答　用　紙）

受検番号		氏　名	

※100点満点

合　計

1

小　計

(1) ２点
(2) ２点
(3) ２点
(4) ３点
(5) ３点
(6) ４点

(1)	海洋名		記号	
(2)	州			
(3)				
(4)				
(5)				
(6)				

3

小　計

(3)① ３点
② ２点
③ ４点
④ ３点
⑤ ３点
⑥ ３点

(3)	①	
	②	
	③	
	④	
	⑤	
	⑥	

【解答用

令和４年度

理　　　科

（解　答　用　紙）

受検番号		氏　名	

※100点満点

合　計

1

小　計

(1)３点×３
(2)①２点
②３点
③４点

(1)	①	
	②	
	③	
(2)	①	
	②	
	③	

2

小　計

(1)名称…３点

(1)	名称：	
	記号：	

4

小　計

３点×６

(1)	図４ 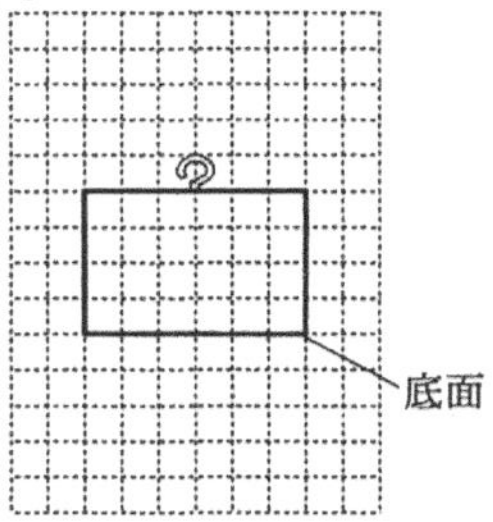
(2)	
(3)	N
(4)	
(5)	
(6)	記号：　　距離：　　cm

【解答用

裏合計

小計

4

(1)	①	
	②	
(2)		
(3)		
(4)	幸	
	ベッキー	
	理由	

(1)3点×2　(2)3点　(3)3点　(4)幸・ベッキー…3点　理由…3点

小計

5

(1)	

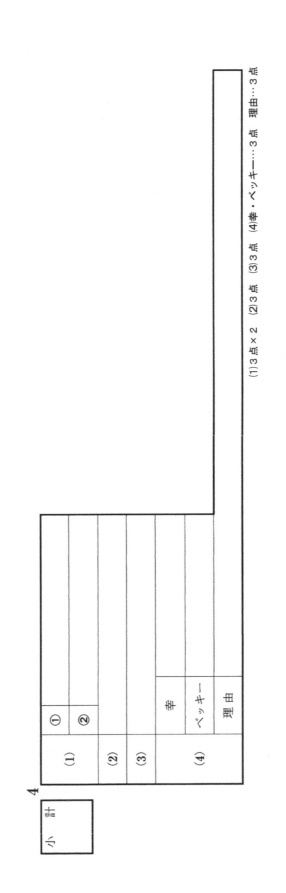

令和４年度

英　語

（解　答　用　紙）

受検番号		氏　名	

※100点満点

合　計

表　合　計

小　計

1　リスニングテスト

(1)	①	
	②	
(2)	①	
	②	
	③	
(3)	①	
	②	
	③	
(4)		
	［答え］	.
		.

(1) 2点×2　(2) 2点×3　(3) 2点×3　(4)記号…2点×2　答え…5点

【解答用

2

裏合計

3

小　計

（1）	①	ア	
		イ	.
	②		$m =$
	③	ウ	
		エ	
（2）			個

⑴4点×3　⑵4点

5－Ⅰ

小　計

（1）		［証明］ △ABCと△ACDにおいて △ABC∽△ACD
（2）	①	
	②	倍

⑴5点　⑵5点×2

令和４年度

数　　学

（解　答　用　紙）

受検番号		氏　名	

※100点満点

表合計

合　計

1

小　計

（1）	
（2）	
（3）	
（4）	
（5）	$x =$ 　　　, $y =$
（6）	$x =$
（7）	
（8）	およそ　　　　個

2

小　計

（1）	①	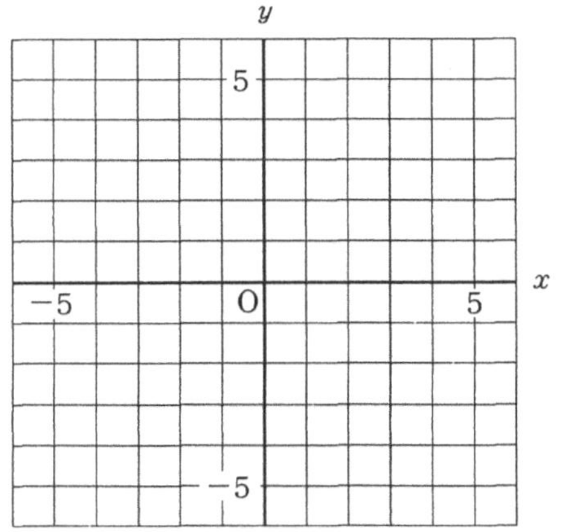
	②	

【解答用

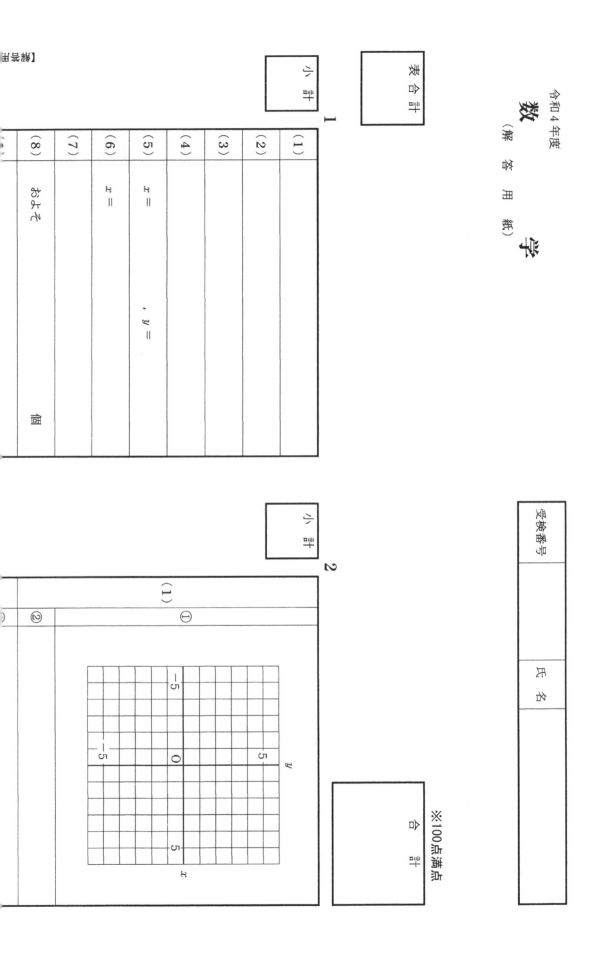

四

小計

1
2 a b
3 ことに気付いたから
4 (1) (2) (3)

1. 3点
2. 3点×2
3. 5点
4. (1)3点
(2)2点
(3)4点

裏合計

五

小計

1 ① ②
2
3
4 鳥からの、 という教え
5 (1) (2)

1. 2点×2
2. 2点
3. 2点
4. 3点
5. (1)2点
(2)2点
(3)3点

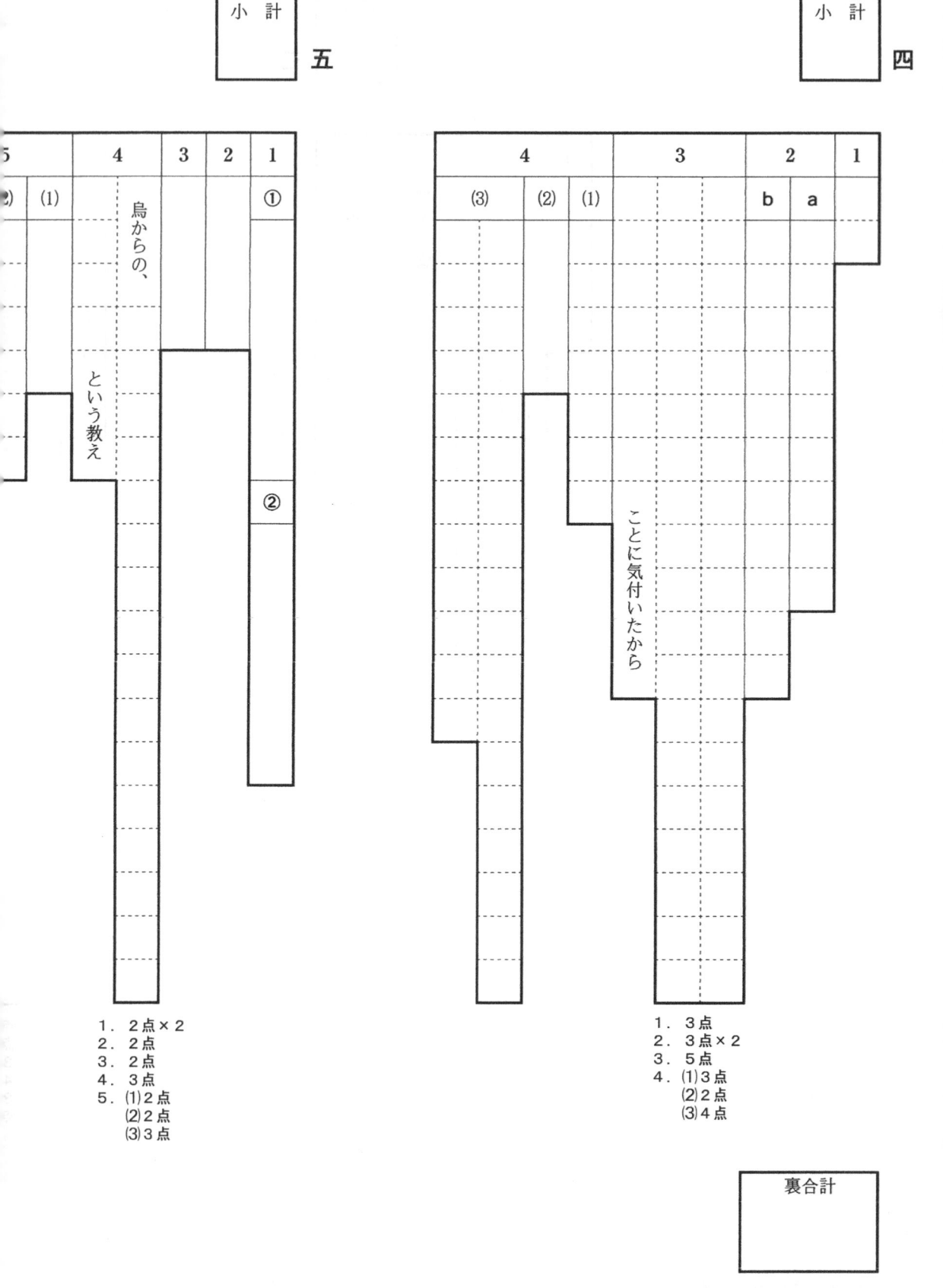

4
ことができるから

1．3点
2．3点
3．(1)3
(2)4
(3)3
4．4点

三

小計

1		2	3	4
読み	漢字			
① か	②		活用	
③	④ み			

1．2点×4
2．2点
3．2点
4．2点

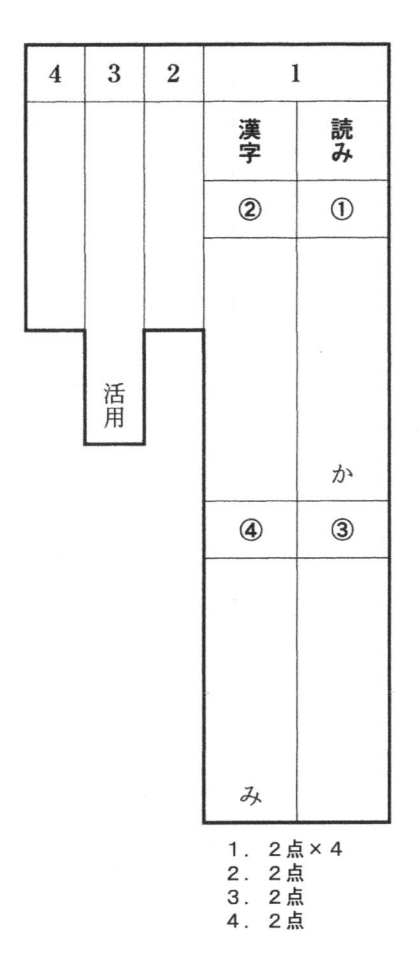

(3)に移ります。ＡＬＴのグリーン先生(Ms. Green)と中学生の陸(Riku)が，教室で会話をしています。会話の後で，３つの質問をします。答えとして最も適切なものを，それぞれ**ア**，**イ**，**ウ**，**エ**から**１つずつ**選んで記号を書きなさい。会話と質問は通して２回ずつ言います。では始めます。

(*Ms. Green*)：Hi, Riku. What are you reading?
(*Riku*)：Hello, Ms. Green. I'm reading a book about traveling.
(*Ms. Green*)：You are interested in traveling, right?
(*Riku*)：Yes. I want to go to Italy someday.
(*Ms. Green*)：Oh, really? I went there in 2013 and 2015. I like Italy very much. Why do you want to go there?
(*Riku*)：Because I'm interested in the history of that country. I want to see old buildings there.
(*Ms. Green*)：I have many beautiful pictures of them. Do you want to see them?
(*Riku*)：Of course.
(*Ms. Green*)：OK. I'll bring them tomorrow.
(間３秒)

Questions ： ① How many times has Ms. Green visited Italy?（間５秒）
② Why does Riku want to visit Italy?（間５秒）
③ What will Ms. Green bring to Riku tomorrow?（間５秒）繰り返します。
（間５秒）

(4)に移ります。交換留学生として秋田の中学校で学んでいたジャック(Jack)から，クラスにビデオレターが届きました。ジャックの話を聞いて，その内容として適切なものを，**ア**，**イ**，**ウ**，**エ**から**２つ**選んで記号を書きなさい。また，ジャックの最後の[問い]に対して，**話題を１つ**取り上げ，**２つの英文**であなたの[答え]を書きなさい。ジャックの話は２回言います。はじめに15秒間，選択肢に目を通しなさい。(間15秒)では始めます。

Hello everyone. I went back to America last month. Thank you for helping me in Akita. I enjoyed staying there because everyone was so kind. At the beginning, it was difficult to talk with you in Japanese. However, soon I could understand you well because you spoke to me every day. Here in America, I started doing volunteer work. I help Japanese people who want to learn English. We usually talk in English. Sometimes I talk to them in Japanese. It is a lot of fun. Yesterday, we talked about our winter vacation. It was interesting because many people talked about different things. So I want to ask you a question. What did you do during your winter vacation?
(間20秒)繰り返します。
(間20秒)

これでリスニングテストを終わります。次の問題に移ってください。

令和四年度

国語「聞くこと」に関する検査台本

〔注〕（　　）内は音声として入れない。

ただいまから、国語の「聞くこと」に関する検査を始めます。「聞くこと」に関する検査は、出題も含めてすべて放送で行いますので、指示があるまで問題用紙を開いてはいけません。解答用紙とメモ用紙を準備してください。

（間５秒）

メモ用紙は必要に応じて使ってください。問題は全部で四つです。

（間３秒）

たけしさんの学級では、国語の授業で、グループごとに目的を決めてプレゼンテーションをすることになりました。たけしさんのグループは、新しく着任したALTのトム先生に、町の自慢の場所を知ってもらうためにプレゼンテーションをすることに決めました。

これから放送する内容は、たけしさん、さとるさん、ゆかさんの三人が、プレゼンテーションの構想について話し合っている様子です。進行役はたけしさんが務めています。

話し合いの様子と問題は、一度だけ放送します。

それでは、始めます。

（間３秒）

たけし	この町の自慢できる場所として、トム先生にどこを紹介すればよいでしょうか。紹介したい場所の候補を、さとるさんから発表してください。
さとる	はい。僕は、運動公園を紹介したいと考えました。トム先生の趣味はスポーツをすることだそうです。運動公園には体育館やテニスコートなどたくさんの運動施設があることや、自然に囲まれた環境でスポーツを楽しめることを紹介すれば、きっと興味をもってくれると思います。
たけし	さとるさんは、トム先生の趣味を基に、候補を考えてくれたのですね。今のさとるさんの案について、ゆかさんはどう思いますか。
ゆか	はい。よい案だと思います。施設の紹介に加えて、運動公園で活動しているスポーツクラブのことも取り上げてはどうでしょう。スポーツクラブに参加し、町の人たちと交流を深められるという点も、運動公園の魅力として伝えることができるのではないかと思います。
たけし	それはよい考えですね。プレゼンテーションで使う資料の中に、スポーツクラブの活動の様子を撮影した写真を入れると、より興味をもってもらえるかもしれませんね。では、次に、ゆかさんが紹介したい場所を教えてください。
ゆか	はい。わたしは、産地直売センターを紹介したいです。産地直売センターには、この町でとれた旬の野菜や手作りのお弁当が、手頃な値段で売られています。おいしい食べ物や野菜が安く買えるのは、大きな魅力ではないかと考えています。
たけし	たしかに、食べ物を通してその土地のことを好きになったというエピソードは、テレビ番組などでもよく取り上げられていますね。さとるさんは、ゆかさんの案についてどう思いますか。
さとる	はい。ゆかさんの話を聞いて、トム先生が、和食に関心があると話していたのを思い出しました。和食は、季節感を大切にするので、旬の野菜が手に入る産地直売センターは、トム先生に紹介する場所としてふさわしいと思いました。

見て，(1)～(3)の問いに答えなさい。

国際社会との交流

◇古代から東アジアを中心に ⓓ活発な交流が見られたが，近世には ⓔオランダ商館が出島に移されるなど鎖国とよばれる状態が続いた。

資料5　モンゴル帝国の拡大

◇開国により欧米や ⓕアジア諸国との関係が緊密となった。今後も国際貢献など ⓖ交流の活性化が求められている。

資料6　主な周辺国と結んだ条約

日清修好条規

第8条　両国の開港地にはそれぞれの役人を置き，自国の商人の取り締まりを行う。財産や産業について訴えがあった事件は，その役人が裁判を行い，自国の法律で裁く。(部分要約)

日朝修好条規

第10条　日本国の人民が朝鮮国の開港地に在留中に罪を犯し，朝鮮国の人民と交渉が必要な事件は，全て日本国の領事が裁判を行う。(部分要約)

年表

年代	主なできごと	
1860	パリ*万博に，幕府や薩摩藩，佐賀藩が出展	A
1870	ウィーン万博に，新政府が初出展	A
1880		
1890	シカゴ万博に，高村光雲「老猿《ろうえん》」など出品	
1900	パリ万博に，黒田清輝「湖畔《こはん》」など出品	
1910		
1920	国際連盟に加盟	
1930	国際連盟を脱退 東京での万博の開催延期を決定 ……………	B
1940	ポツダム宣言を受諾	
1950	サンフランシスコ平和条約を締結 国際連合に加盟	
1960		
1970	大阪万博を開催 非核三原則を決議 沖縄で，国際海洋博覧会を開催 ……………	C

*万博とは，万国博覧会の略称

(3) **国際社会との交流**に関する問題である。

① 下線部ⓓに関わる資料5に示したXの国と，わが国との交流の様子を，一つ選んで記号を書きなさい。

ア 皇帝から王の称号や金印などが授けられた　**イ** 朱印船貿易により各地に日本町ができた
ウ 民間の貿易が行われ禅宗の僧が行き来した　**エ** 勘合を用いた朝貢形式の貿易が行われた

② 下線部ⓔのときの将軍は誰か，書きなさい。

③ 下線部ⓕに関わる資料6から読みとれる，当時のわが国が結んだ二つの条約の特色の違いを，それぞれの条約を結んだ**相手国の国名**を用いて書きなさい。

④ 下線部ⓖに関わる年表のAの時期に，新政府の中で主導権を維持しようとして，当時の将軍が行ったことを，次の語を用いて書きなさい。〔 **返上** 〕

⑤ 年表のBの背景となるできごとを，一つ選んで記号を書きなさい。

ア ベトナム戦争の激化　**イ** 石油危機の発生　**ウ** ソ連の解体　**エ** 日中戦争の長期化

⑥ 年表のCに関連した次の文の［ え ］に入る適切な内容を書きなさい。

政府は，沖縄が［ え ］ことを記念して，国際海洋博覧会を開催した。

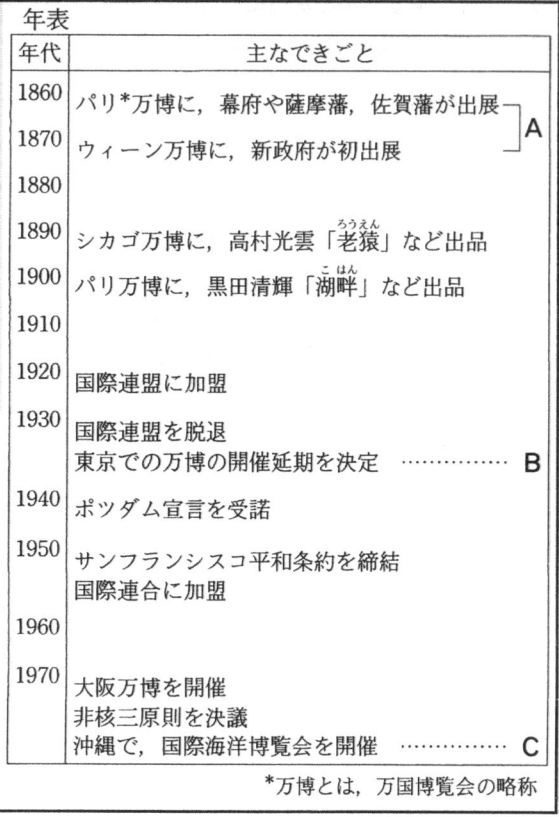

4 次は，「私たちが築く社会のあり方」について，それぞれのテーマを生徒が調べまとめたものの一部である。これらと図，資料，表を見て，(1)～(3)の問いに答えなさい。

テーマ１　男女平等の実現に向けて

・男女の賃金を比較すると，男性より女性の方が低く，［ あ ］傾向にある。
・女性の活躍推進に向けて法律が作られ，ⓐ企業の行動計画策定を促進している。

図１　わが国の男女の年齢別賃金

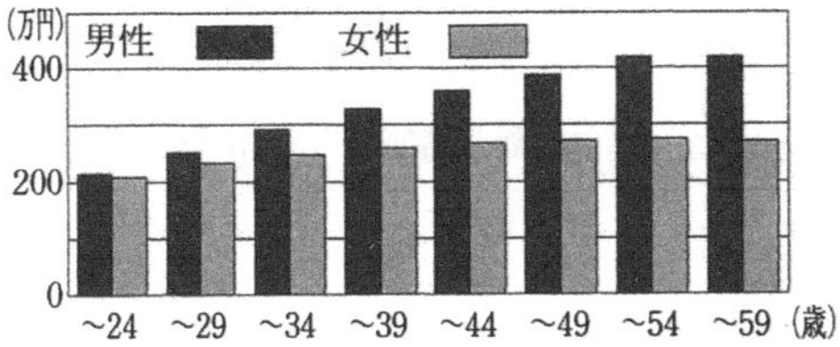

（厚生労働省資料から作成）

資料１　企業の行動策定と秋田県の取り組み

ある企業では，子育て世帯の従業員の［ い ］を目的として，社内に保育所を設置している。こうした企業に，県では右のようなステッカーを配布している。

（秋田県あきた未来創造部資料から作成）

テーマ２　経済の安定と公平な税制に向けて

・人や物，お金や情報などが国境を越えて地球規模で移動する［ う ］化の進展により，ⓑ貿易が活発になり，ⓒ日本企業の海外進出が進んだ。
・地方自治の充実のため，地方の財政格差を抑える目的で［ え ］が配分されている。

資料２　為替相場の変動による影響

<20ドルのシャツを1,000枚輸入する場合>

［Ⅰ］１ドル＝120円の時　2，400円×1，000枚
［Ⅱ］１ドル＝100円の時　2，000円×1，000枚

［Ⅰ］と［Ⅱ］を比較すると，［Ⅱ］の時にわが国の［ X ］には有利になる。これは，市場で円に対する需要が高まり，［ Y ］に替える動きが強まったことによる。

図２　日本の製造業の*海外生産比率

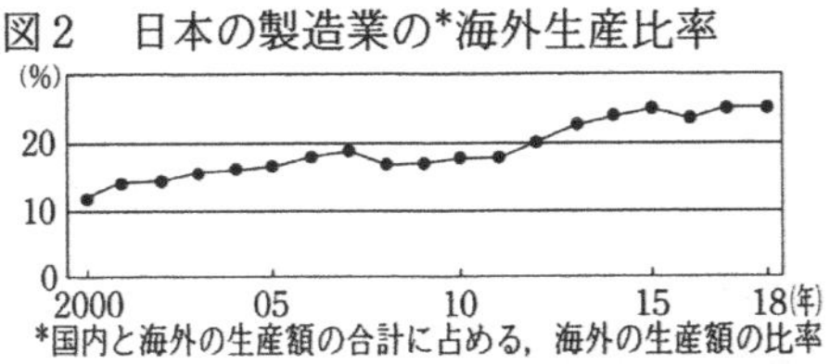

*国内と海外の生産額の合計に占める，海外の生産額の比率

（経済産業省資料から作成）

(1) **テーマ１に関する問題である。**

① 労働三法のうち，労働時間の上限について定めた法律名を書きなさい。

② ［ あ ］に入る適切な内容を，図１から読みとり，次の語を用いて書きなさい。

〔 **年齢** 〕

③ 下線部ⓐに関して，資料１の［ い ］にあてはまる内容を，一つ選んで記号を書きなさい。

ア　団結権の保障　　**イ**　離職率の低下
ウ　労働災害の防止　　**エ**　雇用の減少

(2) **テーマ２に関する問題である。**

① ［ う ］にあてはまる語を書きなさい。

② 下線部ⓑに関して，資料２の［ X ］と，［ Y ］にあてはまる内容の正しい組み合わせを，一つ選んで記号を書きなさい。

ア　X　輸入企業　Y　円をドル
イ　X　輸出企業　Y　円をドル
ウ　X　輸入企業　Y　ドルを円
エ　X　輸出企業　Y　ドルを円

③ 下線部ⓒに関して，図２に見られる変化によって起きた国内の状況を，一つ選んで記号を書きなさい。

ア　市場の寡占化　　**イ**　流通の合理化
ウ　都市の過密化　　**エ**　産業の空洞化

④ ［ え ］にあてはまる収入項目を，図３のア～エから一つ選んで記号を書きなさい。

図３　地方公共団体の収入項目の割合（2019年度）

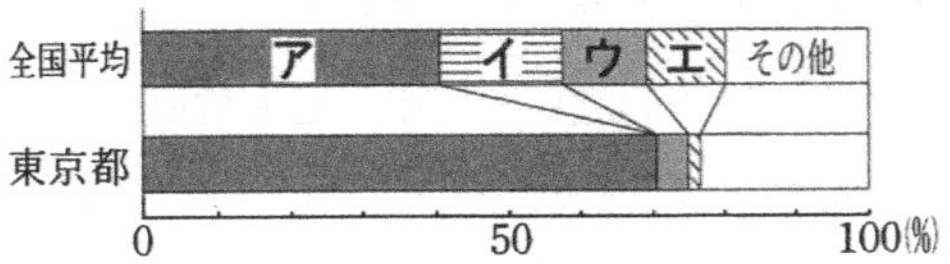

（総務省資料から作成）

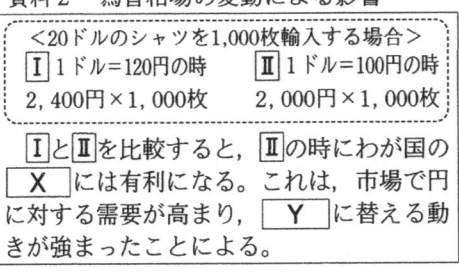

図4　「公平さ」の視点から見た各国の税制

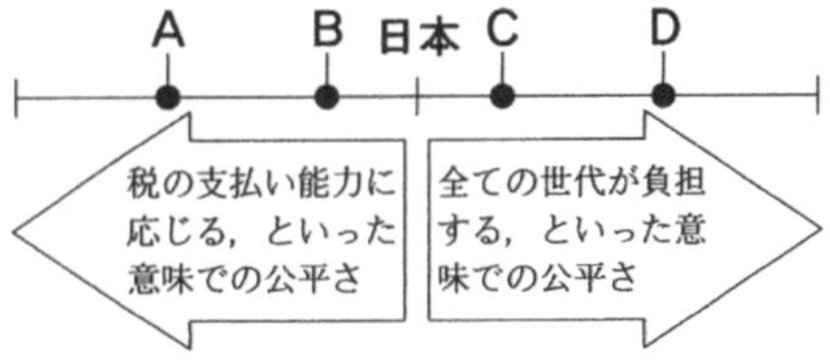

図5　5か国の直接税と間接税の割合

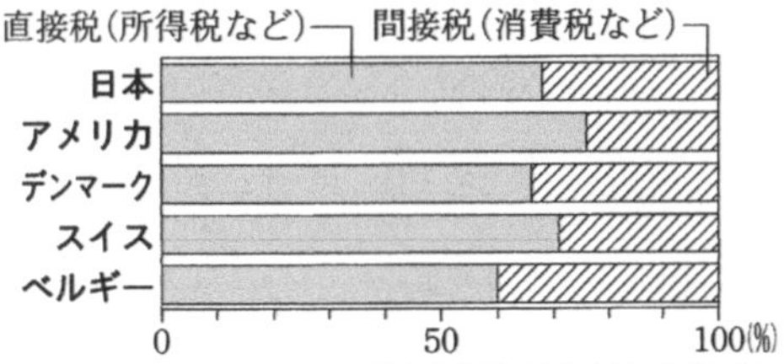

(財務省資料などから作成)

テーマ3　国際社会の平和と発展に向けて

- 社会の変化にともなって生じる課題の解決に向けて，身近なところでは，［お］を目的とした取り組みが見られる。
- 国家間には，国際協調を進めるために，ⓓ様々なきまりがある。また，ⓔ地域ごとに連携や協力の動きが見られる。
- ⓕ国際連合には，総会，ⓖ安全保障理事会などがあり，世界の平和と安全の維持を目的とした活動に，わが国も積極的に関わっている。

資料3　身近な取り組みの例

一部の駅や空港などには，礼拝のために，静かに過ごせるスペースが設けられている。

表1　人権に関する主な条約と日本の取り組み

主な条約	日本の取り組み	
	批准年	関連する主な法律
女子差別撤廃条約	1985	男女雇用機会均等法
子どもの権利条約	1994	児童福祉法
障害者権利条約	2014	障害者差別解消法

表2　中東の情勢に関する決議の投票結果

	賛　成	反　対	棄　権
常任理事国	3か国	1か国	1か国
非常任理事国	9か国	1か国	な　し

(国際連合広報センター資料から作成)

⑤　図4は，図5をもとに**日本**を基準として二つの「公平さ」の視点から生徒がまとめたものであり，**A**～**D**は，それぞれ**日本**を除く4か国を示している。**A**にあたる国名を，図5から一つ選んで書きなさい。

(3)　**テーマ3**に関する問題である。

①　資料3は，［お］に関する取り組みの例である。［お］にあてはまる内容を，一つ選んで記号を書きなさい。

ア　地域活性化　　**イ**　防災管理

ウ　異文化理解　　**エ**　環境保全

②　下線部ⓓについて，排他的経済水域において沿岸国に認められた権利を，**二つ**選んで記号を書きなさい。

ア　水産資源の管理

イ　鉱産資源の開発

ウ　上空飛行の独占

エ　沿岸国以外の航行の禁止

③　下線部ⓔについて，東南アジア10か国が加盟している組織の名称を，一つ選んで記号を書きなさい。

ア　EU　　**イ**　NIES

ウ　OPEC　　**エ**　ASEAN

④　次は，下線部ⓕに関わる表1について，生徒がまとめたものである。［か］にあてはまる語を書きなさい。

1948年に国際連合で［か］が採択された後，関連する様々な条約が採択された。わが国でも共生社会の実現に向けて，条約の批准と法律の整備が進められている。

⑤　表2は，下線部ⓖにおける決議の投票結果である。この決議が採択されたか，採択されなかったかのどちらかを◯で囲み，その理由を表2をもとに書きなさい。

4 恵さんは，水中の物体にはたらく力について実験を行った。下の(1)～(6)の問いに答えなさい。ただし，100 gの物体にはたらく重力の大きさを1Nとし，フックや糸の体積と質量，滑車の摩擦は考えないものとする。

【実験Ⅰ】水がしみこまない，表1のような直方体の物体**A**，**B**を水槽《すいそう》の水に入れたところ，図1のように，**A**はしずみ，**B**は水面から**B**の底面までの距離が2cmで静止した。

【実験Ⅱ】図2のように，**A**をばねばかりにつるして水に入れ，水面から**A**の底面までの距離を**S**としてばねばかりの値を読み，表2にまとめた。

【実験Ⅲ】図3のように，水槽の底に固定した滑車を使って**B**につけた糸をばねばかりで引き，水面から**B**の底面までの距離を**T**としてばねばかりの値を読み，表3にまとめた。

表1

	A	B
底面積[cm^2]	10	40
高　さ[cm]	4	5
質　量[g]	80	80

図1

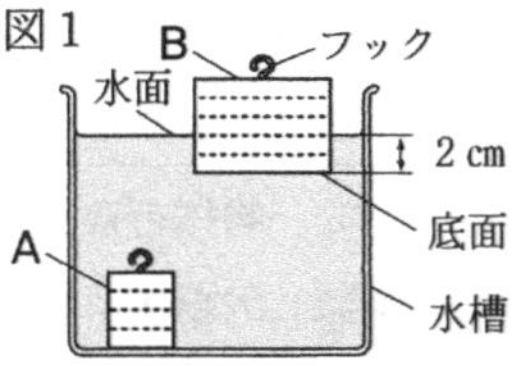

図2

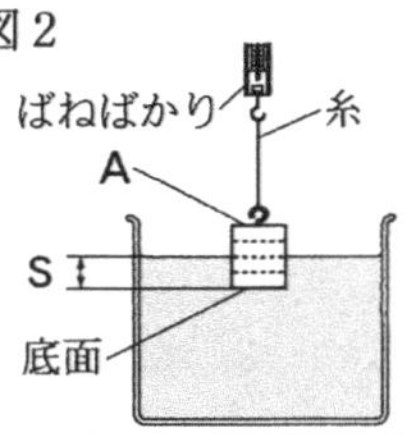

図3

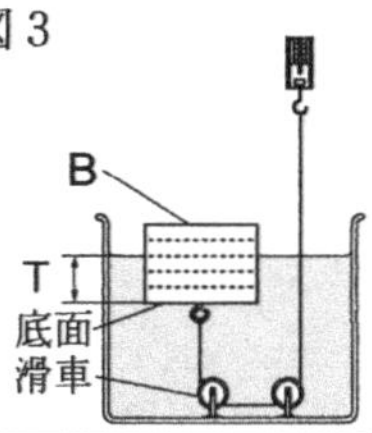

表2

S[cm]	1	2	3	4	5	6
ばねばかりの値[N]	0.7	0.6	0.5	0.4	0.4	0.4

表3

T[cm]	2	3	4	5	6	7
ばねばかりの値[N]	0	0.4	0.8	1.2	1.2	1.2

(1) 図1について，**B**にはたらく重力はどのように表されるか，図4に矢印でかきなさい。ただし，方眼の1目盛りを0.2Nとする。

図4

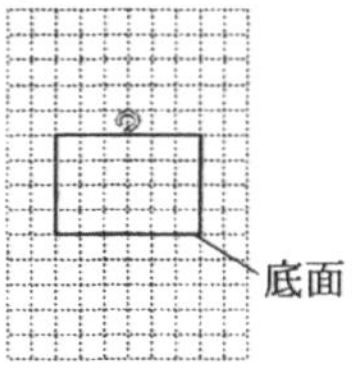

(2) 下線部は，変形したばねが，もとにもどろうとする性質を利用した道具である。この性質によって生じる力を何というか，書きなさい。

(3) **T**が6cmのとき，**B**にはたらく浮力の大きさは何Nか，求めなさい。

(4) 次のうち，**S**が4cmのときの**A**の底面にはたらく水圧の大きさと，**T**が4cmのときの**B**の底面にはたらく水圧の大きさの比を表しているのはどれか，1つ選んで記号を書きなさい。

ア　1：4　　**イ**　1：2　　**ウ**　1：1　　**エ**　2：1　　**オ**　4：1

(5) 表2，表3をもとに，恵さんが考えた次の文が正しくなるように，**X**にあてはまる内容を書きなさい。

> 物体の［　**X**　］が大きくなるほど浮力は大きくなるが，物体がすべて水に入った状態では，物体の［　**X**　］が変わらず，浮力は変わらない。

(6) 恵さんは，図5のように，**B**に**A**をのせた**ア**と，**B**に**A**をつり下げた**イ**を，それぞれ水に入れ，手で支えた。手を離したところ，**ア**，**イ**のどちらも水にうき，水平に静止した。このとき，水面から**B**の底面までの距離が小さいのは**ア**，**イ**のどちらか，**記号**を書きなさい。また，その**距離**は何cmか，求めなさい。

図5

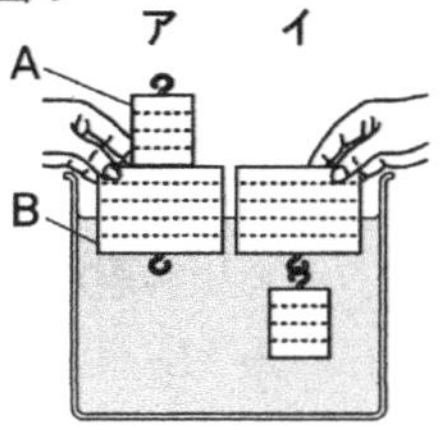

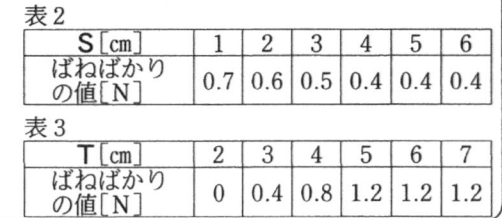

5 愛さんは，自分で作った望遠鏡で月の観察を行ったり，月をよんだ俳句から月の見え方を考察したりした。次の(1)，(2)の問いに答えなさい。

(1) 愛さんは，博物館の工作教室の先生から望遠鏡の作り方についての説明を聞き，作った望遠鏡で月を観察した。

焦点距離の異なる２つの a凸レンズと２つの牛乳パックで，b図１のような望遠鏡を作ります。この望遠鏡は，物体の実像が対物レンズによってでき，その実像の虚像が接眼レンズによってできることで，物体が大きく見えます。

図１

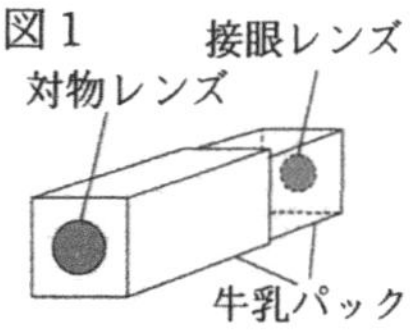

① 下線部aのような透明な物体に入射した光が曲がる現象を何というか，書きなさい。

② 図２のような，ＣＤ間に焦点がある凸レンズの軸上で，物体をＡからＥまで順に移動させ，凸レンズを通して物体を見たとき，虚像が見える物体の位置はＡ～Ｅのどこか。**すべて**選んで記号を書きなさい。

図２

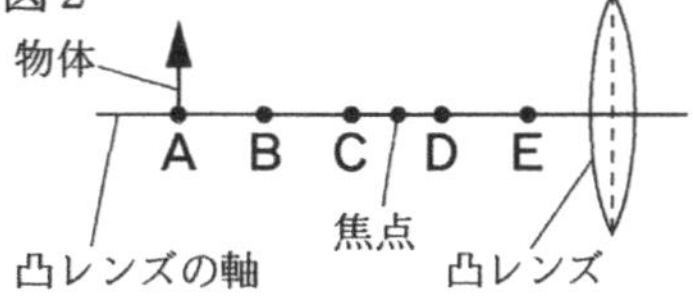

③ 図３のように，ある日の夕方，愛さんが三日月を観察するとき，下線部bを通して三日月はどのように見えるか。最も適切なものを次から１つ選んで記号を書きなさい。

図３

ア　イ　ウ　エ

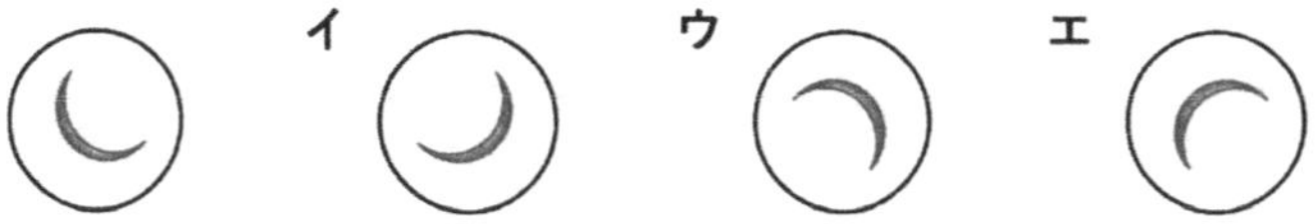

(2) 愛さんは，次のような松尾芭蕉《まつおばしょう》がよんだ俳句とその解説を見て，下のように考えた。

「明けゆくや二十七夜も三日の月」
この俳句には，芭蕉が旅先の舟の中で一夜を明かしたとき，c夜明け前に見える細い月(二十七夜)は，まるで夕方に見える三日月のようだと感じたことが表現されている。

d新月の日を１日目として数えるとき，芭蕉は27日目の夜に舟で過ごし，28日目の夜明け前に下線部ｃを（　Ｘ　）の空に見たと思います。新月から次の新月まで30日かかるとすると，芭蕉が下線部ｃを見た日から，およそ（　Ｙ　）日後の夕方に三日月を見ることができます。

① 図４は，地球と月の位置関係を模式的に表したものである。下線部ｄの位置は図４のＧ～Ｎのどこか，最も適切なものを，１つ選んで記号を書きなさい。

② 愛さんの考えが正しくなるように，Ｘにあてはまる方位を，東，西，南，北から１つ選んで書きなさい。また，Ｙにあてはまる最も適切な数値を，次から１つ選んで記号を書きなさい。

ア 5　　**イ** 12　　**ウ** 15　　**エ** 24

図４

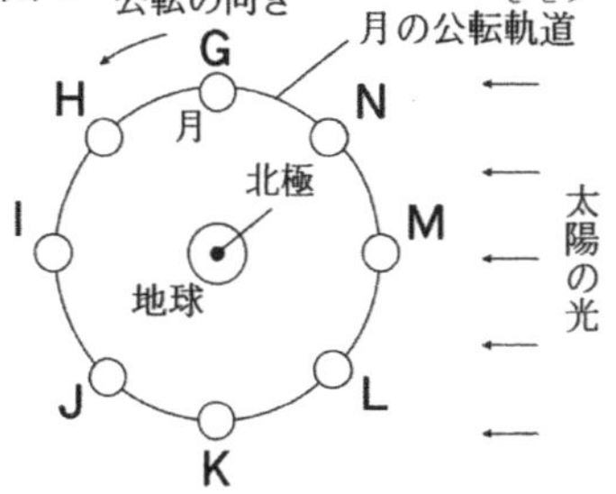

6 学さんは，オンラインのクッキング教室に参加し，ケーキの甘みやふくらみについての説明を聞いた。次の(1)，(2)の問いに答えなさい。

(1) 農家の人から，ケーキに使ったサツマイモについての説明を聞いた。

ケーキに使ったサツマイモは，品種改良によって生み出され，濃厚な甘みが特徴的です。多くの人に食べてもらうために，a<u>この特徴のサツマイモをつくり続けること</u>に取り組んでいます。

① サツマイモは双子葉類である。次のうち，双子葉類の特徴を表すものはどれか，**2つ**選んで記号を書きなさい。

ア 網目状の葉脈　**イ** 平行な葉脈　**ウ** ひげ根　**エ** 主根と側根

② 下線部aについて，次の学さんの考えが正しくなるように，Pには「有性」か「無性」のいずれかを，Qにはあてはまる内容を「**形質**」という語句を用いてそれぞれ書きなさい。

農家の方は，濃厚な甘みが特徴的なサツマイモを（ P ）生殖でつくっていると思います。その理由は，（ P ）生殖は［ Q ］からです。

(2) 先生から聞いたケーキがふくらんだ理由について興味をもち，後日，実験を行った。

ケーキがふくらんで焼きあがったのは，使った材料に含まれていた炭酸水素ナトリウムが加熱されたからよ。

【実験】 炭酸水素ナトリウムを加熱したときの変化を調べるために，図のように，試験管Aを加熱し，出てきた気体を試験管Bに集めた。完全に反応が終わったあと，b<u>ガラス管を水からとり出してから，加熱するのをやめた</u>。Aにはc<u>白い固体の物質</u>が残り，内側に水滴がついていることがわかった。また，Bに石灰水を入れ，よくふると白くにごった。

図

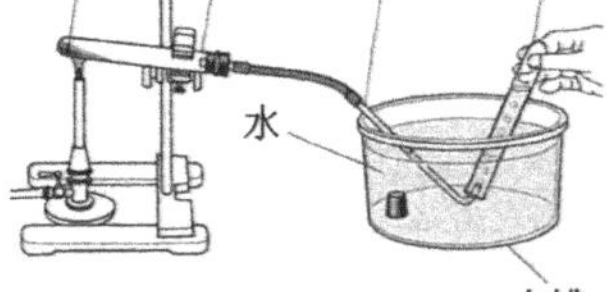

① 下線部bを行う理由を「**水**」という語句を用いて書きなさい。

② 炭酸水素ナトリウムが 2.1 g のとき，出てきた液体と気体の質量は合わせて何 g か，四捨五入して小数第1位まで求めなさい。ただし，この実験における炭酸水素ナトリウムの質量と下線部cの質量の比は，84 : 53であるものとする。

③ 学さんは，ケーキがふくらんだ理由について次のように考えた。学さんの考えが正しくなるように，Xにあてはまる**語句**を書きなさい。また，Yにあてはまる物質を**化学式**で書きなさい。

（ X ）という化学変化により，炭酸水素ナトリウムから発生した水蒸気や（ Y ）が，ケーキをふくらませる要因になっているといえます。

4 次は，留学生のベッキー(Becky)と中学生の幸(Sachi)が，ブロードウェイのミュージカル(Broadway musicals)について，チケットや劇場(theater)の館内図を見ながら会話をしている場面です。これらと幸が書いた手紙を読んで，(1)～(4)の問いに答えなさい。

ベッキーのチケット

ＡＢＣ劇場　館内図

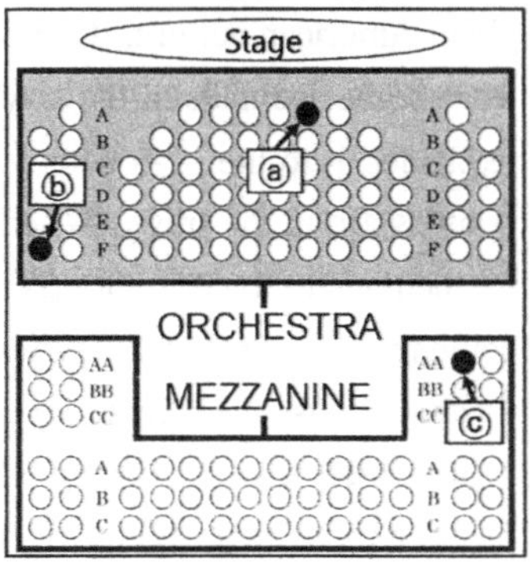

Becky : I hear you're interested in Broadway musicals. [①]. When I was in America, we often went to Broadway together.

Sachi : That's nice. I've never been there but I really like them.

Becky : I brought my ticket for the musical I watched before. Do you want to see it?

Sachi : Yes, please. I want to know more about Broadway musicals.

Becky : Here you are.

Sachi : Wow, you saw "The Cat King" at ABC theater two years《　　》.

Becky : Yes. "The Cat King" was my favorite musical because the music and the performance were really good.

Sachi : That's the one I have wanted to see for a long time. I want to go to America and watch it someday.

Becky : I'm sure you'll have the *chance to do that.

Sachi : Thank you. Oh, I have a question. What does this "MEZZ" on your ticket mean?

Becky : It means mezzanine. It's the area which has seats on the second *floor. Look at this map. In this theater, this area is called mezzanine. I watched "The Cat King" from the mezzanine. The other area is called the orchestra. It's the area which has seats on the first floor.

Sachi : Do you like to see musicals from the mezzanine floor?

Becky : Well, both the mezzanine and the orchestra have their own good points. For example, the orchestra seats are *close to the stage. On the other hand, the mezzanine seats are on a higher floor, so [②]. You should think about that when you see musicals.

Sachi : I see. Thank you for your advice.

The next year, in 2021, Sachi saw the same musical in America and wrote to Becky.

Yesterday, I saw "The Cat King" at ABC theater in New York! I considered which floor to (c＿＿), the mezzanine or the orchestra. Finally, I got the seat just in front of the stage in the orchestra. I could see the facial expressions of the people on the stage well. I was satisfied with that.

【注】*chance：チャンス，機会　　*floor：～階　　*close：近い

(1)　本文中の①，②に当てはまる最も適切なものを，次の**ア**～**エ**からそれぞれ**1つずつ**選んで記号を書きなさい。

①　**ア**　I also like your favorite place　　**イ**　My mother and I like musicals, too
　　ウ　The musical you saw is so famous　　**エ**　Your parents know why you like it

②　**ア**　you can see the whole stage easily　　**イ**　the orchestra is the best floor to see it
　　ウ　the theater is very crowded now　　**エ**　your performance looked really good

(2)　本文の《　　》に当てはまる**英語1語**を書きなさい。

(3)　幸がベッキーに書いた手紙の中の(　　)に適する**英語1語**を書きなさい。ただし，**答えは(　　)内に示されている文字**で書き始めること。

(4)　幸とベッキーが"The Cat King"を実際に観劇した席を，館内図のⓐ～ⓒからそれぞれ**1つずつ**選んで記号を書きなさい。また，幸が自分の席で満足した理由を，**日本語**で書きなさい。

5 次の英文は，高校生のさくら(Sakura)が留学の経験を経て考えたことについて書いたものです。これを読んで，(1)～(6)の問いに答えなさい。

It was eight o'clock. I was sixteen years old. When I got to school, some student council members were standing in front of the school. They were smiling and *greeting the students. So I said, "Good morning" like everyone else, but I said to myself, "Why are they doing that? Is the greeting so important?"

When I was seventeen, I went to the United States to study English and learn something《　　》about American culture. One day, I went to a shop. I saw a *tray near the *cash register. There were some *pennies in the tray. I asked a *cashier what it was because I had no idea. Then, he explained it to me. "At some stores in America, we have this tray near the cash register. Some pennies are in the trays. When people get pennies as change and they don't need them, they put the pennies in the tray for other people. If people need a few pennies to buy things, they can take some from the tray and use them to *pay." Then, when I was going to pay, I needed three pennies. I wanted to use the tray, so (A) <u>I did</u>. I was glad because I could try a part of American culture.

Soon after that, something interesting happened to me. My host mother and I went to a *drive-through restaurant. When my host mother *ordered some hamburgers there and was going to pay, the cashier said, "(B) <u>You don't have to pay.</u>" She was surprised and asked why. He answered, "The man before you has already paid." She said, "I don't know about that customer, but he paid for me!" My host mother and I talked a little and she said, "We will pay for the next family." We felt satisfied with our decision. A few days later, I read an article in the newspaper and learned that many other customers did the same thing after us. About fifty people paid for other people's food!

These two examples in America have taught me important things. In Japan, when the student council members greeted the students, many of them said, "Good morning." So I did that, too. But in these examples in the United States, people did not need to donate pennies or pay for other customers. They did these out of the *kindness of their hearts. They did not *care who they were helping. This idea was new to me and changed my (C) <u>perspective</u>. I said to myself, "I will try something for others without wanting anything from them."

Now, it is eight o'clock. I am eighteen years old and I am back in Japan. I am in front of the school as a member of the student council. I am smiling and greeting the students. Some students pass by without saying, "Good morning." Other students greet us and look happy. That makes me happy. Now, I finally know how I can *enrich my life.

【注】*greet：あいさつをする　*tray：トレイ　*cash register：店のレジ
*penny：１セント硬貨(１セントは約１円)　*cashier：店のレジ係
*pay (paid)：支払う(支払った)　*drive-through：ドライブスルー
*order：注文する　*kindness：親切　*care：気にする
*enrich：豊かにする

(1) 《　　》に当てはまる**英語1語**を，次の**ア**～**エ**から**1つ**選んで記号を書きなさい。

ア strict　　**イ** same　　**ウ** unique　　**エ** expensive

(2) 下線部(A)I did の具体的な内容として最も適切なものを，次の**ア**～**エ**から**1つ**選んで記号を書きなさい。

ア took the pennies from the tray

イ put the pennies in the tray

ウ wanted the pennies as change

エ left pennies as change

(3) 下線部(B)You don't have to pay の具体的な理由を，**日本語**で書きなさい。

(4) 下線部(C)perspective の意味として最も適切なものを，本文の内容から判断して，次の**ア**～**エ**から**1つ**選んで記号を書きなさい。

ア 転換　　**イ** 視点　　**ウ** 援助　　**エ** 期待

(5) 本文の内容と合っているものを，次の**ア**～**オ**から**2つ**選んで記号を書きなさい。

ア Before Sakura went to America, she didn't think greeting was important and didn't greet other students.

イ When people use pennies near the cash register in America, they must give them back.

ウ A lot of people at the drive-through restaurant paid for the next customers.

エ People in the United States always help others because they have to do it.

オ Sakura feels good because some students greet her in front of the school now.

(6) 次の英文は，ある生徒が本文を読んで考えたことをまとめたものです。本文の内容に合うように，①，②に適する**英語1語**を，下の**ア**～**カ**からそれぞれ**1つずつ**選んで記号を書きなさい。

> Before I read the story, I thought that people were glad when someone was kind to them. However, I didn't want to help people if I didn't (①) them. Also, I always thought that someone else helped people who had troubles. This story tells me that our kind actions may give people good feelings and change their lives. I hope that these actions will (②) forever in many places in the world.

ア finish　　**イ** know　　**ウ** agree

エ continue　　**オ** make　　**カ** solve

③　m番目の図形にある三角形Aの個数の求め方を，次のように説明した。［説明］が正しくなるように，**ウ**，**エ**にあてはまる**式**を書きなさい。

［説明］

右の図は，図3のm番目の図形の右側に，この図形を上下逆さまにした図形を置いたものです。

右の図で，三角形Aは，1段目に$(1+m)$個，2段目に$\{2+(m-1)\}$個あります。同様にして，三角形Aは，m段目に$(m+1)$個あるので，三角形Aの個数は全部で［ ウ ］個となります。

このことから，図3のm番目の図形にある三角形Aの個数は［ エ ］個となります。

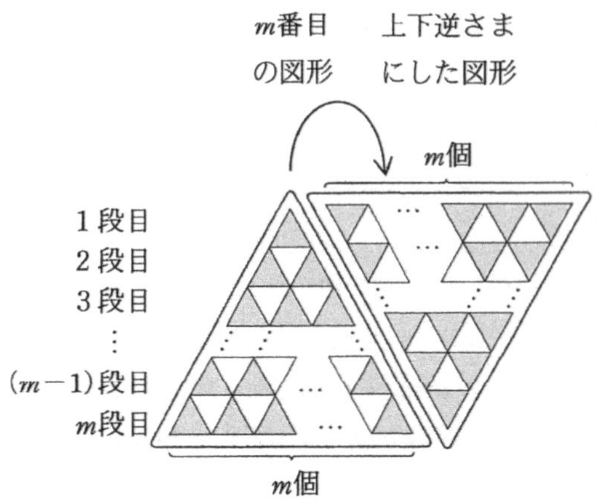

（2）　三角形Aと三角形Bをすき間なく規則的に並べて，「鱗文様」の正六角形をつくっていく。図4のように，正六角形の辺の1つに，三角形Aが，1個並ぶ図形を1番目の正六角形，2個並ぶ図形を2番目の正六角形，3個並ぶ図形を3番目の正六角形，…とする。

n番目の正六角形にある三角形Aの個数を，nを用いた式で表しなさい。

図4

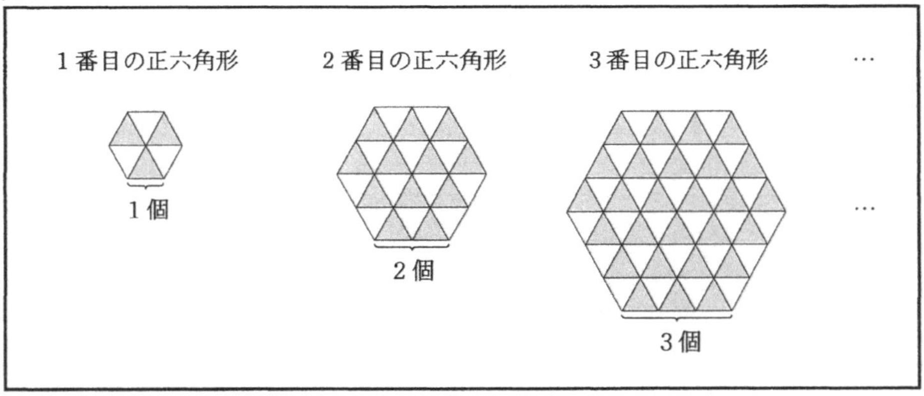

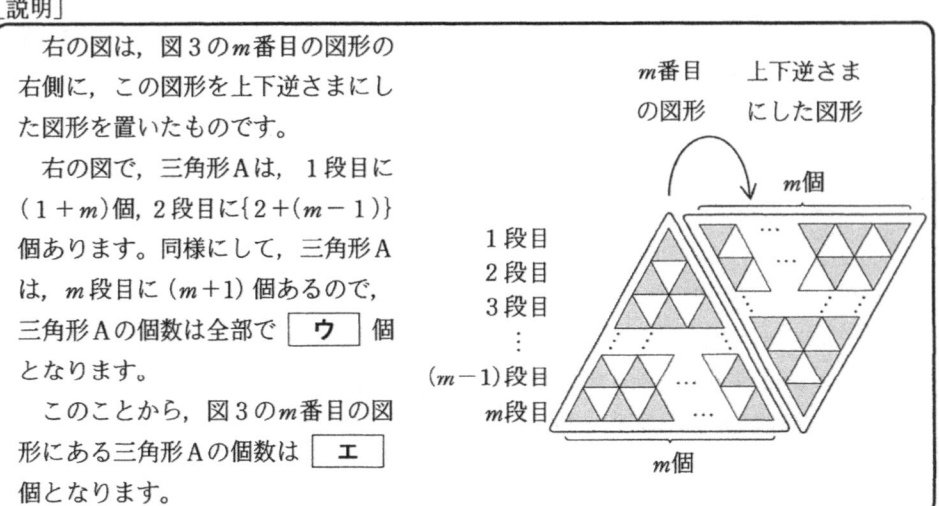

4 次の(1)，(2)の問いに答えなさい。

(1) 箱の中に整数1，2，3，4が1つずつ書かれているカードが4枚入っている。この箱の中からカードを取り出す。ただし，どのカードが取り出されることも同様に確からしいものとする。

① この箱の中からカードを1枚取り出すとき，カードに書かれている数が偶数である確率を求めなさい。

② この箱の中から，次の**A**，**B**で示した2つの方法でそれぞれカードを2枚取り出す。取り出した2枚のカードに書かれている数の和が5以上になるのは，どちらの方法のときが起こりやすいか。起こりやすいほうを**A**，**B**から1つ選んで記号を書きなさい。また，そのように判断した理由を，根拠となる数値を示して説明しなさい。

A カードを1枚取り出し，箱の中に戻さずに続けてもう1枚取り出す。

B カードを1枚取り出してカードに書かれている数を確認した後，カードを箱の中に戻し，再びこの箱の中から1枚取り出す。

(2) 2つの容器P，Qに，卵が10個ずつ入っている。それぞれの容器に入った卵の重さを1個ずつ調べた。次の図は，調べた結果を容器別にヒストグラムに表したものである。この図において，例えば52～54の階級では，重さが52g以上54g未満の卵が，容器Pには2個，容器Qには1個あることを表している。

この図から読み取れることとして正しいものを，下の**ア**～**エ**から1つ選んで記号を書きなさい。

図

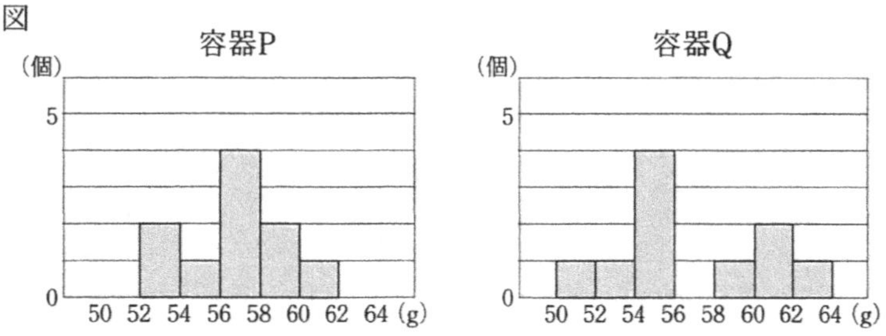

ア 60g以上62g未満の階級の相対度数は，容器Pのほうが容器Qよりも大きい。
イ 58g以上の卵の個数は，容器Pのほうが容器Qよりも多い。
ウ 容器Pの最頻値は，容器Qの最頻値と等しい。
エ 容器Pの中央値は，容器Qの中央値よりも大きい。

5 次の Ⅰ ， Ⅱ から，**指示された問題**について答えなさい。

Ⅰ 図１のように，∠ＡＣＢ＝90°の直角三角形ＡＢＣがある。点Ｄは，辺ＡＢ上の点であり，ＡＢ⊥ＣＤである。次の(１)，(２)の問いに答えなさい。

図１

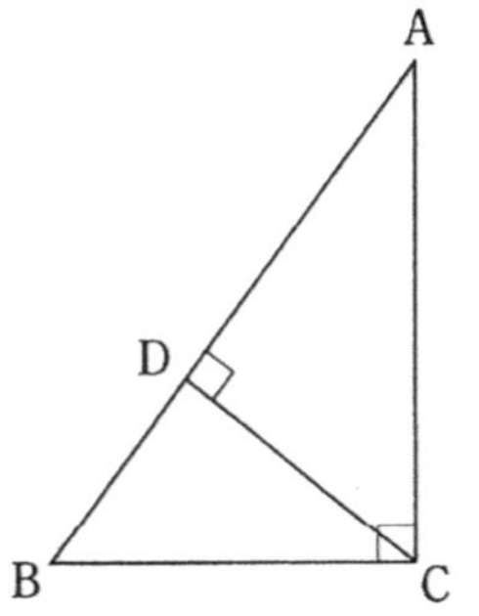

（１） △ＡＢＣ∽△ＡＣＤとなることを証明しなさい。

（２） 図２のように，点Ｏを中心とし，図１の直角三角形ＡＢＣの頂点Ａ，Ｂ，Ｃを通る円Ｏがある。点Ｅは，線分ＣＤをＤの方向に延長した直線と円Ｏの交点である。ＢＥ＝６㎝，ＡＣ＝８㎝である。

図２

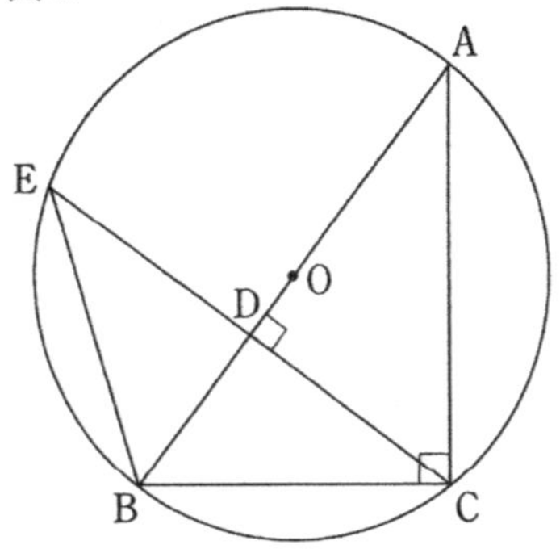

① 図２において，辺の長さや角の大きさの関係を正しく表しているものを，次の**ア**～**エ**から１つ選んで記号を書きなさい。

ア ＢＥ＝ＤＥ
イ ＡＤ＝ＣＤ
ウ ∠ＡＢＥ＝∠ＡＣＥ
エ ∠ＢＤＥ＝２∠ＢＣＥ

② △ＢＣＤの面積は，△ＡＢＣの面積の何倍か，求めなさい。

Ⅱ　図1のように，点Oを中心とし，線分ABを直径とする円Oがある。直線ℓは，点Bを通る円Oの接線である。点Cは，円Oの周上にあり，点A，Bと異なる点である。点Dは，直線ACと直線ℓの交点である。次の(1)，(2)の問いに答えなさい。

図1

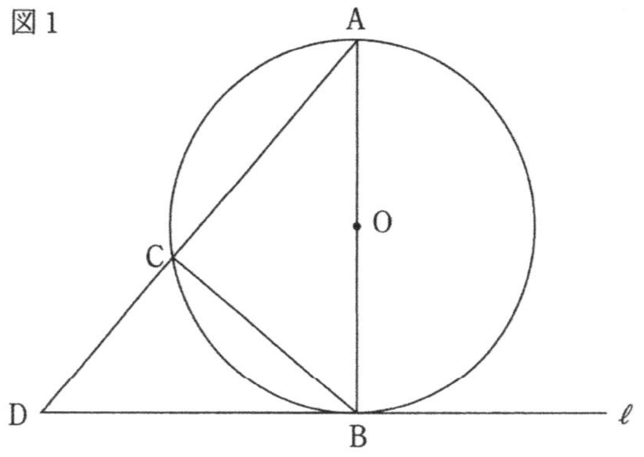

(1)　△ABC∽△ADBとなることを証明しなさい。

(2)　図2は，図1に線分OCと線分ODをかき加えたものである。点Eは，線分BCと線分ODの交点である。

図2

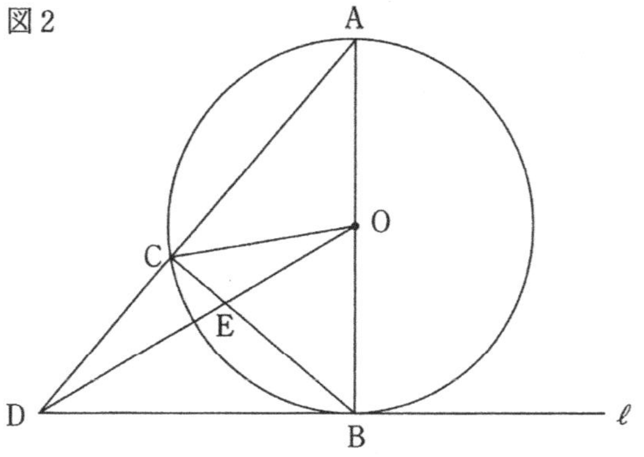

①　図2における角の大きさの関係について必ずいえることを，次の**ア**～**エ**から1つ選んで記号を書きなさい。

ア　∠BOE＝∠OEB
イ　∠BAD＝∠CBD
ウ　∠ODC＝∠COD
エ　∠COD＝∠CBD

②　線分OBと線分ADの長さの比が，OB：AD＝3：8のとき，△OBEの面積は，△ABDの面積の何倍か，求めなさい。

四　次の文章を読んで、1〜4の問いに答えなさい。

心《しん》は、北九州工業高校のものづくり研究部で活動している女子生徒である。*旋盤《せんばん》作業を得意とする原口先輩や仏像が好きな亀井たちと、ものづくりコンテストに向けて練習に励んでいた。原口からは「手は大事な測定器」と言われていたが、心《しん》は指先にけがをしてしまい、練習を見学していた。

キュルルーン

近くできいても、原口の切削音《せっさくおん》は澄んでいる。すぐにうっすらとネジの溝ができてきた。

工作物の上を*バイトが移動するたび、ネジの溝が深くなる。

「だんだん浮き上がってきた」

つい言ってしまって、心《しん》ははっとした。自分の言葉に驚いた。ネジが浮き上がってくるわけもないのに。これじゃあ、まるで、亀井が運慶の彫刻を表現した時みたいだ。

あの時は、そう言った亀井のことがまったく理解できなかったけれど、今、目の前で徐々に姿を現すネジを見ていると、浮き上がってくるという表現はとてもしっくりくるようにも思えてくる。亀井が言ったように、あらかじめ隠れていたネジ型が、原口の作業によって発掘されたような感じだ。それほどに硬い鉄が自然に形を変えたように見えた。

とん、と、胸が大きく打った。ずっと見慣れていた四角形が、裏に回ったらじつは丸かったのがわかったようなちぐはぐな感覚だ。混乱しているくせに、なぜか視覚だけは妙にクリアだ。浮かび上がるネジから目を離すことができない。

正しい形をつくるために、心《しん》は鉄に立ち向かうような気持ちでいた。けれど、確かな技術というのは、硬い鉄さえも自然に変化させる力を持っているものかもしれない。

亀井を見た。亀井は自分の旋盤についていた。その手元が見える。どうやら原口と同じ作業をしているようだ。すでにネジ切りを習得しているらしい。

完全に離されてしまった。

前みたいに、焦《こ》げつくような痛みは感じなかった。ただ胸にやるせない風が吹き抜けたようになって、心《しん》は定位置に戻った。

試されていたのかもしれん。

「一生懸命になっとる時、それが本物かどうか、人は時々試される」

大山先生の言葉が思い出される。

一日も早くすべての切削ができるようになりたかった。あの日の自分の思いは本物だったはずだ。が、その先を冷静に考えてみて、心《しん》は首を振った。否《いな》。

自分は、ただ高い技術を身につけたいとばかり、純粋に思っていたわけではなかった。見当ちがいに原口を邪推《じゃすい》し、亀井には、刃《やいば》のような競争心を感じていた。意欲は本物だったけれど、それに固執するあまりにやはりどこかがゆがんでいたのだ。神様は、それをたちどころに見抜いたのだろう。

「ふう」

大きなため息をひとつついて、心《しん》はファイルに手を伸ばした。気を取り直して、もう一度*要綱《ようこう》を確認しておこうとページをめくる。と、赤い折り紙がはらりと落ちた。前に亀井からもらったものだ。

それを手に取った。折りヅルでも折ってみることにする。

「あれ？」

予想に反して難しかった。もともと心《しん》は器用なたちで、幼い頃から折り紙は得意だ。性格的にも几帳面《きちょうめん》なので、角と角をきちんと合わせないと気がすまない。心《しん》の折る折りヅルは、どれも姿勢が正しく、くちばしの先までぴんととがっていた。

が、うまく角が合わない。普通なら目をつぶっても折れるくらいなのに、一か所折るのに思わぬ時間を要した。指が一本使えないだけだと思っていたけれど、実際にやってみると、一本使えないことで、ほかの指も不自然な動きになってしまう。実質三本くらい不自由になった感じだ。

傷口に触らぬように気をつけながら、なんとかひとつ折り上げた時には、三十分くらいが経過していた。普段なら二分もかからないところだ。

その日から、練習を見学する時には折り紙を折るようになった。よくしたもので、しだいに慣れてきた。慣れてきたというより、指の動き方がわかってきたようだった。人間の指というものは、五本すべてが同じように動くわけではなく、癖がある。薬指や小指は自在に動かすのがとても難しかった。いちばん活躍していた右手の人差し指が封じられたことで、それがよくわかった。けれども封じられた機能は、

1 成功　とあるが、ここでの成功とはどういうことか。解答欄にしたがって、これより前の本文中から**二字**で抜き書きしなさい。

2 予測不能な撹乱　とあるが、このような状況下で求められるのはどのような力か。本文中から**十四字**で抜き書きしなさい。

3 次は、本文の内容を整理したノートの一部である。これを読んで、後の問いに答えなさい。

○筆者が示した事例について

	サッカーの試合	将棋の対局
着目した表現	〈番狂わせ〉風雨等の影響で、勝敗が予想外の結果になること。	〈奇抜な一手〉定跡や常識的な読み筋を〔a〕に外す手のこと。
筆者の意図	悪条件下では、両チームともに〔b〕ため、格下が勝つ場合があることを示す。	相手を予測不能な状況に引き込み、有利不利の関係を乱しながら〔c〕ことを示す。

［事例が論の展開にもたらす効果］
撹乱の状況を具体的にイメージできる事例を複数示すことで、雑草の戦略についての〔d〕。

(1) 〔a〕〔b〕に当てはまる内容を、〔a〕には**三字**で、〔b〕には**九字**で本文中からそれぞれ抜き書きしなさい。

(2) 〔c〕に適する内容を、「可能性」という語句を用いて、**十五字以内**で書きなさい。

(3) 〔d〕に当てはまる内容として最も適切なものを、次の**ア**～**エ**から一つ選んで記号を書きなさい。

ア 新たな問題提起へと結び付けている
イ 筆者の主張に説得力をもたせている
ウ 他者の意見を批判しようとしている
エ 仮説における矛盾点を強調している

4 雑草にとって、逆境は敵ではない　とあるが、筆者がこのように考えるのはなぜか。「克服」「生存競争」の二語を用いて、解答欄にしたがって**三十五字以内**で書きなさい。

三 次の文章を読んで、1～4の問いに答えなさい。

一般的に「博物館」の印象とはどのようなものでしょう。「①厳か」な雰囲気の建物」や「②キチョウなものを収蔵している施設」でしょうか。現在、日本には六千もの「博物館」があるとされています。例えば、地域の歴史資料館は、最も身近でなじみ深い「博物館」です。科学館や美術館なども「博物館」ですし、意外に思うかもしれませんが、動物園も「博物館」に該当します。それぞれの「博物館」が担《にな》う役割は④多種多様ですが、先人が守り伝えてきたものを未来に③継承するという④イトナみは、共通しています。

1 ①厳か　③継承　の読み仮名を書きなさい。
②キチョウ　④イトナみ　を漢字に直して書きなさい。

2 身近でなじみ深い　の「身近で」と「なじみ深い」の文節どうしの関係を、次の**ア**～**エ**から一つ選んで記号を書きなさい。

ア 主語・述語の関係　**イ** 修飾・被修飾の関係
ウ 補助の関係　**エ** 並立の関係

3 思う　の活用の種類を、解答欄にしたがって書きなさい。

4 多種多様　と同じ意味を表す四字熟語を、次の**ア**～**エ**から一つ選んで記号を書きなさい。

ア 大同小異　**イ** 千差万別
ウ 花鳥風月　**エ** 適材適所

一　「聞くこと」に関する検査

※教英出版注
音声は，解答集の書籍ＩＤ番号を教英出版ウェブサイトで入力して聴くことができます。

二　次の【表】と文章を読んで、1～4の問いに答えなさい。

【表】植物の戦略タイプ（筆者による説明をまとめたもの）

C	競合型。競争に打ち勝って成功する強腕タイプ。
S	ストレス耐性型。じっと我慢の忍耐タイプ。
R	＊攪乱《かくらん》耐性型。柔軟性を備えた臨機応変タイプ。

Cタイプ、Sタイプ、Rタイプ。この三つの戦略のうち、雑草はRタイプと、CタイプとRタイプの中間型（C－Rタイプ）に該当するものが多い。つまり雑草は予測不能な環境変化に強い臨機応変タイプと言える。

Rタイプは、予測不能な変化に強いとされている。この予測不能な変化は、一般に「攪乱」と表現されるものだ。攪乱とは穏やかでない言葉である。平穏な安定した植物の生息環境が、ある日突然掻《か》き乱されるのである。たとえば、洪水や山火事、土砂崩れなど天変地異がその一例である。もちろん、天変地異ばかりではない。攪乱はもっと身近なところにも起こる。草刈りや除草剤の散布も、植物にとっては天変地異に等しい大きな攪乱である。車が通って踏みにじられることも九死に一生の事件だろう。田んぼや畑に生息する植物にとっては、ある日いきなり耕されることも一大事である。のどかな田園風景で行われる野良仕事も、この世の終わりのような大事件なのである。

Rタイプである雑草は、予測不能な変化に適応し、攪乱が起こる条件を好んで繁栄している。洪水や山火事のような天変地異や草刈りや除草剤などによる攪乱は生命を脅《おびや》かす存在であるはずなのに、そんな条件を好むとは一体どういうことなのだろう。

雑草にとって、攪乱という逆境を克服したことは成功の大きな鍵となった。そして今や、多くの植物の生存を困難にしている攪乱が、雑草の生存にとっては必要不可欠なものにさえなっている。

予測不能な攪乱がなぜ雑草にとって有利なのか。その理由は、自分にとって生存が困難な環境は、ライバルとなる他の多くの植物にとっても不利な条件であるということである。まず、このような環境では強大な力を持つはずのCタイプは必ずしも成功しない。そこで要求されるのは、けんかの強さよりも、次々と襲いかかる困難に対応するサバイバル能力なのである。

人間の世界でもそうだが、安定した環境下では実力どおりの結果になり、番狂わせの可能性は低い。たとえばサッカーの試合を考えてみよう。風もなく、天気もよい、芝の状態も最高。そんな好条件で試合が行われれば、格下の弱小チームが強豪チームに勝つことは難しい。ほぼ、実力どおりの結果になるだろう。ところが、風雨が強く、ぬかるんだグラウンドで試合が行われたとしたらどうだろう。弱小チームにとっても、雨天の試合はやりにくいことに間違いない。しかし、それは相手チームにとっても同じである。どちらも実力が出しきれない状況では、勝負の行方はわからない。もしも、格下のチームが雨天での経験を積んでいたとしたらどうだろう。試合の有利不利はまったく逆の結果になることになるだろう。番狂わせの可能性も出てくるのである。

プロの将棋の対局では、自分が不利になると、意図的に＊定跡《じょうせき》を外れた手や、常識的な読み筋を外した奇抜な手を指すことがある。苦し紛れに見えるそんな手が、最善手である可能性は低い。しかし、定跡どおりに進めば有利不利の関係が逆転することは少ない。その安定した関係を乱すために、奇抜な一手を放つのである。もちろん、どちらにとっても定跡どおり指すほうが楽である。定跡を離れれば、自分も知らない未知の世界、予測不能な世界である。しかし、その条件はどちらも同じ。そういう状況に持ち込めば逆転の可能性が出てくるのである。プロの棋士はそうして逆転の機を狙っている。

雑草の勝負に対する考え方も同じである。悪条件な環境を生存競争の場とすれば、「弱い植物」とされている雑草にも活路が見いだせる。むしろ悪条件での戦い方を身につければ、強い相手よりも有利になるチャンスなのである。攪乱が起こる環境は、どんな植物にとっても不利な環境だ。しかし、その不利を克服する力が他の植物よりも強いという相対的な強さで、雑草は他の植物を圧倒しているのである。雑草にとって、逆境は敵ではない。自らの生存に必要な味方なのである。

（稲垣栄洋《いながきひでひろ》「雑草の成功戦略」による）

【注】
＊攪乱……かき乱すこと。混乱させること
＊定跡……将棋で、その局面で最善とされる決まった指し方

令和四年度一般選抜学力検査問題

秋田県公立高等学校

国語

（一時間目　六十分）

注意

一　問題用紙と解答用紙、メモ用紙のそれぞれの決められた欄に、受検番号と氏名を記入しなさい。

二　問題用紙は放送による指示があるまで開いてはいけません。

三　問題は1ページから6ページまであります。これとは別に解答用紙とメモ用紙がそれぞれ一枚あります。

四　答えは、すべて解答用紙に記入しなさい。

受検番号	
氏名	

2022(R4) 秋田県公立高
教英出版

六　あなたが今までに影響を受けた人物やものごとについて、その影響によって自分がどう変化したのかを交えて、次の〈条件〉にしたがって書きなさい。

〈条件〉

・題名は不要
・字数は二百字以上、二百五十字以内

五　次の文章を読んで、**1**～**4**の問いに答えなさい。

それ三界《さんがい》（人間の世界）はただ心ひとつなり。心もしやすからずは象馬七珍《ざうめしつちん》（象や馬や七つの珍宝）もよしなく、宮殿《くうでん》楼閣も望みなし。今、さびしき住《すま》ひ、一間の庵《いほり》、みづからこれを愛す。おのづから都に出でて身の乞匃《こつがい》（物乞い）となれる事を恥づといへども（①）、帰りてここにをる時は他の俗塵《ぞくぢん》に馳《は》する事を（俗世間のつまらない物事にとらわれる）あはれむ（A）。もし人この言へる事を疑はば（B）、魚と鳥とのありさまを見よ。魚は水に飽かず、魚にあらざればその心を知らず。鳥は林をねがふ、鳥にあらざればその心を知らず。閑居の気味（良さや趣）もまた同じ。住まずして誰かさとらむ（②）。

（「方丈記」による）

1　いへども（①）　さとらむ（②）　を現代仮名遣いに直しなさい。

2　AとBの～～線部の主語の組み合わせとして適切なものを、次の**ア**～**エ**から一つ選んで記号を書きなさい。

ア　A　他人　B　作者　　**イ**　A　作者　B　他人

ウ　A　他人　B　他人　　**エ**　A　作者　B　作者

3　また同じ　について、次のようにまとめた。〔a〕〔b〕に当てはまる語句を、本文中からそれぞれ**五字**で抜き書きしなさい。

> 魚の「〔a〕」という心、鳥の「〔b〕」という心は、それぞれ魚や鳥にしか分からないのと同じように、閑居に住む人の心は、住んでいる人にしか分からないということ。

4　次は、この文章を読んだ生徒AとBの会話である。これを読んで、後の問いに答えなさい。

> A　作者は、どんな生活をしたいと思っているのかな。
>
> B　他人の生活と比較していることを踏まえて考えると、俗世間に〔Ⅰ〕生活を、作者は望んでいるのだと思うな。
>
> A　閑居に住むことで、自分の望む生活ができているんだね。
>
> B　作者は、心が安らかでなければ、珍しい宝や宮殿のような豪邸も意味がないと言っているね。閑居での生活に満足できるかどうかも、人によって違うということだね。
>
> A　そうか、「ただ心ひとつなり」とは、〔Ⅱ〕ことができるということなんだね。これは、現代に暮らす私たちにも当てはまりそうだね。

(1)　〔Ⅰ〕に適する内容を、**八字以内**で書きなさい。

(2)　〔Ⅱ〕に適する内容を、**二十字以内**で書きなさい。

挙の影をなぞることを嫌がった。のらくらと時を稼ぎながら、誰かが背を押してくれることを彦太郎は待っていた。そんな都合のよい奇跡など起こるはずがないと、諦めかけてもいた。

深山箏白は、その奇跡をやってのけた。

彦太郎は声を放ち、海に向かって泣き続けた。

（西條奈加「ごんたくれ」光文社による）

【注】
＊円山応挙……江戸中期の絵師。彦太郎の師匠
＊鑑みる……他を参考にして考える。他と比べ合わせて考える
＊猜疑……相手の行為などをうたがったり、腹を立てたりすること
＊籾殻……イネの実を包んでいる外側の固い殻

1　あからさまな視線　に至るまでの豊蔵の心情の変化について、次のようにまとめた。〔　〕に当てはまる語句を、本文中から**二字**で抜き書きしなさい。

期待 → 〔　〕 → 侮蔑と猜疑

2　人の心をえぐる　とあるが、このときの彦太郎の心情として最も適切なものを、次の**ア**～**エ**から一つ選んで記号を書きなさい。

ア　苦痛　　**イ**　歓喜　　**ウ**　失望　　**エ**　感謝

3　籾殻を口いっぱいに食んでいるかのようだ　とあるが、彦太郎がこのように感じた理由を、「立場」「空虚」の二語を用いて、解答欄にしたがって**四十五字以内**で書きなさい。

4　次は、本文をもとに劇の台本づくりに取り組んでいる生徒A、B、Cの会話である。構想している台本の一部と会話を読んで、後の問いに答えなさい。

【台本の一部】

豊蔵　「破門くらい、なんぼのもんじゃい」
(豊)は、拳で壁をたたき、［　　］

彦太郎　「見てみい！白紙は仰山、残っとるやないか。ここに己の意の赴くままに、筆を走らせるんや。考えるだけで、からだが熱うなる、胸が躍る。それがほんまの絵師やないんか！」
(豊)をひとたび見返す
その後(豊)に背を向け、歩き出す

（暗転、海辺の場面へ　音響：波の音）

彦太郎　(彦)登場、崩れるように膝をつく
声を放ち、海に向かって泣き続ける

【舞台レイアウト】

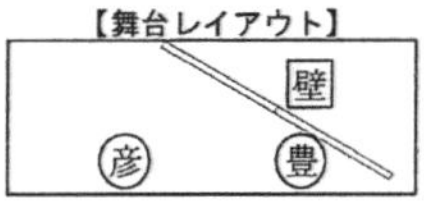

A　豊蔵を見返す彦太郎には、どんな演出がふさわしいだろう。

B　本文中の「大砲の弾が、まともに当たったようだ」という描写から、彦太郎が受けた〔a〕の大きさが分かるね。その様子を、表情や体の細かな動きで表現するといいと思うな。

A　なるほど。では、海辺の場面の演出についてはどうかな。

C　私は、海が「〔b〕」という擬人化された描写が気になったよ。彦太郎は、心の高ぶりを海が受け止めてくれたように感じたのではないかな。静かな波の音を流して、印象的な演出にしたいな。

B　僕は「奇跡」という言葉から、これまで抱えていた〔c〕ことができた、彦太郎の喜びやうれしさを感じたよ。声を放って泣き続ける彦太郎の表情は、泣き笑いに近いのではないかな。

A　よい考えだね。では、これまでの提案をもとに、この場面を一度演じてみようよ。その後でまた話し合おう。

(1)　【台本の一部】の［　　］に当てはまる演出として最もふさわしいものを、次の**ア**～**エ**から一つ選んで記号を書きなさい。

ア　(彦)を温かく見守る　　**イ**　(彦)をにらみつける
ウ　(彦)に目もくれない　　**エ**　(彦)から目をそらす

(2)　〔a〕〔b〕に当てはまる内容を、〔a〕には**二字**で、〔b〕には**十五字**で、本文中からそれぞれ抜き書きしなさい。

(3)　〔c〕に適する内容を、「覚悟」という語句を用いて、**二十五字以内**で書きなさい。

令和５年度入学者選抜学力検査問題

数　　　　学

（２時間目　60分）

注　　　意

1　問題用紙と解答用紙の両方の決められた欄に，受検番号と氏名を記入しなさい。
2　問題用紙は開始の合図があるまで開いてはいけません。
3　問題は１ページから９ページまであり，これとは別に解答用紙が１枚あります。
4　答えは，すべて解答用紙に記入しなさい。
5　問題用紙等を折ったり切り取ったりしてはいけません。

受検番号		氏　名	

1 次の(1)～(15)の中から，**指示された8問**について答えなさい。

(1)　$8+12\div(-4)$　を計算しなさい。

(2)　$12ab\div6a^2\times2b$　を計算しなさい。

(3)　次の数の大小を，不等号を使って表しなさい。

4　,　$\sqrt{10}$

(4)　$x=\dfrac{1}{2}$，$y=-3$ のとき，$2(x-5y)+5(2x+3y)$　の値を求めなさい。

(5)　$\dfrac{\sqrt{2}}{2}-\dfrac{1}{3\sqrt{2}}$　を計算しなさい。

(6)　方程式　$\dfrac{5x-2}{4}=7$　を解きなさい。

(7)　連立方程式　$\begin{cases}2x+y=5\\x-4y=7\end{cases}$　を解きなさい。

(8)　方程式　$x^2+5x+2=0$　を解きなさい。

(9)　右の図のように，1辺の長さが5cmの正三角形の紙を，その一部が重なるように，横一列に3枚並べて図形をつくる。このとき，重なる部分は，すべて1辺の長さが a cmの正三角形となるようにする。図の太線は，図形の周囲を表している。太線で表した図形の周囲の長さを，a を用いた式で表しなさい。

(10)　n は100より小さい素数である。$\dfrac{231}{n+2}$ が整数となる n の値を**すべて**求めなさい。

(11)　右の図のように，正方形ＡＢＣＤ，正方形ＥＦＣＧがある。正方形ＡＢＣＤを，点Ｃを中心として，時計まわりに45°だけ回転移動させると，正方形ＥＦＣＧに重ね合わせることができる。このとき，∠xの大きさを求めなさい。

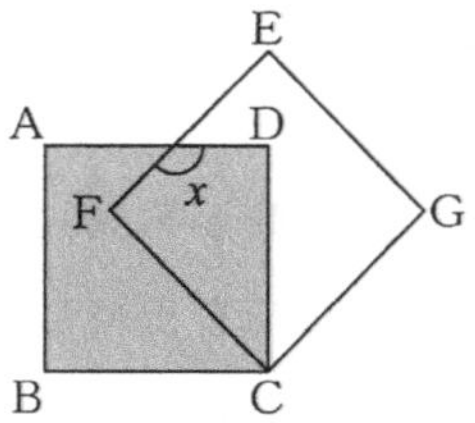

(12)　右の図で，６点Ａ，Ｂ，Ｃ，Ｄ，Ｅ，Ｆは，円Ｏの周上の点であり，線分ＡＥと線分ＢＦは円Ｏの直径である。点Ｃ，点Ｄは$\overset{\frown}{\mathrm{BE}}$を３等分する点である。∠ＡＯＢ＝42°のとき，∠$x$の大きさを求めなさい。

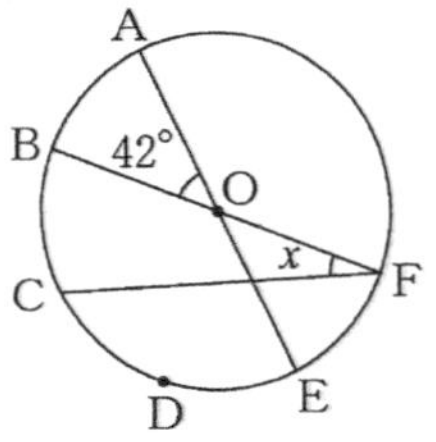

(13)　右の図のように，△ＡＢＣがあり，点Ｄは辺ＢＣ上にある。ＡＢ＝12cm，ＡＣ＝８cm，ＣＤ＝６cm，∠ＡＢＣ＝∠ＤＡＣのとき，線分ＡＤの長さを求めなさい。

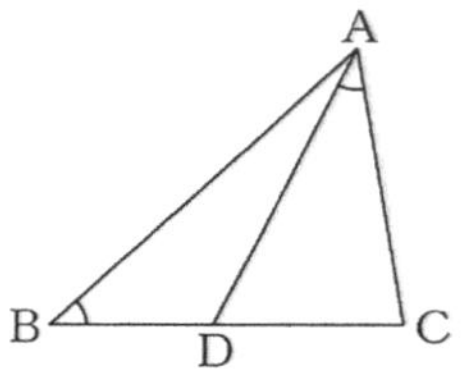

(14)　図１のように，三角柱ＡＢＣ－ＤＥＦの形をした透明な容器に，水を入れて密閉した。この容器の側面はすべて長方形で，ＡＢ＝６cm，ＢＣ＝８cm，ＣＦ＝12cm，∠ＡＢＣ＝90°である。この容器を，△ＤＥＦが容器の底になるように，水平な台の上に置いた。このとき，容器の底から水面までの高さは８cmである。この容器を図２のように，四角形ＦＥＢＣが容器の底になるように，水平な台の上に置きかえたとき，容器の底から水面までの高さを求めなさい。ただし，容器の厚みは考えないものとする。

図１

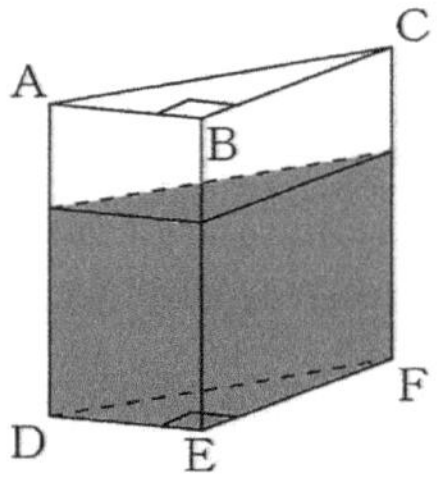

図２

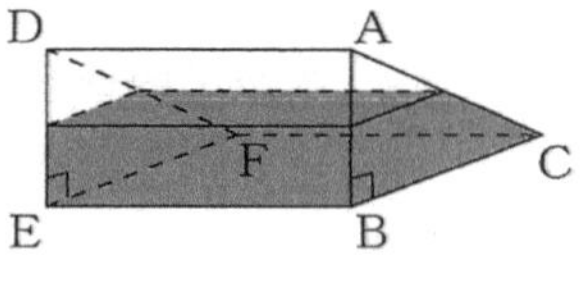

(15)　右の図のように，底面の半径が４cmの円錐を平面上に置き，頂点Ｏを中心としてすべらないように転がした。このとき，点線で表した円Ｏの上を１周し，もとの場所にもどるまでに，３回半だけ回転した。この円錐の表面積を求めなさい。ただし，円周率をπとする。

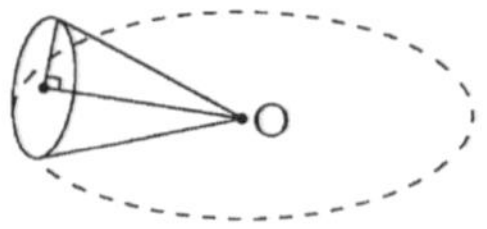

2 次の（１）～（３）の問いに答えなさい。

（１） 駅から3600m離れた図書館まで，まっすぐで平らな道がある。健司さんは，午前10時に駅を出発し，毎分60mの速さで図書館に歩いて向かった。駅から1800m離れた地点で立ち止まって休憩し，休憩後は毎分 120 mの速さで図書館に走って向かい，午前10時50分に図書館に着いた。次の図は，健司さんが駅を出発してから x 分後に，駅から y m離れた地点にいるとして，x と y の関係を表したグラフの一部である。

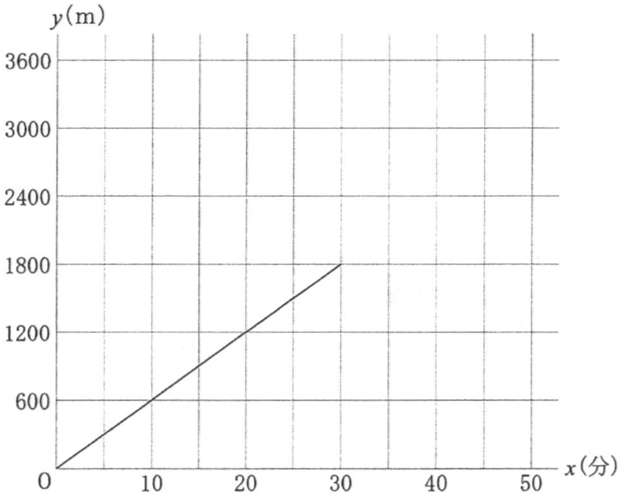

① 健司さんが駅から1800m離れた地点で休憩を始めてから，図書館に着くまでの x と y の関係を表したグラフを，図にかき加えなさい。

② 健司さんの姉の美咲さんは，健司さんが駅を出発した時刻と同じ時刻に，自転車に乗って図書館を出発し，毎分 240 mの速さで駅に向かっていたところ，歩いて図書館に向かう健司さんと出会った。美咲さんと健司さんが出会ったときの時刻を求めなさい。

（２）　次の図のように，袋Ａには整数１，２，３が１つずつ書かれた３枚のカードが，袋Ｂには整数４，５，６が１つずつ書かれた３枚のカードが入っている。このとき，下の①，②の問いに答えなさい。

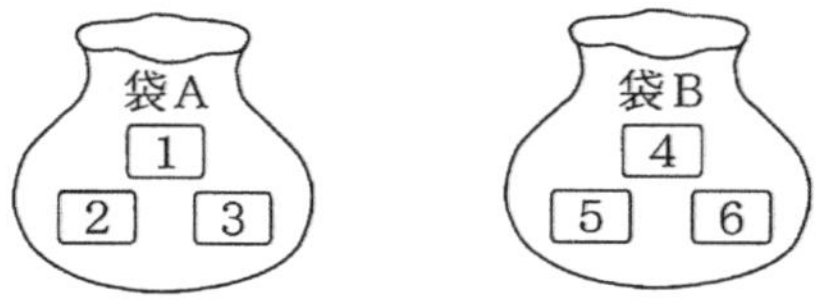

①　袋Ａ，袋Ｂからそれぞれカードを１枚ずつ取り出し，取り出されたカードに書かれている数の積を求める。このとき，積が奇数になる確率を求めなさい。ただし，袋Ａからどのカードが取り出されることも，袋Ｂからどのカードが取り出されることも，それぞれ同様に確からしいものとする。

②　袋Ａ，袋Ｂに入っているカードとは別に，整数７が書かれているカードが６枚ある。袋Ｂに，整数７が書かれているカードを何枚か追加し，袋Ａ，追加したカードが入っている袋Ｂからそれぞれカードを１枚ずつ取り出し，取り出されたカードに書かれている数の積を求める。積が奇数になる確率と積が偶数になる確率が等しいとき，追加したカードは何枚か，求めなさい。ただし，袋Ａからどのカードが取り出されることも，追加したカードが入っている袋Ｂからどのカードが取り出されることも，それぞれ同様に確からしいものとする。

（３）　次の図のように，点Ｏを中心とする円の周上に点Ａがある。このとき，点Ａを接点とする円Ｏの接線を定規とコンパスを用いて作図しなさい。ただし，作図に用いた線は消さないこと。

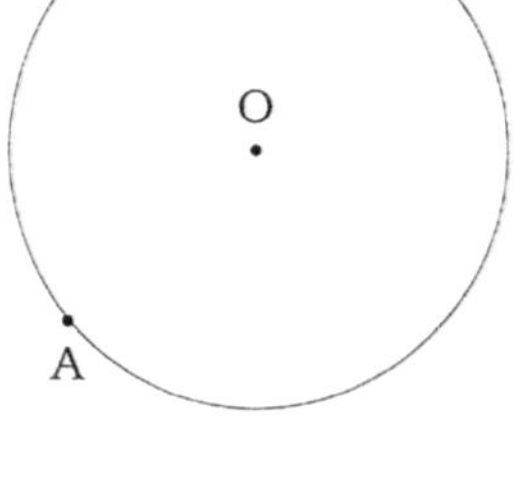

3　A中学校の図書委員会は，全校生徒を対象として，ある日曜日の読書時間を調査した。次の(**1**)～(**3**)の問いに答えなさい。

(**1**)　図1の**ア**～**エ**は，3年1組を含む4つの学級の読書時間のデータを，ヒストグラムに表したものである。例えば，**ア**の10～20の階級では，読書時間が10分以上20分未満の生徒が1人いることを表している。4つの学級の生徒数は，すべて31人である。

3年1組のヒストグラムは，最頻値が中央値よりも小さくなる。3年1組のヒストグラムとして最も適切なものを，図1の**ア**～**エ**から1つ選んで記号を書きなさい。

図1

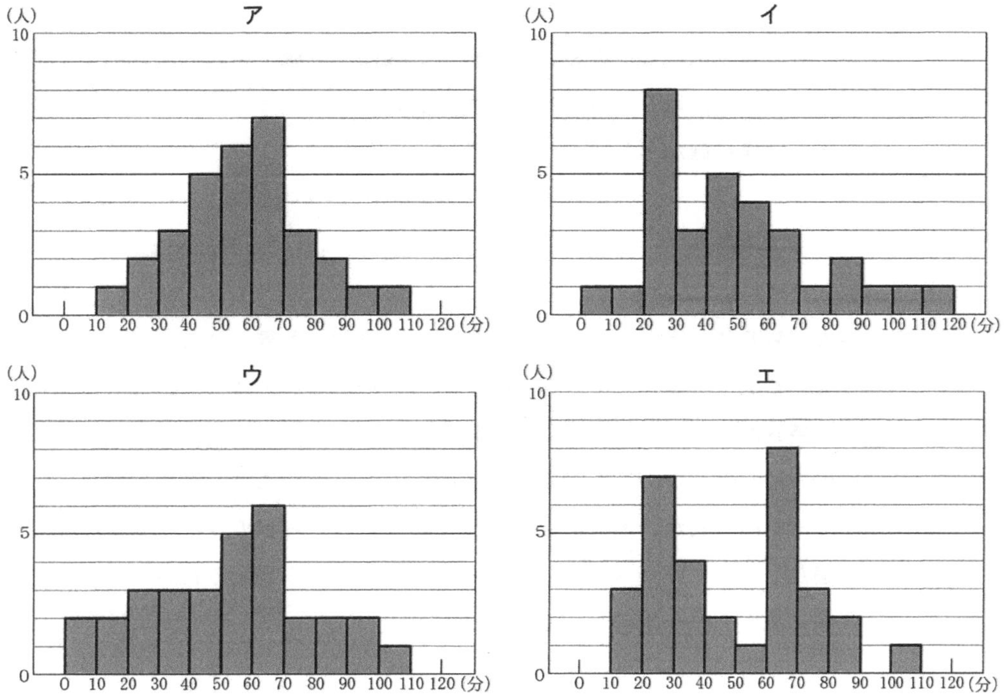

(**2**)　次の表は，3年2組30人の読書時間のデータを，小さい順に並べたものである。このデータの範囲と第1四分位数をそれぞれ求めなさい。

3年2組の読書時間（単位　分）

5	10	10	15	20	25	25	30	35	40
40	40	45	50	55	60	60	60	60	60
65	65	65	70	80	85	85	90	105	110

令和5年度入学者選抜学力検査問題

英　　　語

（3時間目　60分）

注　　　意

1　問題用紙と解答用紙の両方の決められた欄に，受検番号と氏名を記入しなさい。
2　問題用紙は放送による指示があるまで開いてはいけません。
3　問題は1ページから6ページまであり，これとは別に解答用紙が1枚あります。
4　答えは，すべて解答用紙に記入しなさい。

受検番号		氏　名	

※教英出版注
音声は，解答集の書籍ＩＤ番号を教英出版ウェブサイトで入力して聴くことができます。

1 リスニングテスト

(1)　(会話を聞き，質問に対する答えとして最も適切な絵を選ぶ問題)　**2回ずつ放送**

①

ア

イ

ウ

エ

②

ア

イ

ウ

エ

(2)　(会話を聞き，会話の最後の文に対する応答として最も適切なものを選ぶ問題)

1回ずつ放送

① ア I went to Canada.　イ They were very kind.
　 ウ You had a good time, too.

② ア Sounds nice.　イ No, I can’t.
　 ウ I have to go to the hospital.

③ ア He is in the gym.　イ His book is on the desk.
　 ウ He is from Akita.

(3)　(会話を聞き，質問に対する答えとして最も適切なものを選ぶ問題)　**2回ずつ放送**

① ア To get the ticket for the concert.　イ To practice for the concert.
　 ウ To meet Mr. Jones.　エ To be a brass band member.

② ア Next Sunday.　イ At the new hall.
　 ウ This Friday.　エ At school.

③ ア He will go to the hall right now.　イ He will practice more.
　 ウ He will meet Kana tomorrow.　エ He will ask the music teacher.

(4)　(トムの話を聞き，その内容として適切なものを**2つ**選ぶ問題と，トムの最後の問いかけに対して，トムの話を踏まえ，**1つの英文**であなたの**[質問]**を書く問題)

2回放送

ア Tom has seven classes every day.
イ Tom is good at Spanish and studies it hard.
ウ Tom will learn Japanese because he likes Japanese comics.
エ Tom has lunch in his classroom with his friends.

[質問] ____ ?

2　次の(1)～(3)の問いに答えなさい。

(1)　次は，中学生の麻衣子(Maiko)とアメリカ出身の留学生のアンナ(Anna)が，書店で，血液型(blood type)について会話をしている場面です。(　　)内の①～④の語を，それぞれ**適切な形**に直して**英語１語**で書き，会話を完成させなさい。

Anna : There are so many kinds of books here.
Maiko : This is the (① large) of all bookstores in this city.
Anna : I'm surprised that many books about blood types are (② sell) here.
Maiko : It's a popular topic. We often enjoy (③ talk) about our blood types. In Japan, "What is your blood type?" is a common question.
Anna : We don't usually ask such a question in America. Actually, most of us don't know our blood types. Why is it necessary to know them?
Maiko : In Japan, people sometimes connect blood types to *personalities. Look at this magazine. It (④ say) that type A people are kind to others.
Anna : Sounds interesting.

【注】*personality : 性格

(2)　次の①～④について，〔説明〕が示す**英語１語**を(　　)に書き，英文を完成させなさい。ただし，**答えは(　　)内に示されている文字**で書き始めること。

① During (w　　) vacation, many people in Japan send New Year's cards.
〔説明〕 the season between autumn and spring

② It's important to be (q　　) in the library.
〔説明〕 peaceful, without big sounds or voices

③ If your friend has a different (o　　) from yours, you should listen to it.
〔説明〕 an idea or a feeling about something

④ I'll go to bed early because I couldn't (s　　) well last night.
〔説明〕 to close your eyes and rest

(3)　次の①～③について，〈　　〉の状況の会話がそれぞれ成り立つように［　　］内の語に**必要な２語を加え，正しい語順**で英文を完成させなさい。ただし，文頭にくる語は，最初の文字を大文字にすること。

①〈留学生と休み時間に写真を見ながら〉
Paul : This is my grandfather, Eric.
Hitoshi : He looks young. [how] he?
Paul : He's seventy years old.

②〈アメリカのレストランで〉
Taro : Excuse me. Could [show] a menu? I want something sweet.
Woman : Sure. Here you are.
Taro : Thank you.

③〈ＡＬＴとスキー場で〉
Mr. Lee : You're tired, aren't you? How [you] been skiing?
Rumi : For about four hours, but I'm still fine.

3　次は，中学生の幸太（Kota）と美保（Miho），留学生のエマ（Emma）が会話をしている場面です。これを読んで，(1)，(2)の問いに答えなさい。

Kota, I heard that your soccer team practices not only after school, but also on Saturdays. Isn't it tough?

Emma

Kota

Yes, it's tough. We have to run to the Sports Park to practice soccer after school. We'll have the city tournament soon, so we practice hard to win the championship. I like to play it with my team members. We really want to win the championship though it is difficult.

I understand why you work so hard. In my case, I study Japanese hard because I want to be a translator in my country. It's my goal. Having a goal is important, right?

Emma

Kota

Definitely. We should have a clear goal when we try to do something. What do you think, Miho?

Miho

I agree with you, Kota. Having goals keeps us positive. I also think it's important to have a hero, a person you respect.

That's a great idea, Miho.
Who is the person you respect? Tell us about the person and the reason.

Emma

(1)　次の①，②の問いに対する答えを，それぞれ**主語と動詞を含む英文１文**で書きなさい。

① Where does Kota practice soccer after school?

② What is Emma's goal?

(2)　あなたなら下線部の問いかけにどのように答えますか。解答用紙の（　　）に適する語を書き入れ，次の≪条件≫にしたがって，英文を書きなさい。

≪条件≫・文の数は問わないが，**15語以上25語以内の英語**で書くこと。
　　　　・符号(, . ? ! など)は語数に含めない。

令和５年度入学者選抜学力検査問題

理　　　　　科

（ 4 時間目　50 分 ）

注　　　意

1　問題用紙と解答用紙の両方の決められた欄に，受検番号と氏名を記入しなさい。

2　問題用紙は開始の合図があるまで開いてはいけません。

3　問題は１ページから６ページまであり，これとは別に解答用紙が１枚あります。

4　答えは，すべて解答用紙に記入しなさい。

受検番号		氏　名	

1　恵さんは，料理の本を見て次の内容に興味をもち，実験を行ったり資料で調べたりした。下の(1)，(2)の問いに答えなさい。

【興味をもったこと】肉の下ごしらえをするとき，図１のように，生の肉に生のパイナップルをのせておくと，肉が柔らかくなる。これは，パイナップルに消化酵素がふくまれているためである。

図１

(1)　恵さんは，消化酵素のはたらきについて調べるため，だ液を用いて次の実験を行った。

【実験】図２のように，デンプンをふくむ寒天にヨウ素液を加えて青紫色にし，ペットボトルのふたＡ，Ｂに少量入れて固めた。Ａには水をふくませたろ紙を，Ｂにはだ液をふくませたろ紙をそれぞれ上に置いた。次に，図３のようにＡ，Ｂをａ約40℃の湯に入れて10分間あたためた。

図２

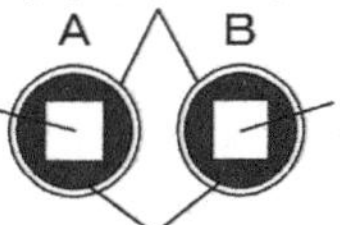

図３

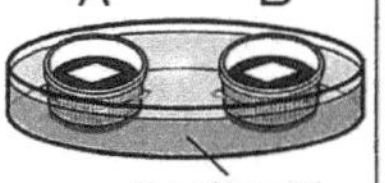

図４

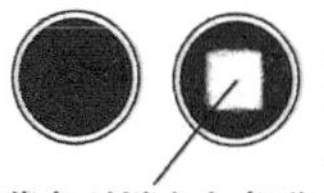

【結果】ろ紙を取り除いたところ，図４のようにＡに変化はなかったが，Ｂのろ紙の下の部分は青紫色が消えた。

【考察】だ液にふくまれている消化酵素のはたらきにより，デンプンが［　Ｐ　］ことがわかった。ご飯をかんでいると甘くなってくることから，デンプンがｂ糖に変わったのではないかと考えた。

①　次のうち，だ液にふくまれる消化酵素はどれか，１つ選んで記号を書きなさい。

ア　ペプシン　　イ　アミラーゼ　　ウ　リパーゼ　　エ　トリプシン

②　下線部ａのようにするのはなぜか，「**ヒトの**」に続けて書きなさい。

③　恵さんの考察が正しくなるように，Ｐにあてはまる内容を書きなさい。

④　下線部ｂがふくまれていることを確認するための方法について説明した次の文が正しくなるように，Ｑにあてはまる内容を書きなさい。

下線部ｂがふくまれている水溶液に，ベネジクト液を加えて［　Ｑ　］と，赤褐色《せきかっしょく》の沈殿《ちんでん》が生じる。

(2)　恵さんは，消化酵素のはたらきについて資料で調べ，次のようにまとめた。

【まとめ】生のパイナップルにふくまれる消化酵素には，胃液にふくまれる消化酵素と同じように肉の主な成分であるタンパク質に作用し，図５のような小腸の柔毛で吸収されやすい物質に変化させるはたらきがある。

図５

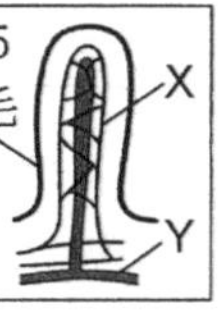

①　タンパク質が消化酵素によって変化した物質は，図５のＸ，Ｙのどちらの管に入るか，**記号**を書きなさい。また，その管の**名称**を書きなさい。

②　小腸に柔毛がたくさんあると，効率よく養分を吸収することができる。それはなぜか，「**表面積**」という語句を用いて書きなさい。

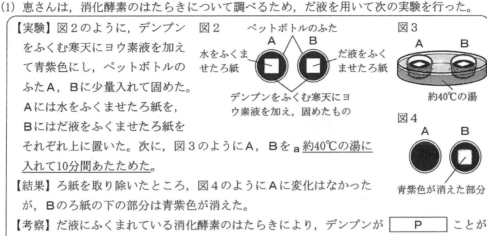

2　香さんは，図1のようなロケットが水素を燃焼させて飛んでいることに興味をもち，実験を行ったり資料で調べたりした。次の(1)～(3)の問いに答えなさい。

図1

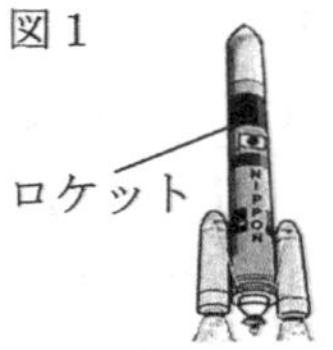

(1) 香さんは，水素の燃焼について調べるため，次の実験を行った。

【実験】図2のような乾《かわ》いた無色透明なポリエチレンの袋の中に，水素と酸素の混合気体と，水に反応する青色の試験紙を入れ，点火装置で点火したところ，一瞬，炎が出た後，袋の内側がくもった。また，袋の中に入れた a 試験紙は，水に反応して青色から赤色（桃色）に変化した。

図2

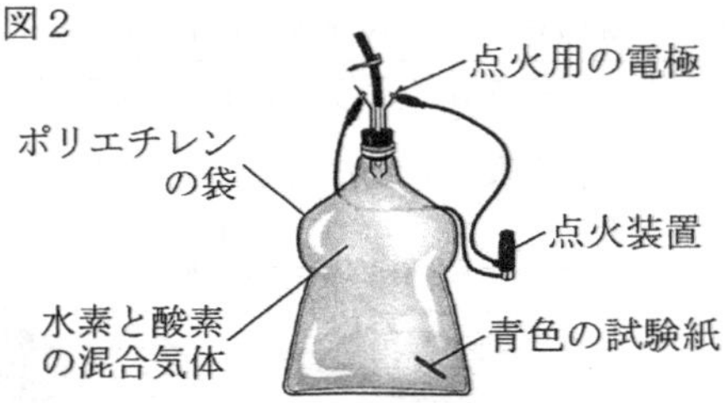

① 次のうち，水素はどれに分類されるか，**2つ**選んで記号を書きなさい。

ア　混合物　　イ　純粋な物質　　ウ　単体　　エ　化合物

② 下線部 a のように変化した試験紙は何か，名称を書きなさい。

③ 次に，8.0cm³ の水素に加える酸素の体積を変えて図2と同様にして反応させ，反応後に残る気体の体積を調べた。図3は，このときの結果を示したグラフである。8.0cm³ の水素と7.0cm³ の酸素を完全に反応させたとき，反応後に残る気体は何か，**化学式**を書きなさい。また，その**体積**は何cm³ か，求めなさい。

図3

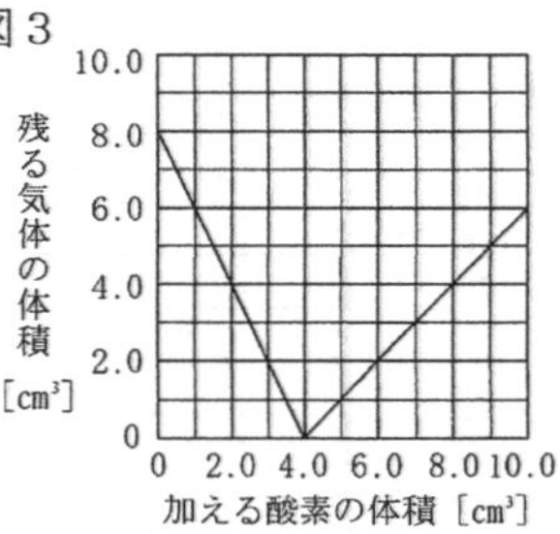

(2) 香さんは，水素の燃焼について実験の結果と資料をもとに，次のようにまとめた。

【まとめ】水素が燃焼するとき，水素と酸素は［　X　］で結びつき，爆発的に反応して b 水ができる。水素を燃焼させて飛んでいるロケットは，水素が燃焼したときに生じる高温の水蒸気などを噴射することで進むための力を得ている。

① 香さんのまとめが正しくなるように，X にあてはまる内容を「**体積**」と「**割合**」という語句を用いて書きなさい。

② 次のうち，燃焼すると下線部 b ができるのはどれか，**2つ**選んで記号を書きなさい。

ア　砂糖　　イ　鉄　　ウ　炭素　　エ　エタノール

(3) 香さんは，水素の燃焼を表す化学反応式について，タブレット型端末を使って原子や分子のモデルを用いて考えた。図4は，その途中の画面である。香さんの考えが正しくなるように，図4に原子や分子のモデルをかき加えて完成させなさい。

図4

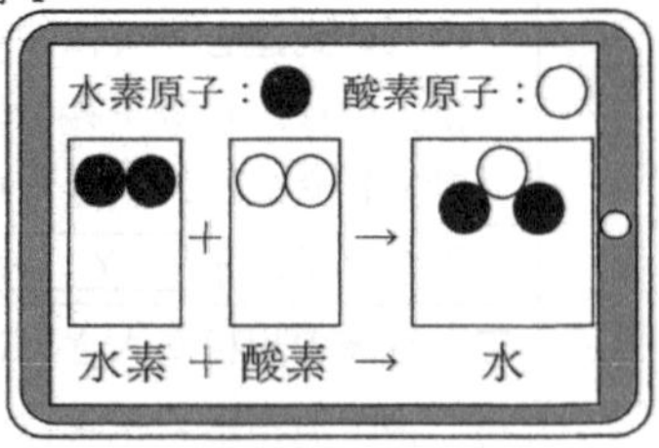

3　仁さんは，地震のしくみや緊急地震速報について調べた。次の(1)，(2)の問いに答えなさい。

(1)　仁さんは，地震について調べたことを次のようにまとめた。

【まとめ】日本列島付近の太平洋では，a プレートが動くことにより，地下で岩盤《がんばん》にひずみが生じて岩盤の一部が破壊され，ずれが生じ，ゆれが発生することがある。このずれを b 隆起という。地表において，地震が発生した場所の真上を c 震央という。また，観測地点における地震のゆれの大きさは，10段階の d 震度で表される。

①　下線部 a のようすを表した模式図で，最も適切なものはどれか。次から１つ選んで記号を書きなさい。ただし，矢印はプレートが動く向きを表すものとする。

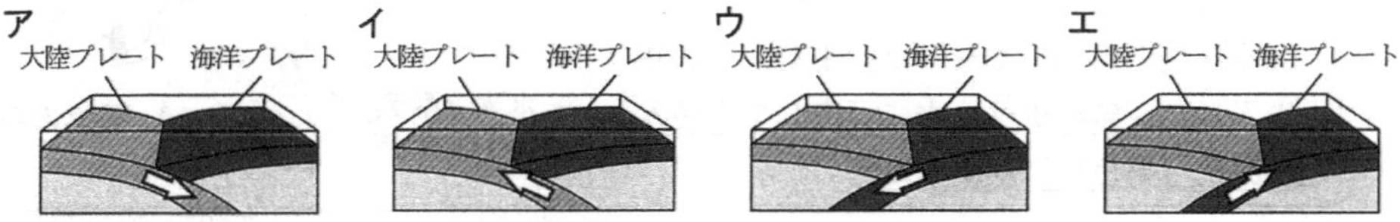

②　仁さんは，まとめの語句に誤りがあることに気づいた。下線部 b ～ d のうち，**誤りのある語句**を１つ選んで**記号**を書きなさい。また，選んだ語句を正しく**書き直し**なさい。

(2)　図は，ある地震の記録をもとに仁さんが作成した，Ｐ波とＳ波の到達時刻と震源からの距離の関係を表したものである。ただし，Ｐ波とＳ波は一定の速さで伝わるものとする。

図

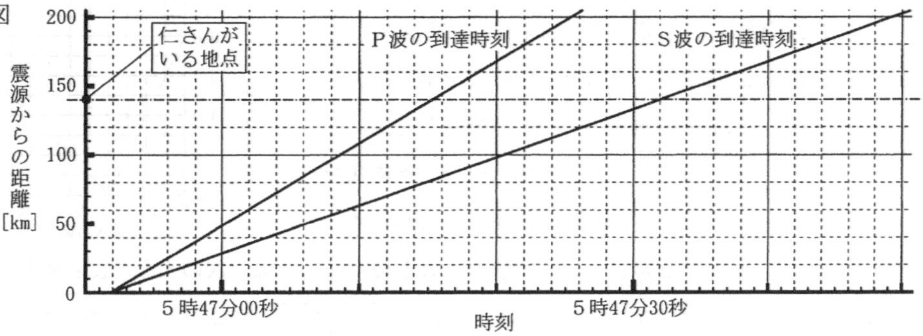

①　震源から140 km 離れている仁さんがいる地点では，この地震におけるＳ波の伝わる速さは何 km/秒 か，求めなさい。

②　図をもとに，震源からの距離と初期微動継続時間との関係を表すグラフをかきなさい。

③　仁さんは，緊急地震速報について調べたことを次のようにまとめ，図をもとに考察した。仁さんの考察が正しくなるように，Ｘにあてはまる内容を書きなさい。また，Ｙにあてはまる内容を，下の**ア**～**エ**から１つ選んで記号を書きなさい。

【調べたこと】緊急地震速報は，地震が発生した場所や規模をＰ波から推定し，大きなゆれの到達を一斉に知らせるものである。速報から大きなゆれが到達するまでの時間は，数秒から数十秒である。
【考察】Ｐ波は，大きなゆれを伝えるＳ波よりも［　Ｘ　］。よって，速報が出されることで，［　Ｙ　］大きなゆれに対処する時間ができる。

ア　地震の規模が大きいほど　　　**イ**　震源からの距離が大きいほど

ウ　地震の規模が小さいほど　　　**エ**　震源からの距離が小さいほど

令和５年度入学者選抜学力検査問題

社　　会

（５時間目　50分）

注　　意

1	問題用紙と解答用紙の両方の決められた欄に，受検番号と氏名を記入しなさい。
2	問題用紙は開始の合図があるまで開いてはいけません。
3	問題は１ページから６ページまであり，これとは別に解答用紙が１枚あります。
4	答えは，すべて解答用紙に記入しなさい。

受検番号		氏　名	

1 次の模式図と地図，図，表を見て，(1)～(4)の問いに答えなさい。

模式図

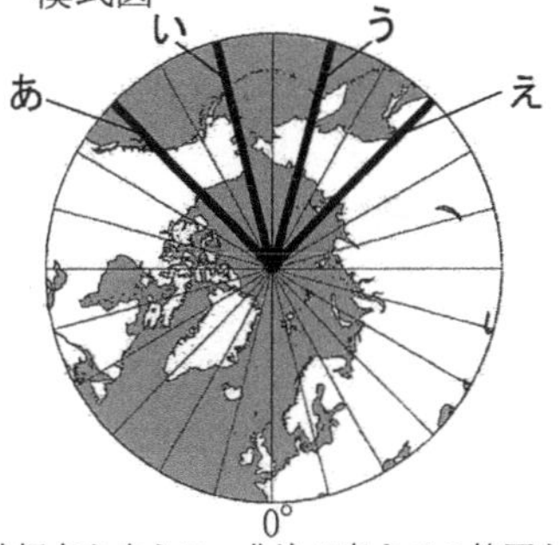

※北極点を中心に，北緯45度までの範囲を表している。
※経線は本初子午線を基準に，15度ごとに引いている。

地図

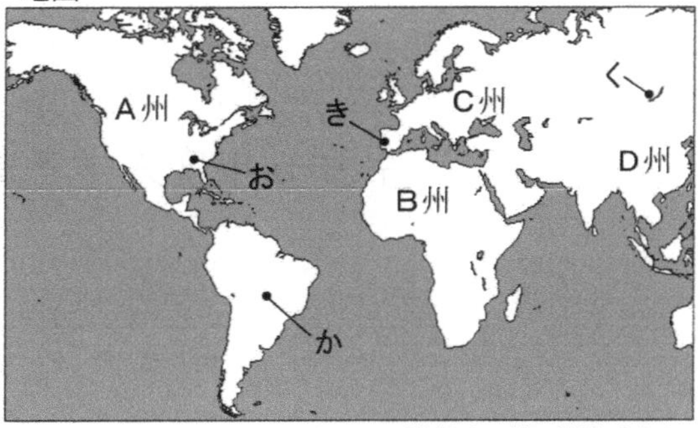

※ロシア連邦はC州に位置づける。

図１　ある都市の気温と降水量

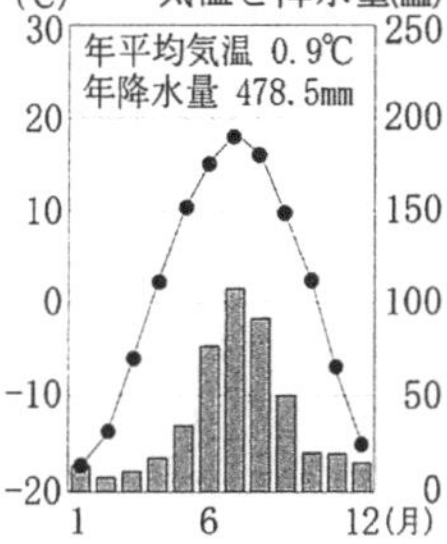

表１　各州の農業に関する統計(2018年)

項目／州	農林水産業就業人口比率(%)	農業従事者一人あたりの農地面積(ha)	*穀物の生産量(万t)
㋐	49.3	5.1	20 260
㋑	30.5	2.8	145 029
㋒	6.5	33.4	56 924
㋓	5.5	24.8	49 859
南アメリカ州	12.5	22.3	20 725
オセアニア州	12.5	167.2	3 488

*小麦，米，とうもろこしなどの合計

表２　４か国と日本の比較

項目／国	人口100人あたりの自動車保有台数(台)(2018年)	二酸化炭素の総排出量(百万t)	
		1990年	2018年
㋔	10.0	131	543
㋕	60.2	549	352
㋖	86.1	4 803	4 921
㋗	22.5	244	428
日本	61.5	1 054	1 081

(図１，表１，表２は「データブック オブ・ザ・ワールド2022年版」などから作成)

(1) 三大洋のうち，模式図に**まったく表されていない**海洋名を書きなさい。

(2) 模式図の**あ**～**え**のうち，日本の領土を通る経線を，一つ選んで記号を書きなさい。

(3) 図１は，地図の**お**～**く**のいずれかの都市の気温と降水量を表したものである。図１が表している都市を，地図の**お**～**く**から一つ選んで記号を書きなさい。また，この都市が属する気候帯について述べた次の文の［ X ］にあてはまる語を書きなさい。

> この気候帯には，マツやモミなどの針葉樹林帯である［ X ］が広がっている地域がある。

(4) 地図のA～D州に関する問題である。

① 表１の㋐～㋓は，A～D州のいずれかを示している。B州を示すものを，㋐～㋓から一つ選んで記号を書きなさい。

② 表２の㋔～㋗は，A～D州の各州において，二酸化炭素の総排出量上位国であるアメリカ，南アフリカ共和国，イギリス，インドネシアのいずれかを示している。イギリスを示すものを，㋔～㋗から一つ選んで記号を書きなさい。

③ 図２は，D州に属する中国の状況を示したものである。図２から読みとれる，中国の状況の変化と課題について，次の語を用いて書きなさい。〔 **拡大** 〕

図２　中国におけるＧＤＰと一人あたりの所得の推移

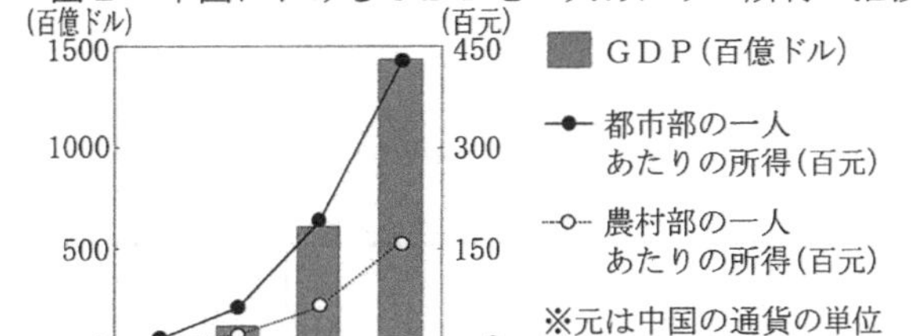

(「世界国勢図会2021/22年版」などから作成)

2　次は，「私たちの生活とエネルギーのこれから」について，生徒がレポートにまとめるために集めた資料の一部である。これとメモを見て，(1)～(4)の問いに答えなさい。

資料

図１　*1住宅用太陽光発電機器設置割合（2018年）

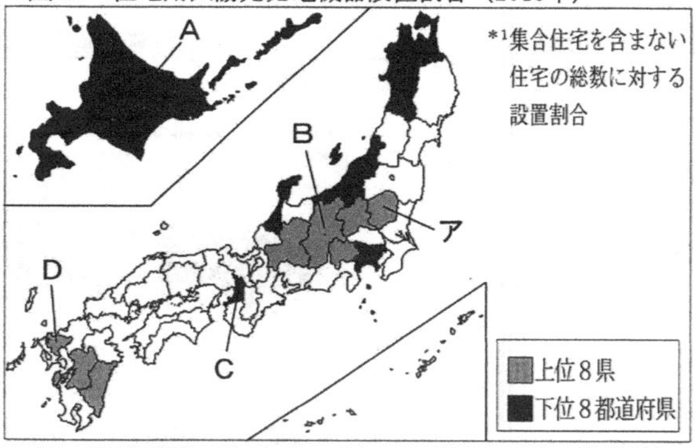

図２　図１に示した下位８都道府県の年日照時間と太陽光発電機器設置数（2018年）

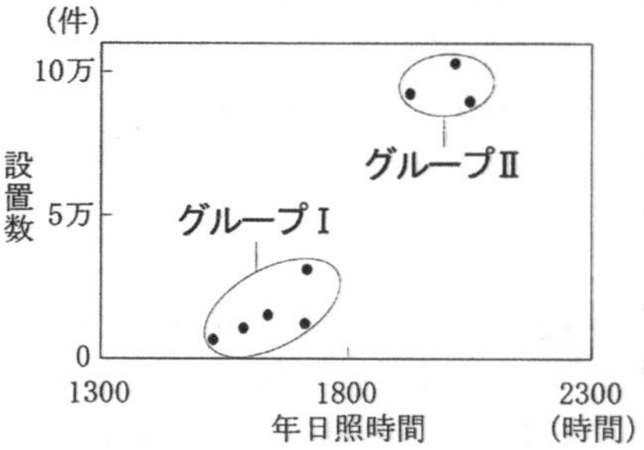

（図１，図２は総務省資料などから作成）

表　発電所数の比較（2019年）

○全国平均以上　●全国平均未満

	水力	火力	風力	地熱
あ	●	●	●	●
い	○	●	●	●
う	○	○	○	○
え	●	○	●	●

図３　日本の発電量とその内訳

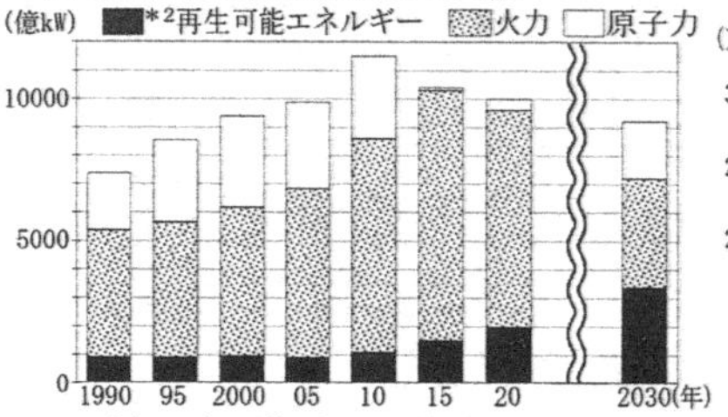

*2水力，風力，地熱，太陽光発電など　※2030年は予測。

図４　秋田県の再生可能エネルギー発電量

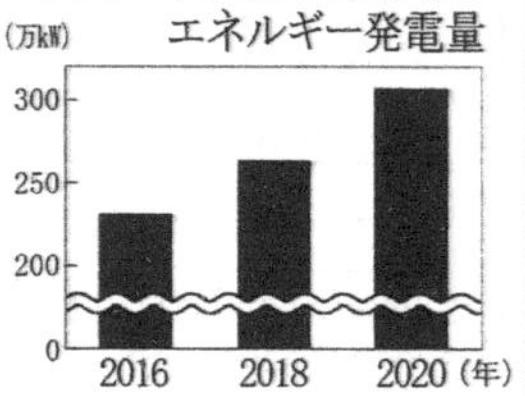

（表，図３，図４は資源エネルギー庁資料などから作成）

(1)　図１の**ア**が示す県の**県庁所在地名**を書きなさい。

(2)　メモは，生徒が図１と図２をもとにまとめたものである。

①　P と Q にあてはまる語を，それぞれ一つずつ選んで記号を書きなさい。

ア　平野　　**イ**　内陸　　**ウ**　太平洋　　**エ**　日本海

②　図２の**グループⅡ**に属する**県名**を書きなさい。

メモ

◇図１の分布の傾向

上位８県	・本州の P 部にある ・九州地方にある
下位８都道府県	・ Q に面している →図２の**グループⅠ** ・人口が多い →図２の**グループⅡ**

(3)　表の**あ**～**え**は，それぞれ図１の**A**～**D**の道府県のいずれかを示している。**C**を示すものを，**あ**～**え**から一つ選んで記号を書きなさい。また，**C**を含む工業地帯名を書きなさい。

(4)　次は，図３と図４をもとに生徒が話し合っている様子である。

生徒A：日本の発電量の内訳が，将来，変化していく予測になっているね。
生徒B：図４の秋田県のような X 取り組みが，全国各地で行われていくからかな。
生徒A：そうだね。このこととあわせて，火力の発電量が減ることによって Y ので，日本のエネルギー自給率の上昇も期待できるんじゃないかな。

①　下線部について，2030年の再生可能エネルギー発電量は，2010年の約何倍になると予測されているか。**整数**で書きなさい。

②　X と Y に入る適切な内容を書きなさい。ただし， Y は次の語を用いて書きなさい。〔 **化石燃料** 〕

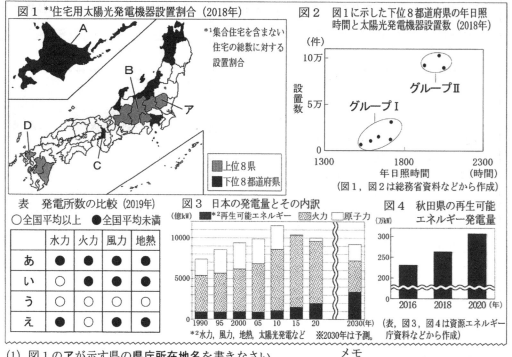

3　次は，古代から現代までの時代区分ごとに，生徒がテーマを設定してまとめたレポートの一部である。

レポート

Ⅰ　古代　テーマ：古代の人々が残した記録

◇わが国は，古くから東アジアと深く関わり，その影響を受けながら国のしくみを確立していった。

資料1　中国の歴史書

> 倭の奴国が漢に朝貢したので，光武帝は印とそれを結びとめるひもを与えた。

（「後漢書」から部分要約）

◇ⓐ奈良時代に整えられた律令国家のしくみは，平安時代になるとⓑ次第にくずれていった。

資料2　平安時代のある地域の戸籍

> 男　子　59 人
> 女　子　376 人　〕総人口　435人

（「阿波《あわ》国《のくに》板野《いたの》郡《ぐん》田上《たのかみ》郷《のごう》延喜《えんぎ》二年《にねん》戸籍」から部分要約）

表　律令による税負担（一部）

<table>
<tr><th></th><th>租</th><th>調</th><th>庸</th></tr>
<tr><td>男子</td><td rowspan="2">稲
（収穫の約3％）</td><td>絹，特産品など</td><td>布（労役の代わり）</td></tr>
<tr><td>女子</td><td>なし</td><td>なし</td></tr>
</table>

Ⅱ　中世　テーマ：新しい技術と民衆の成長

◇ⓒ鎌倉時代になるとⓓ農業生産力が高まるととも手工業や商業も盛んになった。

図1　田を耕す農民

（「松崎天神縁起絵巻」）

資料3　幕府から守護にあてた書状

> 諸国の百姓は田の稲を刈り取ったあと，そこに麦をまいている。

（「新編追加」から部分要約

◇ⓔ室町時代になると，民衆の成長を背景とした社や文化が形成された。

(1)　レポートのⅠに関する問題である。

①　資料1に記されているできごとよりも前のできごとを，**二つ**選んで記号を書きなさい。

ア　エジプト文明で太陽暦が考え出された　　**イ**　朝鮮半島で高句麗・百済・新羅が対立した

ウ　十字軍がエルサレムに向けて進軍した　　**エ**　孔子が仁と礼に基づく政治を説いた

②　下線部ⓐのころ，わが国の朝廷が使いを送っていた中国の王朝名を，一つ選んで記号を書きなさい。

ア　隋　　**イ**　唐　　**ウ**　宋　　**エ**　元

③　次は，下線部ⓑについて，資料2と表をもとに生徒が考察したものである。［あ］に入る適切な内容書きなさい。

> 総人口に占める女子の割合が極端に大きいのは，調や庸が［あ］ので，その負担から逃れようと，いつわって戸籍に登録したためだと考えられる。

(2)　レポートのⅡに関する問題である。

①　下線部ⓒに幕府が置かれた場所を，地図の**ア**～**エ**から一つ選んで記号を書きなさい。

②　下線部ⓓの理由として考えられることを，図1と資料3から読みとり，書きなさい。

③　下線部ⓔの社会や文化について述べた文として正しいものを，一つ選んで記号を書きなさい。

地図

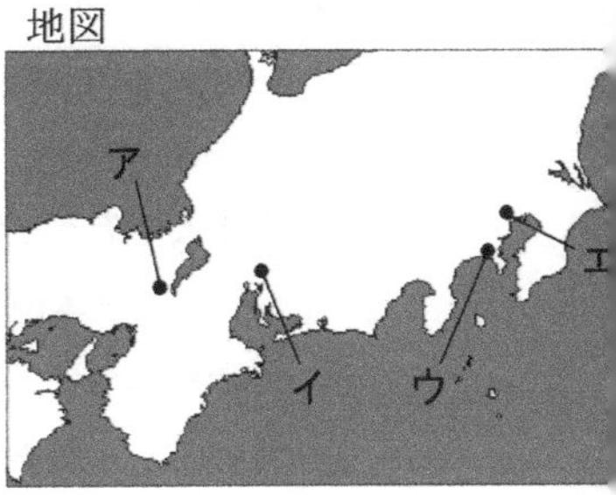

ア　読み・書き・そろばんを教える寺子屋が増えた　　**イ**　出雲の阿国《おくに》がかぶき踊りをはじめた

ウ　運慶らの仏師によって金剛力士像がつくられた　　**エ**　村の自治を行う惣という組織がつくられた

りく	アップ活動と草取りを一緒に行えば、歩道をきれいで安全な状態に保つことができます。このように、みんなが安全に生活できるという視点に立って、自分たちができることについて考えていくことも必要だと思います。 　中学生だけでなく、小学生や地域の人と協力してクリーンアップ活動を行う日を設定するということを、提案の中に入れるのはどうでしょうか。
たける	なるほど。たくさんの人を巻き込んだ形で「人にやさしい町づくり」に取り組むということですね。ここまでの話し合いで、提案する内容が具体的になってきましたね。次回の話し合いでは、僕たちの考えが、より伝わりやすくなるような話の構成について考えてみましょう。

（間２秒）
話し合いの様子はここまでです。
（間２秒）
それでは問題に移ります。問題は選択肢も含めてすべて放送で出題します。答えは解答用紙に記入しなさい。
（間３秒）

1　りくさんが実際に見て危険だと感じたことは、どのようなことでしたか。解答欄にしたがって書きなさい。
（間30秒）

次の問題に移ります。
2　たけるさんが、りくさん、えみさんの発言を聞いて整理した内容は、歩道そのものを補修することと、もう一つはどのようなことでしたか。解答欄にしたがって書きなさい。
（間30秒）

次の問題に移ります。
3　えみさんは、自分たちができることについて、どのような視点に立って考えていく必要があると話していましたか。解答欄にしたがって書きなさい。
（間30秒）

次の問題に移ります。
4　たけるさんの進行の仕方について、最もふさわしいものを、次に読み上げる選択肢**ア**、**イ**、**ウ**、**エ**の中から一つ選んで、解答欄に記号をカタカナで書きなさい。選択肢は二回読みます。
ア　二人の発言を共感的に受け止め、話の内容をまとめている。
イ　テーマに沿って話し合えるように、発言者に注意している。
ウ　話の中の分かりにくい点を指摘し、発言者に説明を求めている。
エ　二人の発言を比較し、互いの異なる点を明らかにしている。

繰り返します。（※**ア**から**エ**を繰り返して読む）
（間10秒）
これで国語の「聞くこと」に関する検査を終わります。問題用紙を開いて、次の問題に移ってください。

令和５年度

英語 リスニングテスト台本

［注］（　　）内は音声として入れない。

ただ今からリスニングテストを始めます。解答用紙を準備し，問題用紙の１ページを開いてください。(間５秒)

問題は(1)から(4)まであります。聞きながらメモをとってもかまいません。また，(2)の会話は１回しか放送されませんので，注意して聞いてください。(間２秒)

(1)を始めます。問題は２つです。二人の会話とそれについての質問を聞いて，答えとして最も適切な絵を，それぞれ**ア**，**イ**，**ウ**，**エ**から**１つずつ**選んで記号を書きなさい。会話と質問は通して２回ずつ放送されます。では始めます。

①（Ａ男）：Wow, it's very beautiful!　Can I take a picture?
（Ｂ女）：Sure.
（Ａ男）：Thank you.　I'm interested in calligraphy.（間２秒）

Question ：What is he going to do?（間２秒）繰り返します。
（間３秒）

②（Ａ女）：It was raining all day yesterday.　What did you do, Ken?
（Ｂ男）：I read books at home.　I wanted to play tennis outside, but I couldn't.
（Ａ女）：Oh, I see.　I watched TV at home.（間２秒）

Question ：What did Ken do yesterday?（間２秒）繰り返します。
（間５秒）

(2)に移ります。問題は３つです。二人の会話を聞いて，それぞれの会話の最後の文に対する応答として最も適切なものを，それぞれ**ア**，**イ**，**ウ**から**１つずつ**選んで記号を書きなさい。会話は通して１回だけ放送されます。では始めます。

①（Ａ女）：You look happy.
（Ｂ男）：Yes.　I got a letter from my host family in Canada.
（Ａ女）：I see.　Please tell me more about them.
（間７秒）

②（Ａ女）：Hello.
（Ｂ男）：Hello.　Can I change the plan for next Saturday?
（Ａ女）：No problem.　Are you busy on that day?
（間７秒）

③（Ａ男）：This book has been here since yesterday.
（Ｂ女）：It's Yuta's.
（Ａ男）：Oh, where is he now?
（間７秒）

令和五年度

国語

（解答用紙）

受検番号	
氏名	

一 「聞くこと」に関する検査

小計

1	2	3	4
小学生が水たまりをよけようとして　……こと	……こと	……という視点	

1. 2点
2. 3点
3. 3点
4. 2点

合計

※100点満点

表合計

二

小計

1	2	3	4
世代	物事は　……という見方		

1. 2点
2. 4点
3. 3点
4. 3点
5. ⑴3点×2
⑵5点

小　計

六

内容構成…５点
表現叙述…４点
表記等…３点

【解答

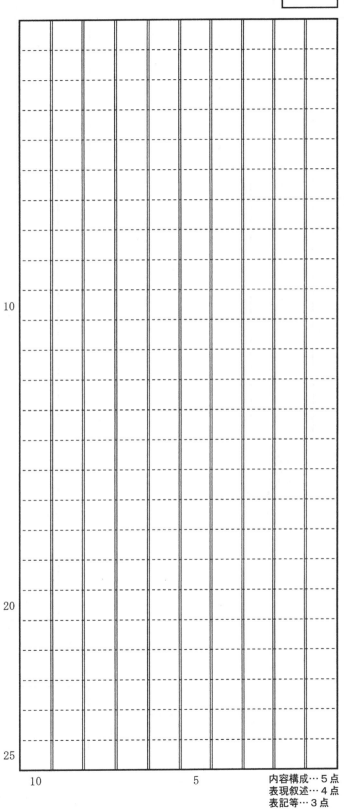

(12)		°
(13)		cm
(14)		cm
(15)		cm^2

(1)〜(15)から８問選択。すべて４点で４点×８

(３)

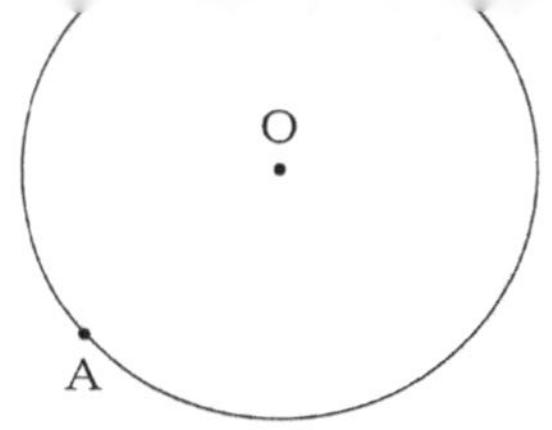

(1)①４点　②５点　(2)４点×２　(3)５点

(1)		△ACEと△BCFにおいて △ACE≡△BCF
(2)	ア	
	イ	
(3)		cm

(1)5点　(2)5点　(3)5点

(1)		答
(2)	①	$t =$
	②	$t =$

5－Ⅰと5－Ⅱから1問選択　5点×3

(1)	②	
	③	
	④	
(2)	①	
	②	
	③	
	④	
(3)	①	(　　　)(　　　)(　　　) he?
	②	Could (　　　)(　　　)(　　　) a menu?
	③	How (　　　)(　　　)(　　　) been skiing?

(1) 2点×4　(2) 2点×4　(3) 2点×3

小　計

3

(1)	①	.
	②	.
(2)	(記入例) I'm sorry , but I'm very busy .	
	The person I respect is (　　　).	
	5語 / 10語 / 15語 / 20語 / 25語	

(1) 3点×2　(2) 5点

(4)		
	b	
(5)		
(6)	①	
	②	

(1) 3点　(2) 3点　(3) 3点　(4) 3点×2
(5) 3点×2　(6) 3点×2

【解答

②３点
(3)３点

		体積： cm³
(2)	①	
	②	
(3)		図４ 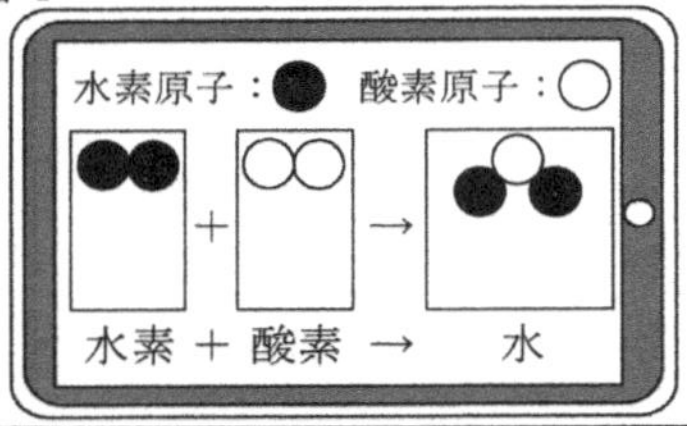

3

小　計

(1)①３点
②３点
(2)①３点
②３点
③３点×２

(1)	①	
	②	記号： 書き直し：
(2)	①	km/秒
	②	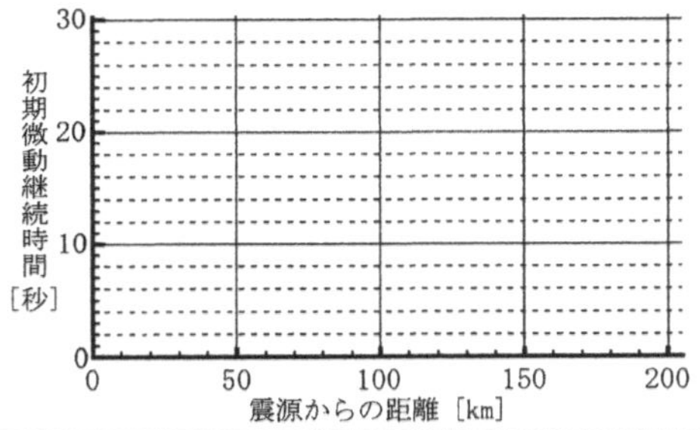
	③	Ｘ： Ｙ：

	②	
(2)	①	
	②	
(3)		Ｘ： Ｙ：

(1)①２点
②３点
(2)①３点
②３点
(3)３点

6

小　計

(1)①３点
②２点
(2)①３点
②３点
③３点

(1)	①	
	②	
(2)	①	北： 方向：
	②	
	③	

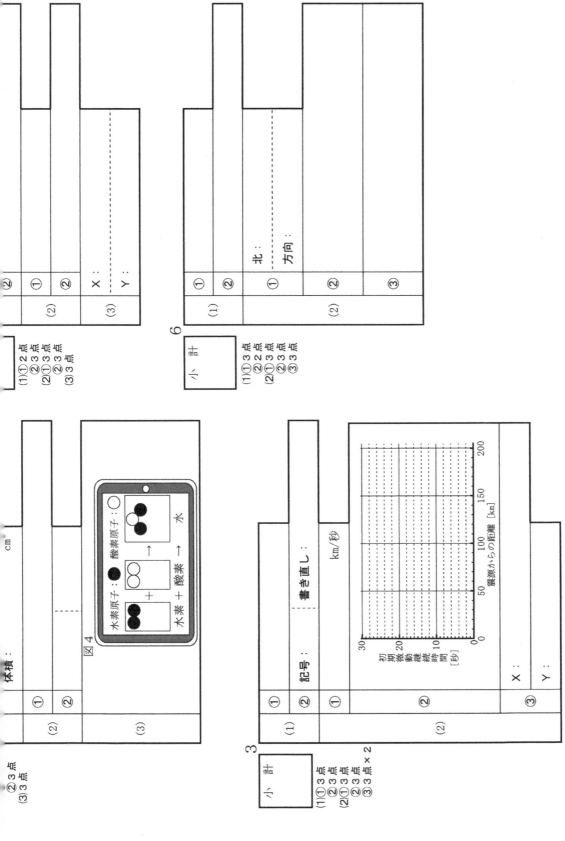

(1)			市
(2)	①	P	Q
	②		県
(3)	記号	工業地帯名	工業地帯
(4)	①	約	倍
	②	X	
		Y	

小　計

(1) 2点
(2)① 2点
　② 2点
(3) 3点
(4)① 2点
　② X．2点
　　Y．3点

3

(1)	①	
	②	
	③	
(2)	①	
	②	
	③	

小　計

(1)① 3点
　② 2点
　③ 3点
(2)① 2点
　② 4点
　③ 2点

(1)	①		
	②		
(2)	①		
	②	う	え
	③		
(3)			
(4)	Q		
	R		
	S		
(5)			
(6)			
(7)			
(8)			
(9)	①		
	②		

小　計

(1)① 2点
　② 2点
(2)① 3点
　② 2点
　③ 2点
(3) 2点
(4) Q R．2点
　S．3点
(5) 3点
(6) 2点
(7) 3点
(8) 2点
(9)① 4点
　② 2点

令和５年度

社　　　会

（解　答　用　紙）

受検番号		氏　名	

合　計

※100点満点

1

小　計

⑴２点
⑵２点
⑶３点
⑷①３点
②２点
③４点

(1)		
(2)		
(3)	記号	
	語	
(4)	①	
	②	
	③	

3

小　計

⑶①３点
②２点
③２点
⑷①２点
②２点
③３点
④２点×２

(3)	①				
	②				
	③				
(4)	①				
	②				
	③	都市部		農村部	
	④	い			
		う			

【解答用

令和５年度

理　　科

（解　答　用　紙）

受検番号		氏　名	

合　計

※100点満点

1

小　計

(1)①２点
②３点
③３点
④３点
(2)①４点
②３点

(1)	①	
	②	ヒトの
	③	
	④	
(2)	①	記号：
		名称：
	②	

4

小　計

(1)３点
(1)①２点
②４点
③３点
④３点×２

(1)		
(2)	①	
	②	過程：
		W
	③	g
	④	X：
		Y：

2

小　計

	①		
	②		

5

【解答

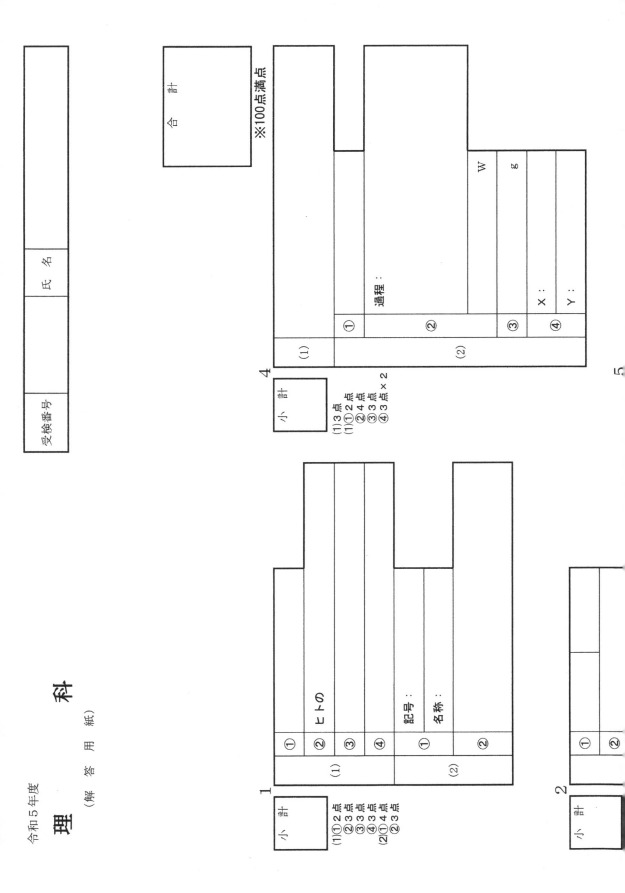

裏合計

小計

4

(1)		
(2)	①	
	②	
(3)		
(4)		

(1)３点　(2)３点×２　(3)３点　(4)３点

小計

5

(1)	
(2)	

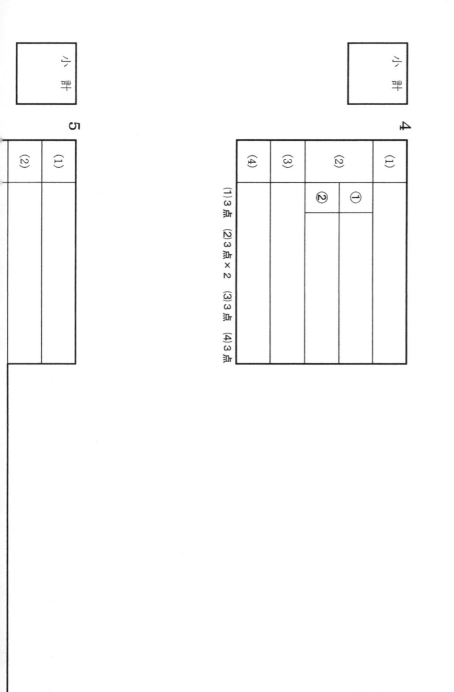

令和５年度

英　語

（解　答　用　紙）

受検番号		氏　名	

表合計

合　計

※100点満点

小　計

1 リスニングテスト

(1)	①	
	②	
(2)	①	
	②	
	③	
(3)	①	
	②	
	③	
(4)		
	[質問]	?

(1) 2点×2　(2) 2点×3　(3) 2点×3　(4)記号…2点×2　質問…5点

【解答】

裏合計

3

小　計

(1)		
(2)	(範囲)　分 (第1四分位数)　分	
(3)	①	
	②	(記号) (理由)

⑴4点　⑵4点　⑶①4点　②4点

5－I

小　計

(1)	(過程) 答
(2)	cm
(3)	$a =$

5－Iと5－IIから1問選択　5点×3

令和５年度

数　学

（解　答　用　紙）

受検番号		氏　名	

表合計

合　計

※100点満点

1

小　計

(1)	
(2)	
(3)	
(4)	
(5)	
(6)	$x =$
(7)	$x =$　　　　, $y =$
(8)	$x =$
(9)	cm

2

小　計

(1)	①	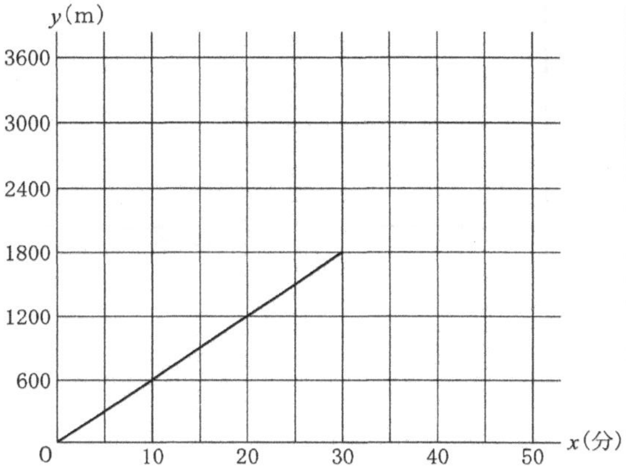
	②	午前10時　　　　分
(2)	①	
	②	枚

【解答

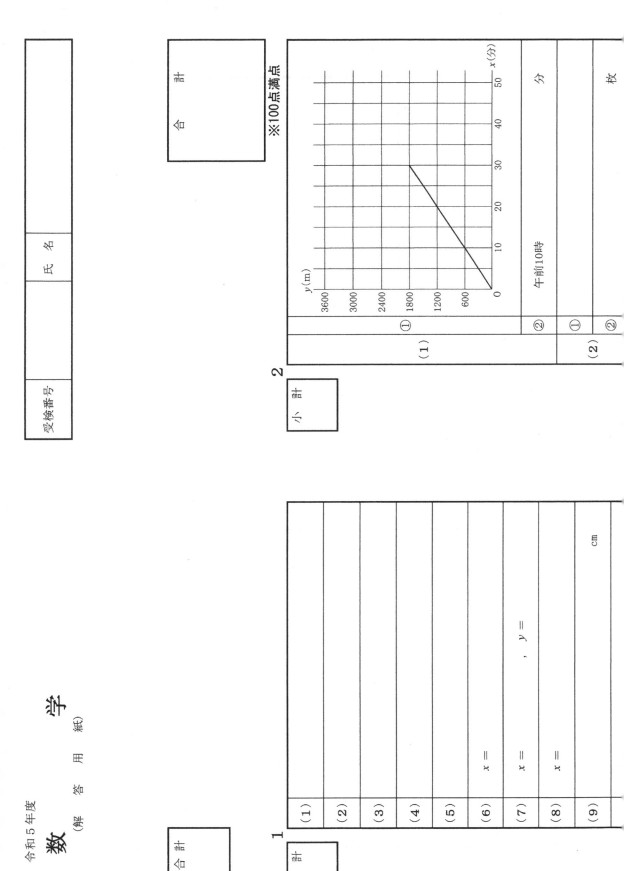

四

小計

1

2

3　豊蔵に対する反論が、（　　　）であることに気付いたから

4　(1)　(2) a　b　(3)

1．２点
2．３点
3．５点
4．⑴３点
⑵３点×２
⑶４点

裏合計

五

小計

1　①　②

2

3　a　b

4　(1)　(2)

1．２点×２
2．３点
3．２点×２
4．⑴３点
⑵４点

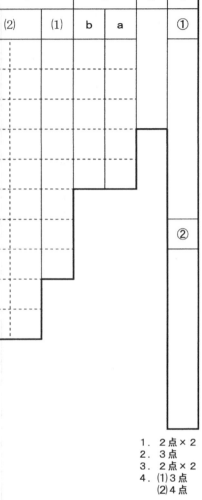

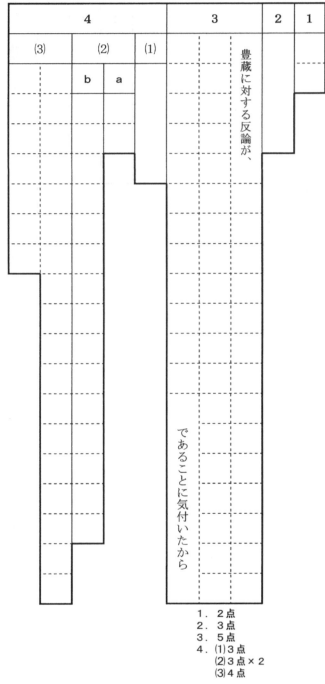

5
(2)

三

小計

1		2	3	4
読み	漢字			
①	②			
③	④			
なう	き			

1．２点×４
2．２点
3．２点
4．２点

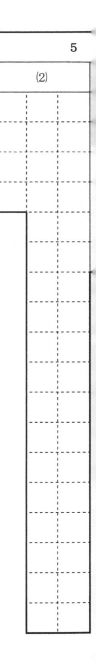

(3)に移ります。中学生の香菜(Kana)が，ＡＬＴのジョーンズ先生(Mr. Jones)と会話をしています。会話の後で，３つの質問をします。答えとして最も適切なものを，それぞれ**ア**，**イ**，**ウ**，**エ**から**１つずつ**選んで記号を書きなさい。会話と質問は通して２回ずつ放送されます。では始めます。

(*Mr. Jones*)：I saw you in front of the new concert hall yesterday.
(*Kana*)：I was there to practice for the concert with my brass band members.
(*Mr. Jones*)：How was practice?
(*Kana*)：Good. But we need to practice more.
(*Mr. Jones*)：When is the concert?
(*Kana*)：Next Sunday. We'll practice at the concert hall again this Friday.
(*Mr. Jones*)：I want to go to the concert. Do I need a ticket?
(*Kana*)：Yes. You can get it from our music teacher, Ms. Sato.
(*Mr. Jones*)：I see. I'll ask her about it. I'm looking forward to the concert.
(*Kana*)：Thank you. I'll do my best.
(間３秒)

Questions：① Why did Kana go to the new concert hall? (間５秒)
② When will the concert be held? (間５秒)
③ What will Mr. Jones do to get a ticket? (間５秒)繰り返します。
(間５秒)

(4)に移ります。トム(Tom)はアメリカの中学生です。あなたは英語の授業中に，オンラインでトムの話を聞いています。その内容として適切なものを，**ア**，**イ**，**ウ**，**エ**から**2つ**選んで記号を書きなさい。また，最後の問いかけに対して，トムの話を踏まえ，**1つの英文**であなたの**[質問]**を書きなさい。トムの話は２回放送されます。はじめに15秒間，選択肢に目を通しなさい。(間15秒)では始めます。

Hello, everyone. Today, I'll talk about my school life. I have four classes in the morning and three in the afternoon every day. At my school, the students can learn some languages. I study Spanish. I'm not good at it, but I study it hard because I want to go to Spain someday. Next year, I'm going to study one more language, Japanese, because I like Japanese comics. At lunch time, I eat my favorite food at the school cafeteria with my friends. Pizza and sandwiches are popular. Now, do you have any questions about my school life?
(間20秒)繰り返します。
(間20秒)

これでリスニングテストを終わります。次の問題に移ってください。

令和五年度

国語「聞くこと」に関する検査台本

※教英出版注
音声は，解答集の書籍ID番号を教英出版ウェブサイトで入力して聴くことができます。

〔注〕（　　）内は音声として入れない。

ただいまから、国語の「聞くこと」に関する検査を始めます。「聞くこと」に関する検査は、出題も含めてすべて放送で行いますので、指示があるまで問題用紙を開いてはいけません。解答用紙とメモ用紙を準備してください。

（間５秒）

メモ用紙は必要に応じて使ってください。問題は全部で四つです。

（間３秒）

たけるさん、りくさん、えみさんの三人は、各中学校の代表者が集まって行う市長との意見交換会で、「人にやさしい町づくり」について提案することになりました。

これから放送する内容は、提案する内容について三人が話し合っている様子です。進行役は、たけるさんが務めています。

話し合いの様子と問題は、一度だけ放送します。

それでは、始めます。

（間３秒）

たける	はじめに、前回の話し合いの確認をします。僕たちは「人にやさしい町づくり」について、身近な生活の中から見つけた問題をもとに提案することにしました。校内アンケートでは、歩道の整備についての意見が多かったので、このことを踏まえて、今日は、提案の内容を考えましょう。はじめに、りくさんの意見を聞かせてください。
りく	はい。僕は、歩道を補修する必要があると思います。僕の通学路では、歩道の舗装が古くなり、ところどころにひび割れや穴があって、歩きにくくなっています。それに、雨が降ったあと、小学生が穴の部分にできた水たまりをよけようとして車道を歩いていたのを見て、危険だと感じました。
たける	りくさんは、実際に危ないと感じたことがあったのですね。校内アンケートの結果から考えると、そういう場所が多いということかもしれませんね。では次に、えみさんの意見をお願いします。
えみ	はい。私は、歩道脇の雑草を取り除くことも必要だと思います。先月のクリーンアップ活動で、ひがし公園の周りを清掃しているときに、伸びた雑草が歩道にはみ出している場所があることに気付きました。りくさんは、普段ひがし公園の前を通っていますよね。そのときに、歩きにくいと感じたことはありませんか。
りく	たしかに、歩道脇の雑草が伸びてくると、通行の邪魔になることがあります。それに、公園の周りに限らず、街路樹が並んでいる道では、秋になると落ち葉が積もって滑りやすくなることも、危険だと感じます。
えみ	なるほど。落ち葉のことは気付きませんでした。
たける	そのような問題もあったのですね。ここまでの二人の話を整理すると、歩道そのものを補修することと、通行の邪魔になるものを取り除くことが必要だということですね。
えみ	そうですね。ただ、歩道の補修は市にお願いしないとできませんが、雑草や落ち葉を取り除くことは、私たちにもできるかもしれません。例えば、クリーン

地図，年表を見て，(1)～(4)の問いに答えなさい。

Ⅲ [X] テーマ：統一事業と社会の変動

◇安土桃山時代になると，ヨーロッパ人が来航するようになり，わが国の政治や文化に影響を与えた。

資料４　宣教師の追放を命じた法令

一　日本は神国であるから，キリシタンの国から悪い教えを伝え広められるのはよろしくない。
一　ポルトガル船は，商売のために来ているので特別に許可する。今後も取引するように。

（「バテレン追放令」から部分要約）

◇江戸時代には幕府と藩による支配が確立したが，次第に幕府の政治は行きづまっていった。

資料５　寛政の改革を批判した狂歌

ⓕ白河の清きに魚《うお》の住みかねて
　　元のにごりの田沼恋しき

Ⅳ　近代・現代　テーマ：人，もの，情報の往来

◇近代化や社会情勢の変化にともない，人，もの，情報の往来が活発になった。

資料６　秋田県のある村長の演説

オーストリア皇太子夫妻がサラエボで暗殺されてから５年，日本はイギリス・フランスとともにドイツと戦い，勝利を収めた。

（「萩澤《がつぎざわ》歳時記」から部分要約）

図２　*1*2 全国の人口規模別市町村人口

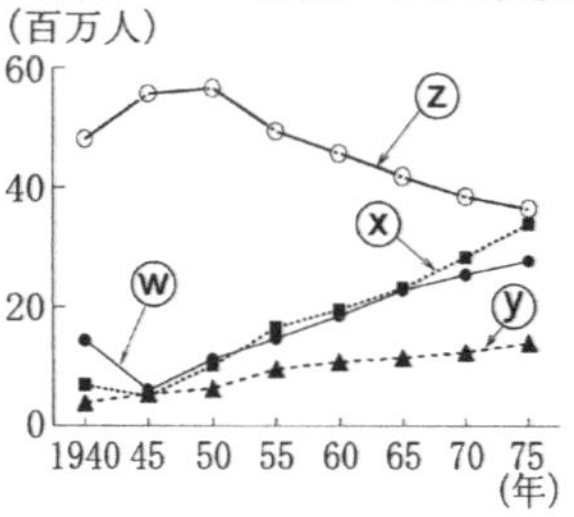

*1 全国の市町村を人口規模によってⓦ～ⓩの４グループに分け，それぞれのグループの人口の合計の推移を表したもの
ⓦグループ：50万人以上
ⓧグループ：10万～50万人未満
ⓨグループ：5万～10万人未満
ⓩグループ：5万人未満
*2 東京都23区は１市として計算

（総務省統計局資料から作成）

(3)　レポートのⅢに関する問題である。

①　[X] にあてはまる時代区分を書きなさい。

②　資料４の法令を出した人物がおこなった政策を，一つ選んで記号を書きなさい。

ア　御家人の借金を取り消し土地を取り戻させた　　**イ**　一揆を防ぐため，百姓から武器を取り上げた
ウ　大名が許可なく城を修理することを禁止した　　**エ**　市における税を免除し，座の特権を廃止した

③　下線部ⓕを指す人物名を書きなさい。

(4)　レポートのⅣに関する問題である。

①　資料６は，年表の下線部㋐に示した戦争が終わった翌年におこなわれた演説である。この戦争の名称を書きなさい。

②　年表の㋑の期間における，図２のグラフの変化の理由として考えられることを，一つ選んで記号を書きなさい。

ア　農村部への疎開　　**イ**　世界恐慌の発生
ウ　関東大震災による被害　　**エ**　満州からの引きあげ

③　年表の㋒のころの都市部と農村部において，図２のグラフの変化に関連しておきたこととして適切なものを，それぞれ一つずつ選んで記号を書きなさい。

ア　食料不足が生じた　　**イ**　過疎化が進んだ　　**ウ**　住宅不足が生じた　　**エ**　小作農が増加した

④　年表の下線部㋓に関連した次の文の [い] に入る国名と，[う] にあてはまる語を書きなさい。

このできごとの後，アメリカと [い] の首脳が会談し，[う] の終結が宣言された。

年表

年代		主なできごと
1910		㋐戦争に初めて戦車が使用される ラジオ放送が始まる
1940	㋑	
1945		ポツダム宣言を受諾する
1960	㋒	東海道新幹線が開通する
1970		日本万国博覧会(大阪)が開催される
1980		
1990		㋓ベルリンの壁が崩壊し，東西ドイツの国境が開かれる

4　次は，豊かな社会生活を築くことについて，これまで学習したことをもとに，生徒がまとめたものの一部である。これらを見て，(1)～(9)の問いに答えなさい。

私たちの権利の保障と政治の関わりについて

◇日本国憲法は，ⓐ<u>人が生まれながらにしてもっている権利</u>を保障している。
◇私たちは，ⓑ<u>主権者としての自覚をもって政治に参加する</u>ことが大切である。

資料１　日本国憲法第11条

国民は，すべての あ の享有を妨げられない。この憲法が国民に保障する あ は，侵すことのできない永久の権利として，現在及び将来の国民に与へられる。

表　おもな直接請求のしくみ

請求の種類	必要な署名	請求後の取り扱い
首長・議員の解職	有権者の3分の１以上	い を行い，う の賛成があれば解職
条例の制定・改廃	有権者の え	議会を招集し，その結果を報告

図１　政治のしくみについて

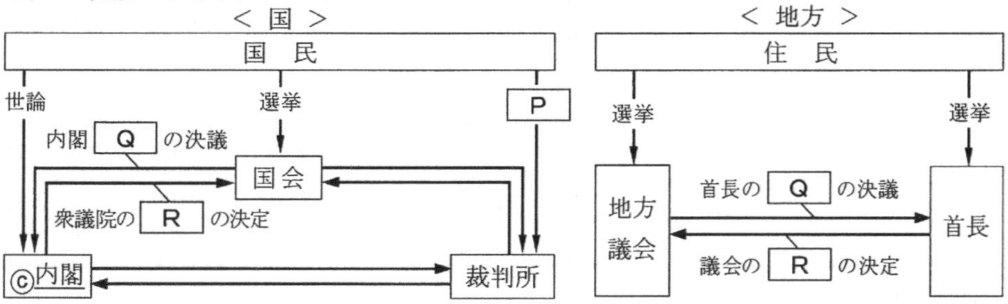

(1)　下線部ⓐに関する問題である。

①　資料１の あ にあてはまる語を書きなさい。ただし， あ には同じ語が入る。

②　下線部ⓐを侵害された人々が国に要求できる権利を，一つ選んで記号を書きなさい。

ア　裁判を受ける権利　　イ　団体交渉権　　ウ　国政調査権　　エ　自己決定権

(2)　下線部ⓑに関する問題である。

①　表の い にあてはまる語を書きなさい。

②　表の う ， え にあてはまる語を，それぞれ一つずつ選んで記号を書きなさい。

ア　３分の１以上　　イ　過半数　　ウ　３分の２以上　　エ　50分の１以上

③　図１の P にあてはまる語を，一つ選んで記号を書きなさい。

ア　監査請求　　イ　国民審査　　ウ　弾劾裁判　　エ　違憲審査

(3)　図１の下線部ⓒが行うことを，一つ選んで記号を書きなさい。

ア　条約の承認　　イ　法律の制定　　ウ　予算の作成・提出　　エ　憲法改正の発議

(4)　図１の Q ， R にあてはまる語を，それぞれ書きなさい。ただし， Q ， R にはそれぞれ同じ語が入る。また，図１をもとに生徒が考えた次の文の S に入る適切な内容を，次の語を用いて書きなさい。〔 集中 〕

国の政治では国会，内閣，裁判所が，地方の政治では地方議会と首長が，それぞれ互いに抑制し合い均衡を保ち， S ことで，私たちの権利と自由が守られている。

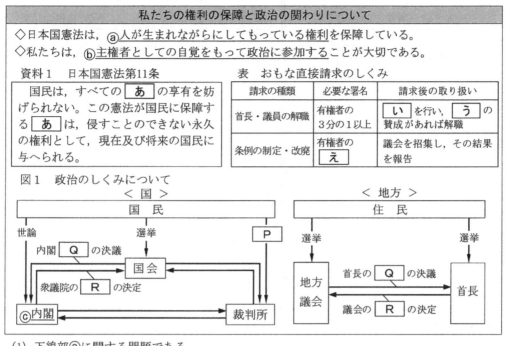

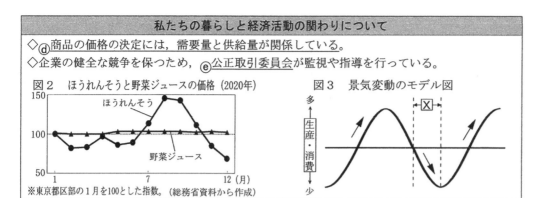

私たちの暮らしと経済活動の関わりについて

◇ⓓ商品の価格の決定には，需要量と供給量が関係している。
◇企業の健全な競争を保つため，ⓔ公正取引委員会が監視や指導を行っている。

図２　ほうれんそうと野菜ジュースの価格（2020年）

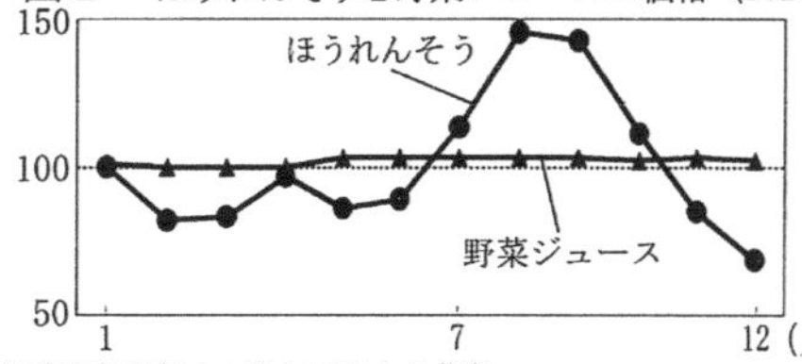

※東京都区部の１月を100とした指数。（総務省資料から作成）

図３　景気変動のモデル図

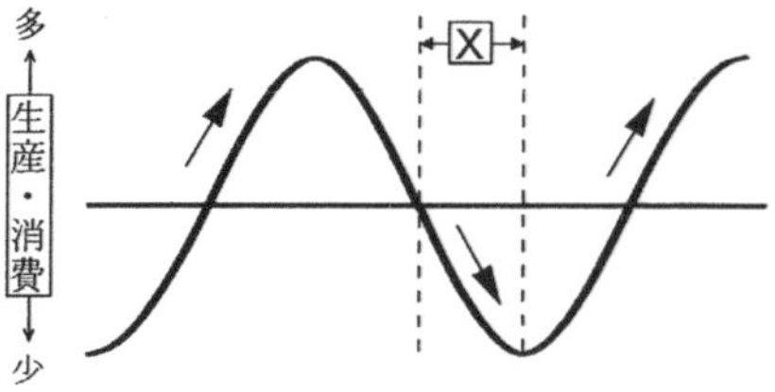

(5)　次は，下線部ⓓに関わる図２をもとに生徒が考えたものである。 お に入る適切な内容を書きなさい。

> ほうれんそうが野菜ジュースと比べて お のは，季節や天候によって生産量が変わりやすいからだと思う。

(6)　下線部ⓔが設置される根拠となる法律名を書きなさい。

(7)　図３の X のときに起こりやすい状況を，**二つ**選んで記号を書きなさい。

ア　失業者の増加　　**イ**　賃金の上昇　　**ウ**　企業利益の増加　　**エ**　企業倒産の増加

安心して働くことのできる社会のあり方について

◇わが国の社会保障制度には，ⓕ社会保険，公的扶助，社会福祉，公衆衛生があり，社会全体でお互いに生活を支え合う仕組みとなっている。
◇政府は，生産性の向上に加え，多様で柔軟な働き方が選択できるよう，ⓖ働き方改革に取り組んでいる。

図４　わが国の＊労働時間と国民総所得の推移

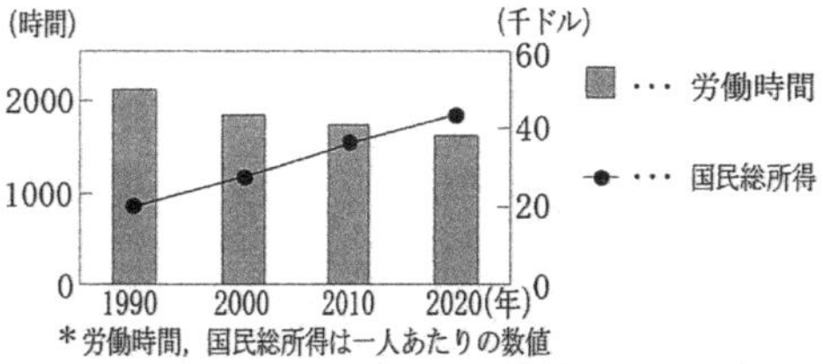

＊労働時間，国民総所得は一人あたりの数値
（ＯＥＣＤ資料などから作成）

資料２　「カエル！ジャパン」キャンペーン

> わが国では Y の実現に向け，憲章と行動指針を策定するとともに，右のようなキャッチフレーズとシンボルマークを作成し，社会全体で取り組むキャンペーンを実施している。
>
> ひとつ「働き方」を変えてみよう！
> カエル！ジャパン
> Change! JPN

（内閣府資料から作成）

(8)　下線部ⓕの内容にあたるものを，一つ選んで記号を書きなさい。

ア　児童の自立援助　　**イ**　下水道の整備　　**ウ**　国民年金の給付　　**エ**　生活保護費の支給

(9)　下線部ⓖに関する問題である。

①　次は，図４をもとに生徒がまとめたものである。 か に入る適切な内容を書きなさい。

> わが国では1990年からの30年間で， か ことから，生産における労働の効率が上がったと考えられる。

②　資料２の Y にあてはまる語を，一つ選んで記号を書きなさい。

ア　フェアトレード　　**イ**　ワーク・ライフ・バランス
ウ　クーリング・オフ　　**エ**　セーフティネット

4　明さんは，ある港で図１のような見慣れない船を見つけ，興味をもった。そこで，資料で調べ，疑問に思ったことについて実験を行った。下の(1)，(2)の問いに答えなさい。

図１

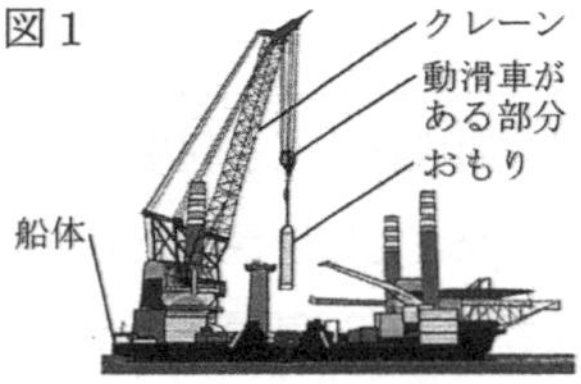

【資料】図１はＳＥＰ船といい，風力発電用の風車の建設などに使われる。重いおもりや部品を持ち上げたり，高い所からおもりを落として風車の土台となるくいを打ち込んだりする。
【疑問】クレーンは，どのようにして重いおもりや部品を持ち上げているのだろうか。

(1) クレーンで重いおもりを持ち上げている理由について説明した次の文が正しくなるように，Ｐにあてはまる内容を「**位置エネルギー**」という語句を用いて書きなさい。

持ち上げるおもりの高さが高いほど，また，質量が大きいほど［　Ｐ　］ので，おもりを落としたとき，くいを深く打ち込むことができる。

(2) 明さんは，動滑車のはたらきを調べるため，次の実験を行った。ただし，100 gの物体にはたらく重力の大きさを１Ｎとし，糸の質量，糸と滑車の間にはたらく摩擦，糸の伸び縮みは考えないものとする。

【実験】図２，図３の装置のように質量40 gの定滑車や動滑車を使って，質量500 gのおもりを床から10cmの高さまで持ち上げるのに必要な力の大きさと糸を引いた距離を調べ，結果を表にまとめた。

表

	図２	図３
力の大きさ［N］	5.0	2.7
糸を引いた距離［cm］	10	20

図２

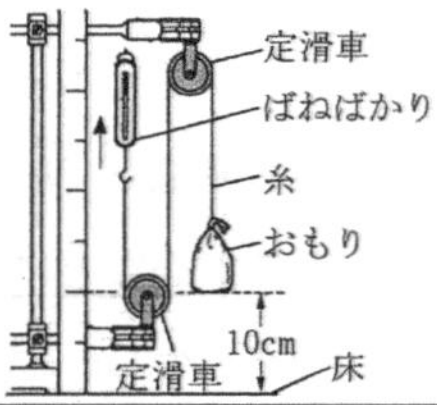

図３

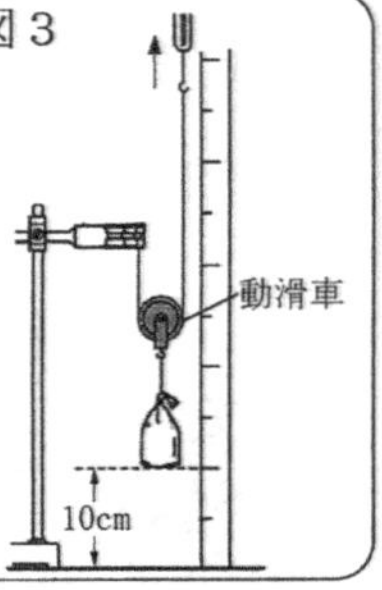

① 仕事の大きさを表す単位を何というか，**記号**で書きなさい。

② 図３でおもりを持ち上げるのに３秒かかった。このときの仕事率は何Ｗか，求めなさい。求める**過程**も書きなさい。

③ 図４のように，クレーンのフックをワイヤーで巻き上げて動かす部分には，複数の動滑車が使われている。そこで，明さんは実験で使ったものと同じ定滑車と動滑車で図５のような装置を作り，おもりを床から10cmの高さまで持ち上げた。持ち上げるのに必要な力が1.7Ｎのとき，おもりの質量は何ｇか，求めなさい。ただし，動滑車２つと動滑車をつなぐ板の質量の合計は100 ｇとし，動滑車をつなぐ板は水平に動くものとする。

図４

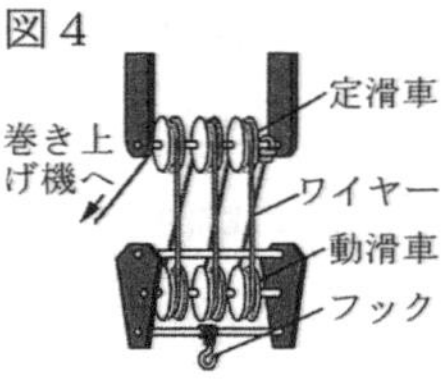

図５

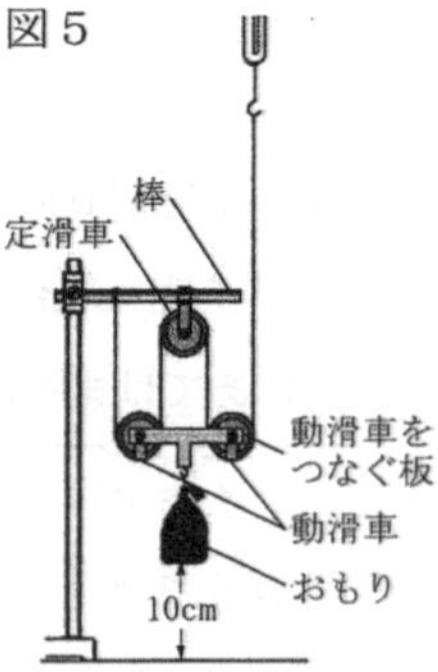

④ 実験の結果をもとに，明さんがまとめた次の考えが正しくなるように，Ｘ，Ｙにあてはまる語句をそれぞれ書きなさい。

動滑車を使うと，糸を引く距離は，物体を持ち上げる距離より（　Ｘ　）なりますが，加える力の大きさは，物体にはたらく力の大きさより（　Ｙ　）なるので，クレーンは複数の動滑車をつなげて，重いおもりや部品を持ち上げています。

5　愛さんは，バイオマス発電や風力発電について興味をもち，資料で調べたり説明を聞いたりした。次の(1)～(3)の問いに答えなさい。

(1) 愛さんは，バイオマス発電について資料で調べ，次のようにまとめた。

【調べたこと】農林業からでる作物の残りかすや家畜のふん尿，間伐材《かんばつざい》などを利用して，そのまま燃焼させたり，微生物を使って発生させたアルコールなどを燃焼させたりして発電している。また，間伐材などを燃焼させた際に排出される a 二酸化炭素は，原料の植物が生育する過程で光合成によって大気からとりこまれたものである。よって，全体としてみれば，大気中の二酸化炭素の量は［　P　］という長所がある。

① 次のうち，下線部 a を発生させる方法はどれか，1つ選んで記号を書きなさい。

ア　二酸化マンガンにオキシドールを加える

イ　石灰石にうすい塩酸を加える

ウ　亜鉛にうすい塩酸を加える

エ　塩化アンモニウムと水酸化カルシウムを混ぜ合わせて熱する

② 愛さんの調べたことが正しくなるように，P にあてはまる内容を書きなさい。

(2) 愛さんは，風力発電の会社の人から次のような説明を聞いた。

風力発電では，図1のような風車を，風の力で回転させて発電機を動かし発電しています。交流という種類の電流を b 送電線で各家庭や工場などに送っているのですが，途中で電気エネルギーの一部が失われてしまいます。

図1

① 図2のように，2つの発光ダイオードを，足の長い方と短い方が逆になるように電源装置につないだ。3Vの電圧を加えて交流の電流を流し，発光ダイオードを左右に振ると，発光ダイオードはどのように見えるか，次から1つ選んで記号を書きなさい。

図2

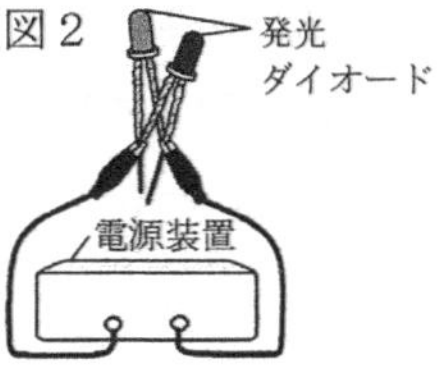

ア　2つとも光っていない

イ　一方だけ光り続け，1本の線に見える

ウ　2つとも光り続け，2本の線に見える

エ　交互に光り，2本の点線に見える

② 下線部 b のようになるのはなぜか，書きなさい。

(3) バイオマス発電や風力発電について，愛さんがまとめた次の考えが正しくなるように，X，Y にあてはまる語句をそれぞれ書きなさい。

バイオマス発電では，燃料となる物質がもっている（ X ）エネルギーを，風力発電では，風による空気の（ Y ）エネルギーを，それぞれ電気エネルギーに変換しており，発電の際に石油や石炭などを使用しません。よって，このような再生可能なエネルギーの開発を進めていくことが必要であると考えました。

6　学さんは，自宅に毎年やってくるツバメを観察して，疑問に思ったことについて，タブレット型端末で検索したり資料をもとに考えたりした。次の(1)，(2)の問いに答えなさい。

(1)　学さんは，タブレット型端末でツバメについて検索したところ，図1のような記述を見つけた。

図1

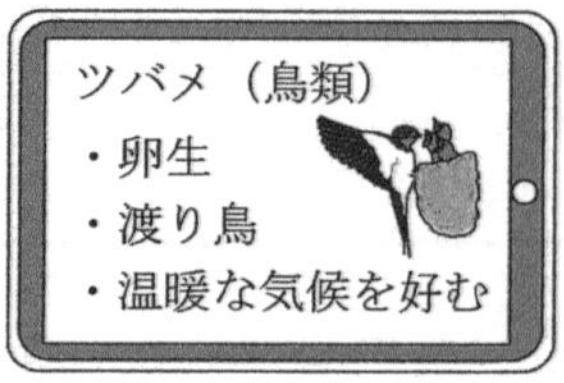

①　次の**ア**～**エ**のうち，鳥類に分類される生物はどれか，**すべて**選んで記号を書きなさい。

ア　スズメ　　　**イ**　コウモリ

ウ　ワシ　　　**エ**　ペンギン

②　鳥類の卵の特徴について説明した次の文が正しくなるように，Pにあてはまる内容を書きなさい。

鳥類は陸上に卵をうむため，鳥類の卵には，魚類の卵にはない［　P　］がある。

(2)　ツバメが温暖な気候を好むことを知った学さんは，なぜ，冬よりも夏の気温の方が高くなるのだろうかという疑問をもった。そこで，図2のような，透明半球に夏至と冬至の太陽の通り道を示した資料をもとに考えた。

①　図2で，**北**を表しているのは**ア**～**エ**のどれか，また，太陽が動いて見える**方向**は**オ**，**カ**のどちらか，それぞれ1つずつ選んで記号を書きなさい。

図2

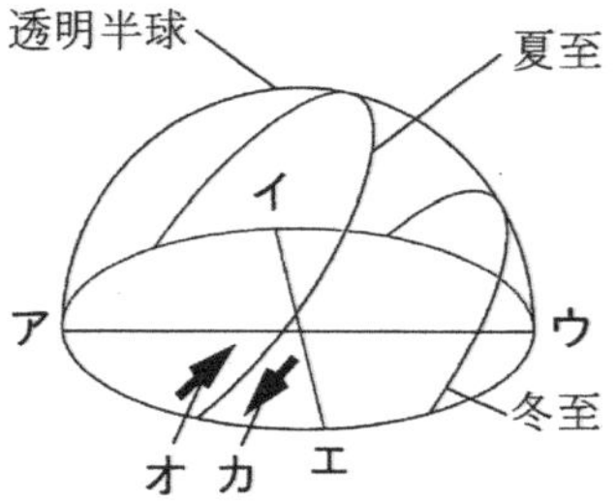

②　図2のように，夏至と冬至で太陽の通り道が異なる理由について説明した次の文が正しくなるように，Xにあてはまる内容を書きなさい。

地球が［　X　］公転しているため。

③　冬よりも夏の気温の方が高くなる理由について，学さんがまとめた次の考えが正しくなるように，Yにあてはまる内容を書きなさい。

夏至と冬至の南中高度を比べると，夏至の方が高くなっています。太陽の光が当たる角度が地面に対して垂直に近いほど，同じ面積に［　Y　］ます。さらに，太陽が出ている時間は，冬至よりも夏至の方が長くなっています。だから，冬よりも夏の気温の方が高くなると考えました。

4 中学生の由紀(Yuki)と留学生のマイク(Mike)が，職業体験イベントであるドリームジョブデイ(Dream Job Day)について，案内ポスターを見ながら会話をしている場面です。これを読んで，(1)～(4)の問いに答えなさい。

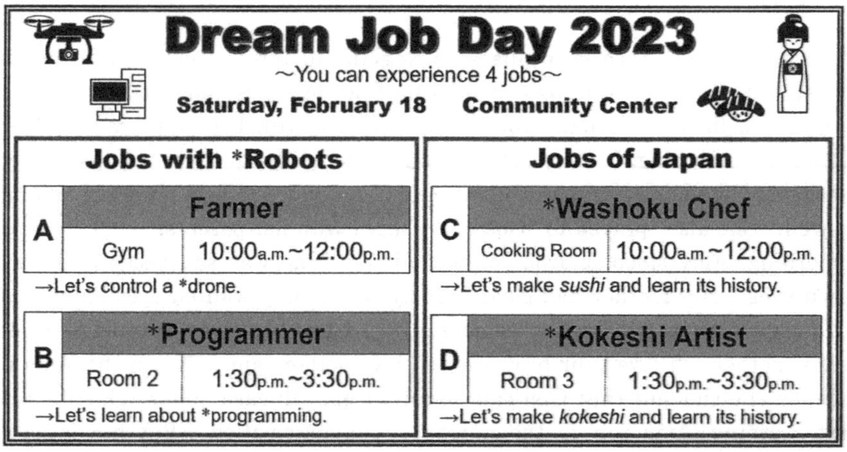

Yuki: Look. We can choose jobs from **A** to **D**. Which do you want to join?
Mike: I'm interested in traditional Japanese things. I want to know how to cook Japanese food and learn its history. So I'll join【　　】.
Yuki: Then, you'll learn about *sushi* in the morning. (①)?
Mike: Good idea. I can also learn the history of *kokeshi*. Have you decided which to join?
Yuki: Well, I've wanted to experience programming. So **B** is good for me. Last year, I was surprised to see robots. They carried food in a restaurant. I want to learn about robot programming.
Mike: Robots continue to improve our lives and we can see them in many places. Will you join **A** to learn about drones?
Yuki: No, I won't. I once controlled a drone when I experienced my uncle's job last summer. (②). I also want to learn about *washoku*, so I'll join you.
Mike: That'll be fun. Let's meet in front of the Community Center in the morning.
Yuki: Yes, let's. Why don't we meet at 9:45 a.m.? I want to be in the room《　　》the job experience starts.
Mike: OK. See you then.

【注】 *robot：ロボット　*drone：ドローン　*programmer：プログラマー
*programming：プログラミング　**washoku*：和食　**kokeshi*：こけし

(1) 本文中の【　　】に当てはまる最も適切なものを，案内ポスターの**A**～**D**から**1つ**選んで記号を書きなさい。

(2) 本文中の①，②に当てはまる最も適切なものを，次の**ア**～**エ**からそれぞれ**1つずつ**選んで記号を書きなさい。

① **ア** Shall I take you to the Gym　**イ** How about joining **D** in the afternoon
ウ Why don't we join **B** at 1:30 p.m.　**エ** Do you want me to make *sushi*

② **ア** And, I want to visit the Gym　**イ** Next, you can use the drone, too
ウ So, I'll choose a different job　**エ** But, you should learn the technology

(3) 本文中の《　　》に当てはまる語を，**bで始まる英語1語**で書きなさい。

(4) 次は，マイクがイベントに参加した後に記入したアンケートの内容の一部です。(　　)に当てはまる最も適切な**英語1語**を，本文中から**そのまま抜き出して**書きなさい。

I learned that chefs and artists keep Japanese tradition. They also try to develop their skills every day. I'd like to (　　) learning new things like them in my school life. Thank you very much.

5 次の英文は，イギリス出身の教育者であり宣教師（missionary）でもあったエミー・カーマイケル（Amy Carmichael）さんの話です。これを読んで，(1)～(6)の問いに答えなさい。

Amy Carmichael was born in a village in England in 1867. Her parents always worked hard to help other people. She was the oldest of her brothers and sisters. When Amy was a little girl, she liked to do dangerous things outside with her brothers. So, her mother said, "Don't do such things." Amy listened to her mother because she wanted to help people as a missionary like her parents in the future. She decided to be a good girl and helped her parents well. She also *prayed to *God every night with her parents.

One morning, Amy stood in front of the mirror. She was sad because she didn't like her brown eyes. Her mother had clear blue eyes and Amy wanted eyes like her mother's. "Why do I have brown eyes?" Amy wondered. "If I had blue eyes, I would be pretty," Amy said to her mother. "I love your brown eyes," her mother said. That night, Amy prayed to God because she thought that God can do anything. "Please, please give me blue eyes." The next morning, Amy ran to the mirror (A) in anticipation. But her eyes were still brown. Amy cried because God didn't answer her wish. Her mother told her, "Your eyes are so beautiful. You don't have to change the color of your eyes. I love you, Amy."

When Amy was twenty-seven years old, she went to India as a missionary. At that time in India, poor people often left their children at *facilities because they couldn't take care of them. But even in facilities, there was not enough food. One day, Amy met a girl who ran out of a facility. She looked hungry and weak. After talking with her, Amy knew that the girl was seven years old and lived in very difficult conditions at the facility. She said to Amy, "There are a lot of other children like me in the facility." When Amy heard (B) this, she decided to take action to help them.

First, she had to meet and talk with the leader of the facility, but (C) it was hard for her to meet him. In those days, in India, people from other countries couldn't enter the facility. So, she had to change her *skin color and wear Indian clothes. She stood in front of the mirror and put coffee powder on her face to change her skin color.

Then, Amy remembered what she prayed for in her childhood. "If I had (**a**) eyes, I couldn't be like Indian people. I can change my skin color with coffee powder, but I cannot change the color of my eyes. I don't need blue eyes," she thought. "My mother was right."

After she met the leader of the facility, Amy wrote some books about the children in the facilities. Then people in the world learned about the children and the government in India had to make laws to protect them.

Thanks to her (**b**) eyes, she could save a lot of children in India. "I'm proud of myself and the color of my eyes. I realize I am worth living," said Amy. When Amy understood this, she loved herself more.

She spent all her life in India and saved more than 1,000 children.

【注】*pray：祈る　　*God：神　　*facility：施設　　*skin：肌

(1)　下線部$_{(A)}$in anticipation の意味として最も適切なものを，本文の内容から判断して，次の**ア**～**エ**から**１つ**選んで記号を書きなさい。

ア　反省して　　**イ**　疲弊して　　**ウ**　期待して　　**エ**　回復して

(2)　下線部$_{(B)}$this の指している内容を，次の**ア**～**エ**から**１つ**選んで記号を書きなさい。

ア　Amy's brothers liked to do dangerous things.
イ　Amy's eyes were beautiful.
ウ　The girl was seven years old.
エ　Many hungry children were in the facility.

(3)　下線部$_{(C)}$it was hard for her to meet him の理由を，**日本語**で書きなさい。

(4)　本文の内容から判断して，（　**a**　），（　**b**　）に当てはまる最も適切な**英語１語**を，本文中から**抜き出して**それぞれ書きなさい。

(5)　本文の内容と合っているものを，次の**ア**～**カ**から**２つ**選んで記号を書きなさい。

ア　Amy liked to play inside with her older brothers and sisters.
イ　Amy had a color of eyes that was different from her mother's.
ウ　Amy went to India when she was a little girl.
エ　Amy used coffee powder to meet the leader of the facility.
オ　Amy wrote some books to introduce England.
カ　Amy returned to England after working as a missionary.

(6)　次の英文は，ある生徒が本文を読んで考えをまとめたものです。①，②に当てはまる最も適切な**英語１語**を，下の**ア**～**オ**から**１つずつ**選んで記号を書きなさい。

> I like two things about Amy's story. First, Amy was strong and learned to (①) everything about herself. Second, Amy didn't (②) helping children even in difficult situations. Amy made many children in India happy. I want to be a person like her.

ア　hurt　　**イ**　stop　　**ウ**　start　　**エ**　answer　　**オ**　accept

（3） 3年1組，2組，3組で運動部に所属している生徒は，16人ずついる。図2は，3年1組の運動部の生徒をグループ1，3年2組の運動部の生徒をグループ2，3年3組の運動部の生徒をグループ3とし，それぞれの読書時間のデータを，箱ひげ図に表したものである。

図2

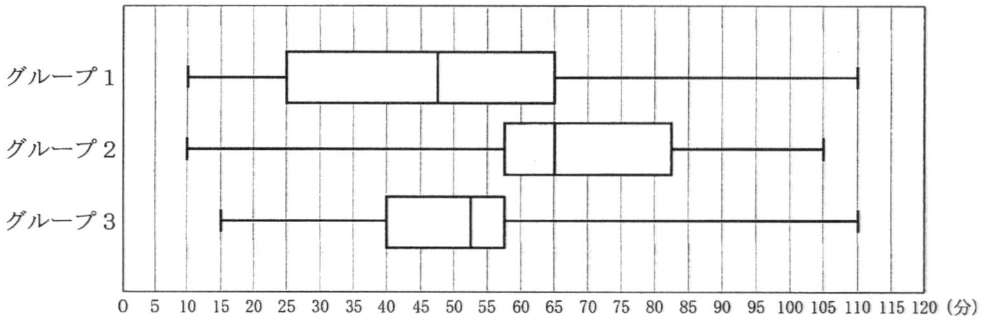

① 図2から読み取れることとして正しいものを，次の**ア〜エ**から**すべて**選んで記号を書きなさい。

ア 読書時間が55分以下の生徒数が最も少ないグループは，グループ2である。

イ 読書時間が55分以上の生徒数が最も多いグループは，グループ3である。

ウ どのグループにも，読書時間が80分以上 100 分未満の生徒は必ずいる。

エ どのグループにも，読書時間が 100 分以上の生徒は必ずいる。

② 図2において，読書時間のデータの散らばりぐあいが最も大きいグループを，次の**ア〜ウ**から1つ選んで記号を書きなさい。

また，そのように判断した理由を，**「範囲」**と**「四分位範囲」**という両方の語句を用いて書きなさい。

ア グループ1　　**イ** グループ2　　**ウ** グループ3

4　次の（１）～（３）の問いに答えなさい。

（１）　図のように，正三角形ＡＢＣがある。点Ｄは辺ＢＣをＣの方向に延長した直線上にある。点Ｅは線分ＡＤ上にあり，ＡＢ // ＥＣである。点Ｆは辺ＡＣ上にあり，ＣＥ＝ＣＦである。このとき，△ＡＣＥ≡△ＢＣＦとなることを証明しなさい。

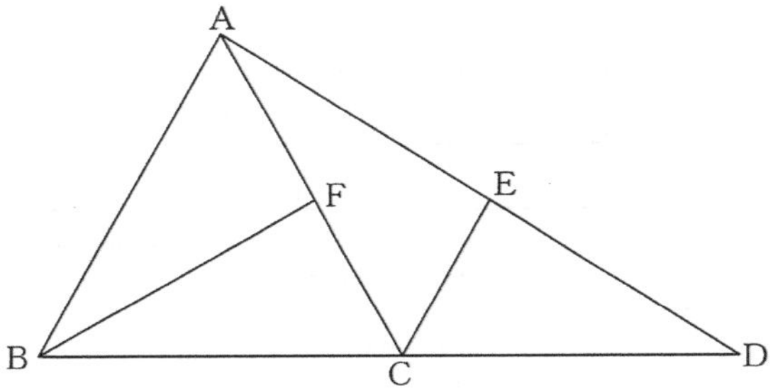

（２）　詩織さんは，次のことがらの**逆**について考えたことをまとめた。［詩織さんのメモ］が正しくなるように，**ア**には記述の続きを，**イ**には反例を書きなさい。

> ２つの自然数 a，b において，$a=3$，$b=6$ ならば，$a+b=9$

［詩織さんのメモ］

> **逆**は，次のようにいえる。
>
> > ２つの自然数 a，b において，［　　　**ア**　　　］
>
> **逆**は，正しくない。（反例）［　**イ**　］

（３）　直角三角形ＡＢＣで，辺ＡＢの長さは，辺ＢＣの長さより２cm長く，辺ＢＣの長さは辺ＣＡの長さより７cm長い。このとき，直角三角形ＡＢＣの斜辺の長さを求めなさい。

5　次の Ⅰ，Ⅱ から，**指示された問題**について答えなさい。

Ⅰ　次の図において，㋐は関数 $y = x^2$，㋑は関数 $y = ax^2$ （$0 < a < 1$）のグラフである。2点A，Bは，㋐上の点であり，点Aの座標は（－１，１），点Bの座標は（２，４）である。原点Oから（０，１），（１，０）までの距離を，それぞれ１cmとする。次の（１）～（３）の問いに答えなさい。

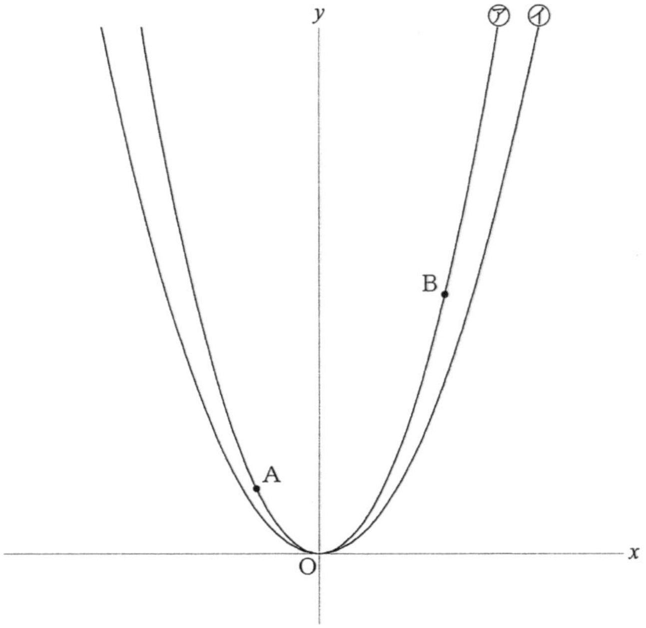

（１）　２点A，Bを通る直線の式を求めなさい。求める過程も書きなさい。

（２）　$a = \dfrac{2}{3}$ のとき，㋑上に，x 座標が３である点Cをとる。このとき，線分BCの長さを求めなさい。

（３）　㋐上に，x 座標が正で，y 座標が１である点Pをとる。㋑上に，x 座標が－１より小さく，y 座標が４である点Qをとる。四角形APBQの面積が 12cm^2 になるとき，a の値を求めなさい。

Ⅱ　次の図において，㋐は関数$y=\frac{1}{2}x^2$，㋑は関数$y=-x+4$のグラフであり，点Ａの座標は（－４，８），点Ｂの座標は（２，２）である。㋐上に，x座標がtである点Ｐをとり，㋑上に，点Ｐとx座標が等しい点Ｑをとる。原点Ｏから（０，１），（１，０）までの距離を，それぞれ１cmとする。次の（**1**），（**2**）の問いに答えなさい。

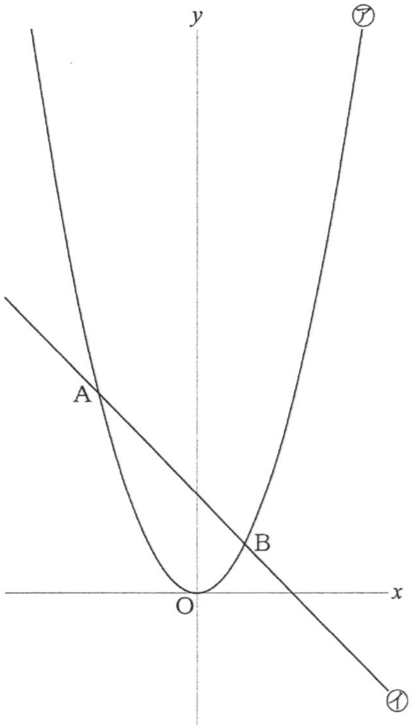

（１）　$t=-2$のとき，２点Ａ，Ｐを通る直線の式を求めなさい。求める過程も書きなさい。

（２）　$-4<t<2$とする。

①　$\mathrm{AQ}=5\sqrt{2}$ cmになるとき，tの値を求めなさい。

②　㋑上に，x座標が２より大きい点Ｒを，線分ＢＲの長さと線分ＢＱの長さが等しくなるようにとる。㋐上に，点Ｒとx座標が等しい点Ｓをとる。四角形ＰＱＳＲの面積が30cm^{2}になるとき，tの値を求めなさい。

四　次の文章を読んで、1～4の問いに答えなさい。

「吉村胡雪《よしむらこせつ》」こと彦太郎《ひこたろう》は、*円山応挙《まるやまおうきょ》一門の絵師である。ある日、応挙の代筆役として寺に遣わされた彦太郎のもとを、対立しながらも絵師としての腕を認め合う間柄である「深山箏白《みやまそうはく》」こと豊蔵《とよぞう》が訪れる。彦太郎の描いた障壁画に期待を寄せていた豊蔵だったが、彦太郎は、ふた月余も絵を描けずにいた。

日は西の海に半身を浸し、光は勢いを失っている。奥の間はすでに薄暗いが、もともと日本画は、暗さを*鑑《かんが》みて描かれている。行灯《あんどん》や燭台《しょくだい》のほのかな灯《あか》りに浮かび上がるときこそ、真の姿を見せる。

しかし豊蔵は、座敷に入ってすぐさま、落胆のため息をもらした。

「なんや、応挙の筆やないか。こないなもんを拝むために、ド田舎まで足を延ばしたわけやあらへんわい」

「相変わらず、無礼な奴だな。寺の和尚は、師匠の絵をご所望なのだ」

ちらりと、豊蔵がふり返った。

侮蔑《ぶべつ》と*猜疑《さいぎ》を隠そうともしない、あからさまな視線だった。

「もしや、同じつまらん筆で、残る襖《ふすま》や壁を、埋めるつもりではなかろうな？」

この男の言いざまは、いつでも人の心をえぐる。いくら覚悟をしていても、その容赦《ようしゃ》のなさに打ちのめされる。喘《あえ》ぐように、彦太郎は反駁《はんばく》した。

「おれは、師匠の代わりに遣わされた。寺が望むのは、吉村胡雪ではなく円山応挙の絵だ」

言いながら、その空虚さに気がついた。彦太郎が嚙《か》んでいるのは、砂ですらない。まるで*籾殻《もみがら》を口いっぱいに食《は》んでいるかのようだ。いくら嚙みしめても中身はなく、籾の先だけがちくちくと舌を刺す。

応挙は彦太郎に、自身の筆を真似《まね》よと強いたことは一度もない。ただ師の代筆という立場が、彦太郎を縛るのだ。人を喜ばせるのが、彦太郎の身上だった。なまじ師とそっくりに描ける腕をもつために、応挙風を期待されると、応えてやりたいとの思いがわく。それが強靱《きょうじん》な我とせめぎ合い、迷いとなって筆に現れる。

新築の寺ともなれば、その迷いはいっそう深まる。一枚一枚の出来だけではなしに、どこにどのような絵を配し、按配《あんばい》するか。流れや繋《つな》がりも鑑みて、寺という空間に、俗世と切り離されたひとつの世界を作る。それが障壁画と呼ばれる室内装飾の真髄なのである。

己が足をはこべぬ詫《わ》び料代わりに、応挙は数枚の絵を彦太郎に託す。その礎《いしずえ》をまるきり無視して勝手に走れば、寺の静謐《せいひつ》な空気そのものを壊すことになりかねない――。それを言い訳に、これまでどうしても踏み出せなかった。

「おまえは、それでええんかい」

豊蔵は、背後の絵を閉め出すように、後ろ手にゆっくりと襖を閉めた。

「はるばるこないな地まで足をはこんだあげく、くだらん筆で茶をにごすつもりか？　己の絵を描かんままで、おめおめと京へ戻るつもりなんか？　平安絵師の誇りは、旅路の紀伊の浜に、落としてきたんか？」

単に応挙を、侮辱しているのではない。豊蔵が問うているのは、吉村胡雪の、画家としての覚悟の程だった。

「……おれには弟子としての務めがある。勝手を通さば、今度こそ破門となろう」

「破門くらい、なんぼのもんじゃい」

ふん、と鼻で吐き捨て、まるで白無垢《しろむく》のような二之間《にのま》の壁を、拳で打った。薄い拳にもかかわらず、その音は座敷をふるわせた。

「見てみい！　白紙は仰山《ぎょうさん》、残っとるやないか。ここに己の意の赴くままに、筆を走らせるんや。考えるだけで、からだが熱うなる、胸が躍る。それがほんまの絵師やないんか！」

まるで大砲《おおづつ》の弾が、まともに当たったようだ。彦太郎にとっては、それほど凄《すさ》まじい衝撃だった。打ち抜かれた胸に、大きな風穴があき、そこから新鮮な空気が音を立てて流れ込む。

ひとたび豊蔵を見返して、くるりと背を向けた。

本堂を離れ、境内を抜け、山門を出る。

ひと足ごとに速まって、やがては駆けるようにして一本道を下った。

串本は、両側を海にはさまれた東西が七町にも満たない狭い土地だ。東へ向かい、いくらも行かぬうち、海が見えた。

空の半分を闇が覆い、藍の海が眠るように静かに横たわっていた。

それ以上進みようがなく、波打ち際で足が止まったとたん、堪《こら》えていたものが一気にあふれた。

このふた月余、どうしても描けなかった。筆をもつたびに、手は応

1　彼ら　とは誰を指すか。解答欄にしたがって本文中から**二字**で抜き書きしなさい。

2　発展に対する直線的な見方　とはどのような見方のことか。「比例」という語句を用いて、解答欄にしたがって**二十字以内**で書きなさい。

3　「ニーズ（needs）」について、次のように整理した。〔　〕に当てはまる語句を、本文中から**六字**で抜き書きしなさい。

> ・「欲求」と和訳される。
> ・「欲求」という語の本来の意味よりも広い意味合いをもち、〔　〕や、その質に関わる項目が含まれる。

4　この文章について説明したものとして最も適切なものを、次の**ア**〜**エ**から一つ選んで記号を書きなさい。

ア　読み手の共感を得るために、仮説の検証を繰り返している。
イ　読み手の興味を引くために、専門家の意見を引用している。
ウ　読み手の思考を促すために、段落ごとに疑問を挙げている。
エ　読み手の理解を補うために、複数の事例を取り上げている。

5　持続可能な開発について、本文の内容を踏まえ、次のようにまとめた。これを読んで、後の問いに答えなさい。

> 持続可能な開発という概念に込められた主張は、力強く、〔**a**〕なものだが、現行世代の私たちが将来世代のニーズを〔**b**〕ことができないなど、難しい点も多い。その前提に立ち、現行世代が将来世代を思いやり、両者の公平な関係性のもとに開発が実践されているか、具体的に言えば、現行世代の開発のあり方が〔**c**〕になっているかを問い直していくことが求められる。

(1)　〔**a**〕〔**b**〕に当てはまる語句を、〔**a**〕には**三字**で、〔**b**〕には**五字**で、本文中からそれぞれ抜き書きしなさい。

(2)　〔**c**〕に適する内容を、「自ら」「考慮」の二語を用いて、**四十字以内**で書きなさい。

三　次の文章を読んで、1〜4の問いに答えなさい。

近年、文化財を観光やまちづくりなどの分野で活用する機運が高まっている。例えば、神社仏閣、城跡、歴史的建造物などの独特な①雰囲気をもつ会場で、会議やコンサート、②デントウ芸能の鑑賞会などを実施することにより、特別感を演出できる。また、文化財の特徴や魅力を生かし、地域のイメージアップを図ることもできる。

ただし、文化財は一度壊れてしまえば取り返しのつかないものである。それぞれの特性についての正しい認識のもと、適切に取り扱わなければならない。活用する際、主催者は、文化財の価値を③損なうことがないよう、参加者に④ハタラきかける必要がある。

1　①雰囲気　③損なう　の読み仮名を書きなさい。
②デントウ　④ハタラき　を漢字に直して書きなさい。

2　近年　が直接係る部分を、次の**ア**〜**エ**から一つ選んで記号を書きなさい。

ア　文化財を　　**イ**　活用する
ウ　機運が　　**エ**　高まっている

3　取り返しのつかない　という意味を表す故事成語を、次の**ア**〜**エ**から一つ選んで記号を書きなさい。

ア　虎の威を借る狐《きつね》　　**イ**　漁夫の利
ウ　覆水盆に返らず　　**エ**　五十歩百歩

4　正しい　の活用形を書きなさい。

一　「聞くこと」に関する検査

※教英出版注
音声は，解答集の書籍ＩＤ番号を教英出版ウェブサイトで入力して聴くことができます。

二　次の文章を読んで、1～5の問いに答えなさい。

　持続可能な開発の定義において問われていることは、将来世代と現行世代がどのような関係にあるべきかということです。このことについて持続可能な開発という概念には、「現行世代である私たちが自らのニーズを満たすための開発をするとき、その開発のあり方が、将来世代が彼らのニーズを満たすために必要な能力を阻害するものであってはならない」という力強いメッセージが込められています。つまり、社会が発展していくときに、将来世代と現行世代の間には、公平な関係性（世代間公平性）が*担保《たんぽ》されなければならないと主張しています。

　とても魅力的な主張である一方で、実際にこの持続可能な開発を実践するには、多くの難しい点があります。当然ですが、将来世代はまだ生まれてすらいませんから、現行世代の私たちは彼らの声について想像するしかありません。これが本当に彼らの声を代弁するものであるのかについては、残念ながら確かめようがありません。

　また、私たち現行世代は、将来世代が暮らす時代には、今よりも科学技術や社会制度が発展していると考えがちです。そのため、現段階で私たちにとって問題であることも、将来世代にとっては既に解決可能なことになっているだろうと楽観的に考えてしまうことがあります。このような見方の背景には、時間の経過とともに技術や制度というものは改善されていき、そうしたときに物事は必ず改善されていくのだというような、発展に対する直線的な見方があります。しかし、実際には私たちの社会にはもう何世代も解決できていないような問題がいくつもあります。

　例えば経済格差がその典型で、収入の高い世帯に生まれた子どもたちがより高い割合で難関大学に進学し、将来的に高収入の職に就くというような構造があります。このことが教育や収入の格差を世代を超えて固定化させるという状況を生み出しています。社会の発展が必ずしも時間の経過と比例して前進するものではないことを認めたとき、将来世代との公平性を議論する際の前提条件が大きく変わることになります。

　持続可能な開発の定義のなかでもうひとつ重要な概念は、「ニーズ（needs）」の部分です。持続可能な開発の和訳では「欲求」が用いられていますが、ここでのニーズはもう少し広い意味合いを含んでいます。「欲求」は生命活動の存続に必要なことという意味ですが、持続可能な開発におけるニーズには、*ジェンダーの公平性、教育機会の平等、民主主義的な社会の維持など、生活の質（Quality of Life）に深く関連する項目も含まれています。単に環境保全と経済発展のバランスだけを見ているのではなく、人々の暮らしに関わる多くの項目が、持続可能な開発における「ニーズ」には含まれているのです。

　そして、このニーズは時代と共に変化していきます。私たち現行世代にとって満たしたいニーズは、先行世代のそれから大きく変化してきていますから、将来世代のニーズが私たちのそれと大きく異なるものになることも容易に想像がつきます。

　例えば経済的な豊かさを環境よりも優先した結果として、*先述のような深刻な公害を私たちは経験しました。安定的な電力供給を優先したために、保管する以外に処理方法のない廃棄物を生み出し続ける仕組みに依存する社会をつくりました。他にも、地方の自律的発展よりも大都市圏の経済活動を優先した結果として都市と地方の間に様々な格差が生じ、かつ固定化することを容認してきました。こうした課題が克服されていくなかで現行世代の私たちのニーズは徐々に満たされていくことになるわけですが、将来世代は異なる社会に暮らすことになりますから、彼らにとっての課題やニーズも必然的に我々のそれとは異なっていることでしょう。

　現行世代の私たちが将来世代の彼らのニーズを言い当てることはできませんが、私たちが彼らのことに思いを馳《は》せることはできます。このように将来世代が暮らす未来のことを考慮しながら、現行世代の私たちの開発のあり方を考える、ということが「持続可能な開発」という概念が意味するところなのです。つまり、持続可能な開発という考え方は、半分は現行世代の開発のあり方を将来世代との公平な関係性のなかで問い直していくこと、そしてもう半分は次世代への思いやりによってできていると言えます。

（工藤尚悟「私たちのサステイナビリティ」
岩波ジュニア新書による）

【注】
*担保……保証すること
*ジェンダー……歴史的・社会的に形作られた男女の差異
*先述のような深刻な公害……ここでは、水俣《みなまた》病や四日市ぜんそくなどの公害のこと

令和五年度入学者選抜学力検査問題

国語

（一時間目　六十分）

秋田県公立高等学校

注意

一　問題用紙と解答用紙、メモ用紙のそれぞれの決められた欄に、受検番号と氏名を記入しなさい。
二　問題用紙は放送による指示があるまで開いてはいけません。
三　問題は１ページから６ページまであります。これとは別に解答用紙とメモ用紙がそれぞれ一枚あります。
四　答えは、すべて解答用紙に記入しなさい。

受検番号	
氏名	

(1) 〔Ⅰ〕に当てはまる内容を、本文中から**五字**で抜き書きしなさい。

(2) 〔Ⅱ〕〔Ⅲ〕に当てはまる語句の組み合わせとして最も適切なものを、次の**ア**〜**エ**から一つ選んで記号を書きなさい。

ア Ⅱ 時間 Ⅲ 距離　**イ** Ⅱ 距離 Ⅲ 時間

ウ Ⅱ 距離 Ⅲ 感情　**エ** Ⅱ 感情 Ⅲ 時間

(3) 〔Ⅳ〕に適する内容を、**八字以内**で書きなさい。

六

次の①〜③は、「言葉の使い方に対する意識調査」の項目の一部である。あなたが言葉の使い方で意識していきたいことを①〜③から一つ選び、そのことに対するあなたの考えを、これまでの自身の体験を踏まえて、後の**〈条件〉**にしたがって書きなさい。

> ① 敬語を適切に使う
> ② 流行語や新しい言葉を使い過ぎない
> ③ 方言を大切にする
>
> 文化庁　令和四年度「国語に関する世論調査」から作成

〈条件〉

- 題名は不要
- 字数は二百字以上、二百五十字以内
- 選んだ項目を書く際は、例のように書いてもよい

例

①
は

五　次の文章は、手紙のやりとりについて書かれたものである。これを読んで、1～3の問いに答えなさい。

めづらしといふべき事にはあらねど、文（手紙）こそ①なほめでたき物なれ。はるかなるせかい（遠く離れた地方）にある人の、いみじくおぼつかなくいかならん（どうしているであろう）とおもふに、文をみれば只今《ただ》さしむかひたるやうにおぼゆる、いみじき事なりかし。我思ふ事を書《かき》やりつれば、あしこ（先方）までも行《いき》つかざらめど、こころゆく（心が満たされる気持ち）心《ここ》ちこそすれ。文といふ事なからましかば（なかったら）、いかにいぶせくくれふたがる（ゆううつで晴れ晴れしないことであろうに）心ちせまし。②よろづの事思ひ思ひて其《その》人のもとへ、とてこまごまとかきておきつれば、おぼつかなさ（不安な気持ち）をもなぐさむここちするに、まして返事見つれば、命をのぶ（延ばす）べかめる（気がする）。げにことわりにや。

（「枕草子春曙抄」による）

1　①なほ　②よろづを現代仮名遣いに直し、すべて平仮名で書きなさい。

2　手紙を「出す」側と「もらう」側の気持ちについて、次のようにまとめた。〔a〕〔b〕〔c〕に適する内容を、それぞれ**八字以内**で書きなさい。

「出す」	・相手にまだ届いていなくても、〔a〕ような気持ちになる。 ・いろいろ考えてこまごまと書いておくことで、〔b〕がいやされる。
「もらう」	・返事を読むことで、〔c〕ような気がする。

3　次は「無名草子」の中で、手紙について書かれた部分の現代語訳である。本文とこの文章を比較している生徒A、Bの会話を読んで、後の問いに答えなさい。

【「無名草子」の現代語訳の一部】
何事も、人の交わりは、ただ向かい合っている間の感情だけですが、この手紙というものは、まったく昔のまま、その当時の感情が少しも変わることがないのも、たいそうすばらしいことなのです。

A　どちらの文章からも、手紙への思い入れが伝わってくるね。
B　そうだね。本文では、はじめに手紙のことを「〔Ⅰ〕」と評価し、その後で、手紙のすばらしさを具体的に述べているね。
A　二つの文章を読んでみると、手紙の相手と自分を隔てているものが、本文では〔Ⅱ〕で、「無名草子」では〔Ⅲ〕だという違いも見えてくるよ。
B　隔てているものがあっても、まるで実際に対面しているかのように、相手と〔Ⅳ〕ことができるという手紙のすばらしさは、どちらの文章からも読み取れるね。
A　なるほど。手紙はいいものだね。私も書いてみようかな。

「お前が出世して、金を払えるようになってもらうためによ、ひとつ、いいことを教えてやる」

「は、はい……」

そこで雲月は、少しばかり気恥ずかしそうに下を向き、*蓬髪《ほうはつ》をばりばりと掻《か》いた。

「俺は、一度しか言わねえからな」

「はい」

「神は細部に宿る。だから、爪の先ほどでも妥協はするな――」

「……………」

「それだけだ」

「はい……」

「分かったら、帰れ」

照れ屋な仏師は、野良《のら》犬でも追い払うみたいに、シッシッと右手を振った。

その足元で、黒猫が「みゃあ」と鳴く。

ぼくは、ぺこりと頭を下げると、きびすを返して冬枯れの森のなかの一本道を歩き出した。

土の匂いのする冷たい風を浴びながら、すみれ色をした空を見上げると、一番星がぴかぴかと瞬《またた》いていた。

ぼくは、なんとなく、いつもより大股で歩いていた。

（森沢明夫「夏美のホタル」KADOKAWAによる）

【注】
*仏師……仏像を造る職人
*モチーフ……芸術作品で、創作の動機となる主要な題材
*夜叉……雲月が飼っている黒猫の名前
*普請……家屋を建てたり修理したりすること
*蓬髪……長く伸びてくしゃくしゃに乱れた髪

1 雲月が、にやりと笑う について、次のようにまとめた。〔　〕に当てはまる内容として最も適切なものを、次の**ア**～**エ**から一つ選んで記号を書きなさい。

> 雲月は、あえて挑発するような態度を取ることで、慎吾を〔　〕。

ア 否定しようとしている　**イ** 認めようとしている
ウ 和ませようとしている　**エ** 試そうとしている

2 ぽかんとした顔で雲月を見てしまった のはどうしてか。最も適切なものを、次の**ア**～**エ**から一つ選んで記号を書きなさい。

ア どこまでも才能にこだわる雲月に、心底あきれてしまったから。
イ 仏像の代金を割り引くことに成功し、気持ちが落ち着いたから。
ウ 思いがけない言葉が雲月から返ってきて、意表を突かれたから。
エ 直面した新たな問題の解決策が見つからず、意気消沈したから。

3 地蔵さんをこの手で生き返らせてやる とはどういうことか。「木像」という語句を用いて、解答欄にしたがって**二十五字以内**で書きなさい。

4 次は、本文について話し合っている生徒A、B、Cの会話である。これを読んで、後の問いに答えなさい。

> A　場面が進むにつれて、普段は無愛想な雲月の新たな一面が見えてくるのがおもしろいね。
> B　そうだね。この日、慎吾が雲月のことを「〔a〕」と見直したのは、雲月が依頼を承諾してくれただけでなく、慎吾の思いを受け止めてくれたことへの感謝の気持ちもあったのかもしれないね。
> C　大事なことを教えるときに気恥ずかしそうにするなど、実は〔b〕な一面があるところも、雲月の魅力だね。
> A　そういえば、慎吾自身も、雲月とのやりとりを通して変化しているよね。
> B　うん。最後の「いつもより大股で歩いていた」という慎吾の行動は、「え、だって……」のように「……」を多用した会話に見られる〔c〕様子とは、ずいぶん違っているよね。
> C　「一本道」や「一番星」という象徴的な言葉と合わせて考えると、これからの慎吾は、雲月の教えを支えにして、〔d〕ことができるのではないかな。

(1)　〔a〕〔b〕に当てはまる内容を、〔a〕には**八字**で、〔b〕には**三字**で、本文中からそれぞれ抜き書きしなさい。

(2)　〔c〕〔d〕に適する内容を、〔c〕には**七字以内**で、〔d〕には**三十字以内**で、それぞれ書きなさい。

令和６年度入学者選抜学力検査問題

数　　　　　学

（２時間目　60分）

注　　意

1　問題用紙と解答用紙の両方の決められた欄に，受検番号と氏名を記入しなさい。

2　問題用紙は開始の合図があるまで開いてはいけません。

3　問題は１ページから９ページまであり，これとは別に解答用紙が１枚あります。

4　答えは，すべて解答用紙に記入しなさい。

5　問題用紙等を折ったり切り取ったりしてはいけません。

受検番号		氏　名	

1　次の(1)～(15)の中から，**指示された8問**について答えなさい。

(1)　$6-2\times5$　を計算しなさい。

(2)　$5(x+2y)-2(4x-y)$　を計算しなさい。

(3)　90を素因数分解しなさい。

(4)　$x=3$，$y=-2$のとき，$\frac{1}{3}x^2y^3\div2xy$　の値を求めなさい。

(5)　$\sqrt{32}-\sqrt{50}+\sqrt{27}$　を計算しなさい。

(6)　方程式　$0.8x+4=1.5x-0.9$　を解きなさい。

(7)　連立方程式　$\begin{cases}2x-y=7\\5x+3y=1\end{cases}$　を解きなさい。

(8)　方程式　$x^2-2x=24$　を解きなさい。

(9)　右の表は，クイズ大会に参加した9人の得点である。表をもとにして，箱ひげ図をかくと，右の図のようになった。a，bの値を求めなさい。

表　　　　　　　　(単位：点)

9	13	16	5	17
20	9	15	14	

図

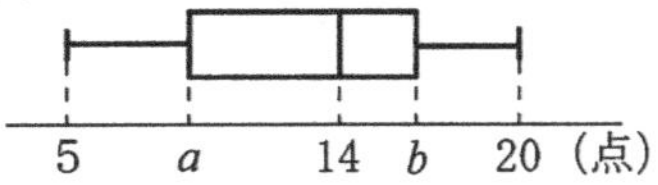

(10)　$n^2-20n+91$　の値が素数になる自然数nを**すべて**求めなさい。

(11)　右の図で，２直線 ℓ，m は平行である。このとき，∠x の大きさを求めなさい。

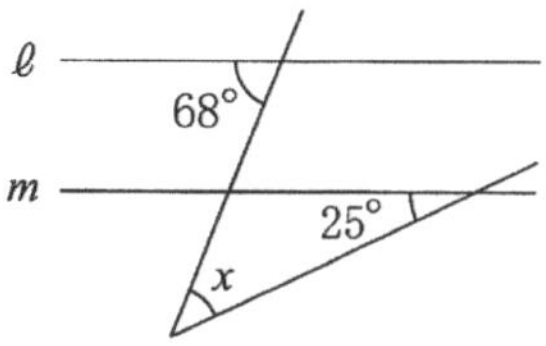

(12)　右の図で，４点Ａ，Ｂ，Ｃ，Ｄは円Ｏの周上の点であり，線分ＢＤは円Ｏの直径である。∠ＣＡＤ＝28°，∠ＡＣＤ＝53°のとき，∠x の大きさを求めなさい。

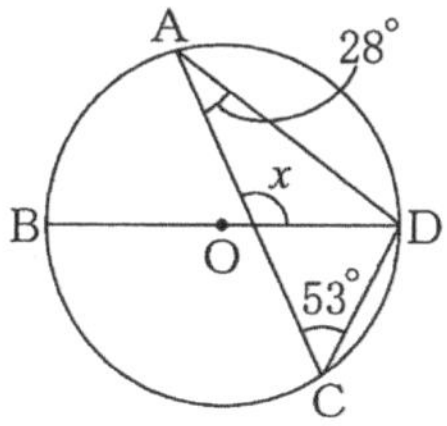

(13)　右の図のように，△ＡＢＣと△ＥＣＤは合同な正三角形であり，点Ｂ，Ｃ，Ｄは一直線上にある。点Ｐは辺ＤＥ上の点であり，点Ｑは線分ＢＰと辺ＣＥの交点である。ＡＢ＝７cm，ＥＰ＝３cmのとき，線分ＣＱの長さを求めなさい。

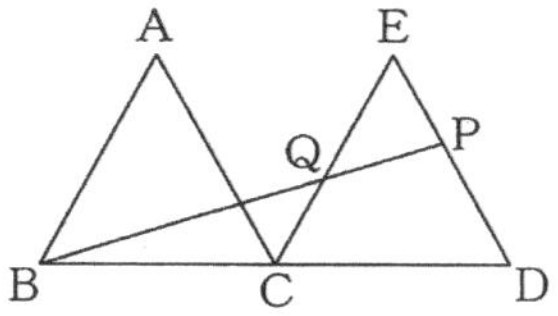

(14)　右の図のように，おうぎ形ＡＯＢと直角三角形ＢＯＣが同じ平面上にあり，ＯＢ＝６cm，ＢＣ＝10cm，∠ＡＯＢ＝90°，∠ＢＯＣ＝90°である。おうぎ形ＡＯＢと直角三角形ＢＯＣを合わせた図形を，直線ＡＣを軸として１回転させてできる立体の体積を求めなさい。ただし，円周率を π とする。

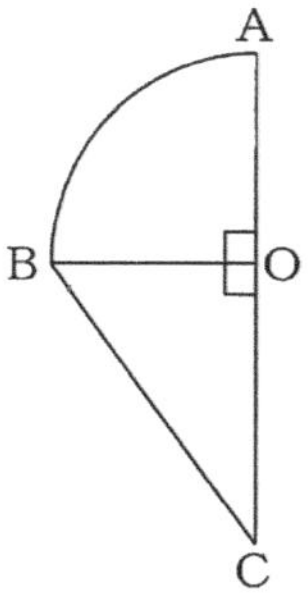

(15)　右の図のように，三角錐ＯＡＢＣがある。△ＡＢＣは直角二等辺三角形で，ＡＢ＝ＢＣ＝６cm，∠ＡＢＣ＝90°である。また，ＯＡ＝ＯＢ＝ＯＣ＝９cmである。点Ａから辺ＯＢを通り，点Ｃまで最も短くなるようにひいた線と辺ＯＢの交点をＰとする。このとき，三角錐ＰＡＢＣの体積を求めなさい。

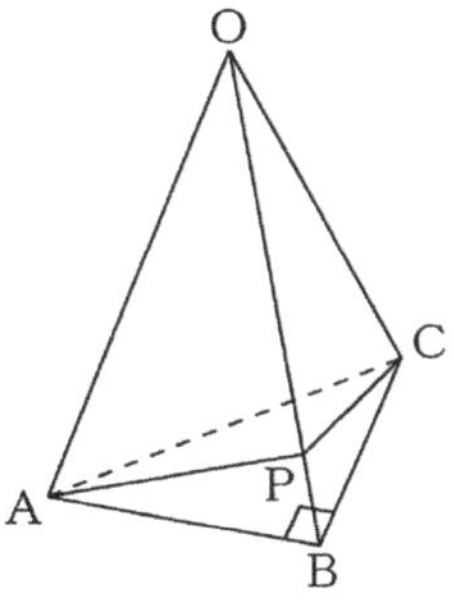

2　次の(1)～(4)の問いに答えなさい。

(1)　バスケットボールの試合で，A選手は2点シュートと3点シュートを合わせて10本決めた。この試合で，A選手の得点の合計は23点だった。健司さんと美咲さんは，A選手が2点シュートと3点シュートをそれぞれ何本決めたか求めるために，健司さんは1つの文字，美咲さんは2つの文字を用いて，方程式をつくった。2人のメモが正しくなるように，**ア**，**イ**にあてはまる**式**を書きなさい。

[健司さんのメモ]

> 2点シュートをx本決めたとすると，3点シュートは（ ア ）本決めたことになるから，次の1次方程式ができる。
>
> $2x + 3($ ア $) = 23$

[美咲さんのメモ]

> 2点シュートをx本，3点シュートをy本決めたとすると，次の連立方程式ができる。
>
> $\begin{cases} x + y = 10 \\ \text{イ} = 23 \end{cases}$

(2)　次の①，②の問いに答えなさい。

①　関数 $y = \frac{1}{2}x^2$ で，xの変域が $-2 \leqq x \leqq a$ のとき，yの変域は $b \leqq y \leqq 18$ である。このとき，a，bの値を求めなさい。

②　次の図のように，関数 $y = \frac{1}{2}x^2$ のグラフ上に，x座標が-4である点Aをとる。点Aを通り，傾きが-1である直線とy軸の交点をBとするとき，△AOBの面積を求めなさい。ただし，原点Oから（0，1），（1，0）までの距離を，それぞれ1cmとする。

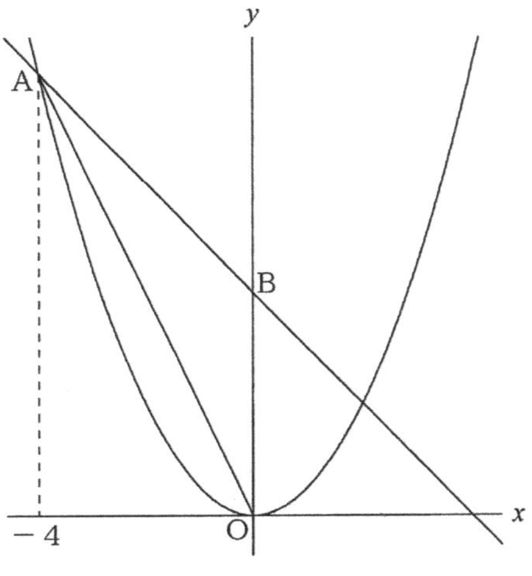

（3） 次の表は，ある学級20人のハンドボール投げの記録を度数分布表にまとめたものである。

表

記録（m）	度数（人）	相対度数	累積《るいせき》相対度数
以上　未満 5 ～ 10	1	0.05	0.05
10 ～ 15	4	0.20	0.25
15 ～ 20	7	0.35	0.60
20 ～ 25	㋐		㋑
25 ～ 30	㋒		
30 ～ 35	2	0.10	1.00
合計	20	1.00	

① ㋑ にあてはまる数が0.70以下のとき，㋐ にあてはまる数を**すべて**求めなさい。

② この学級の記録の最頻値は，㋐ と ㋒ に入る数にかかわらず，15m以上20m未満の階級の階級値17.5mであることがわかる。その理由を，「**度数**」の語句を用いて書きなさい。

（4） 図のような正方形ＡＢＣＤがある。辺ＡＤ上に，∠ＡＢＰ＝30° となる点Ｐを，定規とコンパスを用いて作図しなさい。ただし，作図に用いた線は消さないこと。

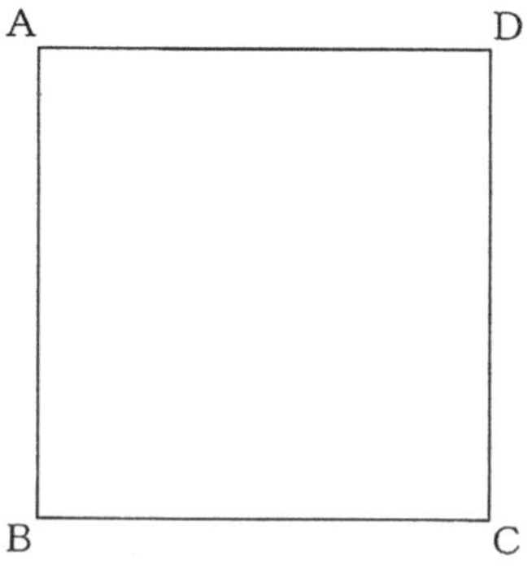

3 守さんと香さんは，新聞記事をきっかけに，トラックが走る距離と燃料の量に関心をもち，その関係を調べることにした。［メモ］は，３台のトラック（Ａ車，Ｂ車，Ｃ車）それぞれについて，走る距離と燃料の量の関係をまとめたものである。ただし，３台のトラックは，それぞれ１Ｌあたり一定の距離を走り，燃料タンクの燃料をすべて使いきることができるものとする。

新聞記事

［メモ］

Ａ車
・１Ｌあたり10km走る。
・燃料タンクの容量は70Ｌである。

Ｂ車
・１Ｌあたり４km走る。
・燃料タンクいっぱいに燃料を入れて出発すると，400km走ったときの燃料タンクに残っている燃料の量は０Ｌになる。

Ｃ車
・燃料タンクの容量は230Ｌである。
・燃料タンクいっぱいに燃料を入れて出発すると，150km走ったときの燃料タンクに残っている燃料の量は170Ｌになる。

（１） 守さんは，Ａ車とＢ車それぞれについて，xＬの燃料を使用したときの走った距離を$y$kmとし，yはxに比例するとみなして図１のグラフをかいた。点ＰはＡ車のグラフ上の点であり，点Ｑ，ＲはＢ車のグラフ上の点である。点Ｐ，Ｑのx座標は等しく，点Ｒのx座標は６である。

図１

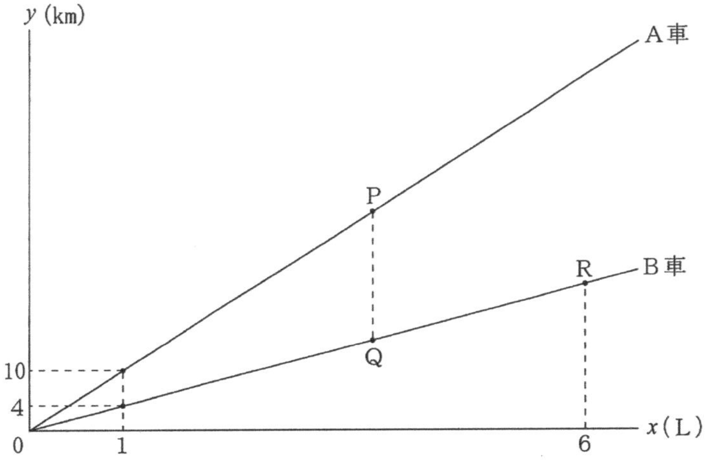

① 点Ｒのy座標を求めなさい。

② 図１で，線分ＰＱの長さが表すこととして正しいものを，次の**ア**～**エ**から１つ選んで記号を書きなさい。

ア 同じ距離を走ったときの，Ａ車とＢ車それぞれが使用した燃料の量の和
イ 同じ距離を走ったときの，Ａ車とＢ車それぞれが使用した燃料の量の差
ウ 同じ量の燃料を使用したときの，Ａ車とＢ車それぞれが走った距離の和
エ 同じ量の燃料を使用したときの，Ａ車とＢ車それぞれが走った距離の差

令和６年度入学者選抜学力検査問題

英　　　語

（３時間目　60分）

注　　意

1　問題用紙と解答用紙の両方の決められた欄に，受検番号と氏名を記入しなさい。

2　問題用紙は放送による指示があるまで開いてはいけません。

3　問題は１ページから６ページまであり，これとは別に解答用紙が１枚あります。

4　答えは，すべて解答用紙に記入しなさい。

受検番号		氏　名	

※教英出版注
音声は，解答集の書籍ＩＤ番号を教英出版ウェブサイトで入力して聴くことができます。

1　リスニングテスト

(1)　（会話を聞き，質問に対する答えとして最も適切な絵を選ぶ問題）　**1回ずつ放送**

①
ア

イ

ウ

エ

②
ア

イ

ウ

エ

(2)　（会話を聞き，会話の最後の文に対する応答として最も適切なものを選ぶ問題）　**1回ずつ放送**

① ア　Yes, I'm going to see a movie.　イ　Sure.　Will you buy me some cookies?
ウ　OK.　It's near the supermarket.

② ア　Did you see them last weekend?　イ　Where is your smartphone?
ウ　Is this the one you are looking for?

③ ア　Oh, I'm sorry to hear that.　イ　Wonderful.　I hope you will enjoy it.
ウ　I don't have any plans tomorrow.

(3)　（会話を聞き，質問に対する答えと①，②に入る最も適切なものを選ぶ問題）　**2回放送**

発表練習の様子

ルーカス(Lucas)　美香(Mika)

【質問に対する答え】
ア　School Trip　イ　Club Activity
ウ　Favorite Food　エ　Family Member

【①，②の中に入る写真を示すもの】
ア　their classmates　イ　the zoo characters
ウ　the sumo matches　エ　their favorite shop

(4)　（スピーチを聞き，質問に対する答えとして最も適切なものを選ぶ問題）　**2回放送**

① ア　His favorite place　イ　His house near a shrine
ウ　His grandfather's job　エ　His dream in the future

② ア　In spring　イ　In summer
ウ　In autumn　エ　In winter

③ ア　They see beautiful yellow leaves.
イ　They read books in good weather.
ウ　They take pictures of the cherry blossoms.
エ　They draw pictures of the shrine.

2　次の(1)，(2)の問いに答えなさい。

(1)　次は，中学生の美穂が，英語の授業で書いた夏休みの思い出に関する英文です。(　　)内の①～③の語を，それぞれ**適切な形**に直して**英語１語**で書き，英文を完成させなさい。

> I visited my aunt (① live) in Hokkaido during my summer vacation. I felt that it was (② cool) there than in Akita. My aunt took me to some interesting places. My favorite was the aquarium. I saw many kinds of fish. They were really beautiful. I (③ buy) some goods for my family at the shop. I want to go there again.

(2)　次の①～③について，〈　　〉の状況の会話がそれぞれ成り立つように[　　　]内の語に**必要な２語を加え，正しい語順**で英文を完成させなさい。

① 〈アメリカのホームステイ先で〉

Andrew : This is my favorite video game. Let's play it together.
Takeshi : OK, but I don't know [play] it.
Andrew : Don't worry. I'll show you. Let's do it.

② 〈休み時間に留学生と〉

Kenta : Are you ready for the next P.E. class?
Jim : Actually, I don't feel well. I may have a cold.
Kenta : Really? If [were], I would go to the nurse's office. Come with me.

③ 〈ＡＬＴと英語の授業で〉

ALT : Wow! Beautiful pictures! Where did you take them?
Rika : In Hiroshima. Have [ever] there?
ALT : No, I haven't.

3　次の(1)，(2)の問いに答えなさい。

(1)　中学生の卓也は，英語の授業で，学校祭での思い出について発表しようとしています。**発表用メモ**の内容に合うように，英文の①～④に入る適切な**英語**を，それぞれ**１語または２語**で書きなさい。ただし，文頭に来る語は，最初の文字を大文字にすること。

○発表用メモ
・演劇部門に参加。メンバーは30人。
・熱心に練習。でも、時にはお互いに誤解も。
・話し合った。→もっと会話することが必要。
　→お互いに何を考えているか伝えるようにした。
・本番でベストを尽くした。
・観客の笑顔を見ることができてうれしかった。

◇卓也が書いた英文

My favorite school event this year was our school festival. I joined the drama team. (①) thirty members in our team.

We practiced very hard together for the best performance, but we sometimes misunderstood each other. So we talked about the problem. "It is (②) us to communicate with each other more," someone said. We all agreed. After that, we began to tell each other (③) we thought.

On the day of the festival, we did our best on the stage. I was really glad (④) the smiles of the audience.

(2)　英語の授業で，ＡＬＴが弟のダニエル(Daniel)を，写真を見せながら紹介しました。その後，ＡＬＴに，ダニエルについての質問をすることになりました。**紹介の内容に関連した質問を５語以上の英語**を用いて，**英文１文**で書きなさい。

Hello, everyone. This is a picture of my younger brother, Daniel.

He lives in Tokyo. He loves watching Japanese anime. He sometimes tells me about his favorite anime characters. Now he does kendo because he was impressed with an anime character that fights against devils with a special *sword.

He will come to Akita next month. I'm looking forward to seeing him here.

Do you have any questions about him?

【注】*sword：剣，刀

令和６年度入学者選抜学力検査問題

理　　　　科

（４時間目　50分）

注　　意

1　問題用紙と解答用紙の両方の決められた欄に，受検番号と氏名を記入しなさい。

2　問題用紙は開始の合図があるまで開いてはいけません。

3　問題は１ページから６ページまであり，これとは別に解答用紙が１枚あります。

4　答えは，すべて解答用紙に記入しなさい。

受検番号		氏　名	

1　幸さんと歩さんは，身近な動物について，からだの特徴をもとにどのようなグループに分けることができるか話し合い，図１のようにまとめた。下の(1)～(5)の問いに答えなさい。

図１

A					B	
ア	**イ**	**ウ**	**エ**	**オ**	**カ**	**キ**
メダカ イワシ	カエル イモリ	トカゲ ワニ	スズメ ハト	ウサギ ネコ	イカ アサリ	カブトムシ カニ

(1) ある特徴をもとに，AとBに分けたとき，Aに共通する特徴は何か，書きなさい。

(2) **カ**と**キ**のちがいをまとめた次の文が正しくなるように，P，Rには「外とう膜」か「外骨格」のいずれかを，Q，Sには「ある」か「ない」のいずれかを，それぞれ書きなさい。

カは，（ P ）が内臓の部分を包んでおり，からだとあしには節《ふし》が（ Q ）。**キ**は，からだを支えたり保護したりする（ R ）でおおわれており，からだとあしには節が（ S ）。

(3) **イ**と比較して，**ウ**が陸上の乾燥した環境に適しているといえるのはどのような特徴があるからか，「**からだの表面**」という語句を用いて書きなさい。

(4) 図２は，幸さんが以前に水族館で見た動物Xについて，特徴を記録したメモである。動物Xが入るグループとして適切なものはどれか，図１の**ア**～**オ**から１つ選んで記号を書きなさい。

図２

＜動物Xの特徴＞
・主に水中で生活する
・ひれを使って泳ぐ
・子をうむ
・全身に毛がある

(5) 幸さんと歩さんは，Aのグループについて，次のように話し合った。

幸さん：図３は，**イ**のからだの変化を表しています。**イ**のグループの多くは，成長とともに生活する場所が［　Y　］と変化します。

歩さん：**イ**の幼生のからだの特徴は**ア**のグループと似ています。**イ**のグループが**ア**のグループから進化したことと関係がありそうです。

幸さん：**エ**は他の動物と異なり，空を飛ぶことができますね。

歩さん：**エ**のグループは**ウ**のグループから進化したと考えられていて，両方のグループの特徴をもつ，<u>始《し》祖《そ》鳥《ちょう》</u>の化石が見つかっています。

図３

幼生

成体

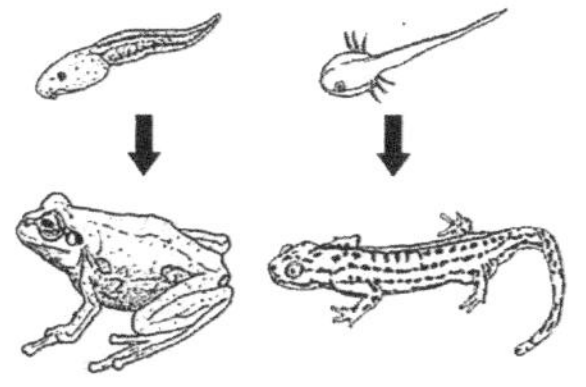

① 幸さんの発言が正しくなるように，Yにあてはまる内容を書きなさい。

② 図４は，下線部について歩さんが調べた資料の一部である。**サ**～**セ**のうち，図１の**ウ**に見られる特徴はどれか，**すべて**選んで記号を書きなさい。

図４

＜始祖鳥の特徴＞

復元図

・前あしがつばさの形状になっている …**サ**
・前あしに爪のついた指がある…**シ**
・口に歯がある …**ス**
・羽毛がはえている …**セ**

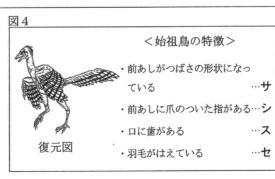

2　理科の実験で使用した粉末をかたづけているとき，間違えて塩化ナトリウムに少量のデンプンを混ぜてしまった陸さんは，混合物から塩化ナトリウムとデンプンを分けてとり出す方法について考えるため，次の実験を行った。表は，塩化ナトリウムの溶解度を表したものである。下の(1)～(6)の問いに答えなさい。

【仮説】塩化ナトリウムは水にとけるが，デンプンは水にとけないので，混合物を水に入れてかき混ぜ，ろ過することで分けてとり出すことができるのではないか。

【実験Ⅰ】塩化ナトリウム35.0ｇとデンプン5.0ｇの混合物をビーカーに入れた。このビーカーに，20℃の水100ｇを入れてよくかき混ぜた。この液体をろ過したところ，ろ紙上に**a**白い固体が残った。

【実験Ⅱ】実験Ⅰで生じたろ液を0℃まで冷やし，水溶液中から塩化ナトリウムを結晶にしてとり出そうとしたところ，**b**結晶は生じなかった。

【実験Ⅲ】実験Ⅱで結晶が生じなかったことから，実験Ⅰで生じたろ液を蒸発皿に入れて加熱したところ，水が蒸発し，白い固体が残った。また，実験Ⅰで生じたろ液をペトリ皿に入れてふたをせずにしばらく放置したところ，**c**水溶液中に結晶が出てきた。

表

物質　＼　水の温度[℃]	0	20	40
塩化ナトリウム	35.6	35.8	36.3

［表は，物質を100ｇの水にとかして飽和水溶液にしたときの，とけた物質の質量[ｇ]である。］

(1) 次のうち，混合物はどれか，**2つ**選んで記号を書きなさい。

ア　空気　　**イ**　炭酸水素ナトリウム　　**ウ**　エタノール　　**エ**　炭酸水

(2) 水にとかした塩化ナトリウムから生じる**すべて**のイオンを，化学式で書きなさい。

(3) 図1は，ろ過のようすを真横から見て模式的に表したものである。ろ過する液をろうとに入れる操作が正しくなるように，図2のような**ガラス棒**を図1の中にかき加えなさい。

図1

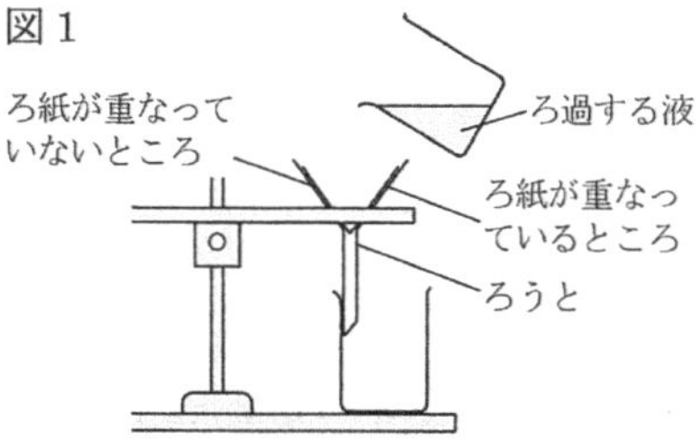

図2

(4) 下線部**a**がデンプンであることを確認する方法について，陸さんがまとめた次の考えが正しくなるように，**X**にはあてはまる元素名を，**Y**にはあてはまる物質名を，それぞれ書きなさい。

強く熱すると確認できると思います。有機物であるデンプンは，炭素，（ **X** ），酸素からできているため，炎を出して燃えたときに，二酸化炭素と（ **Y** ）ができます。無機物である塩化ナトリウムでは，このような反応は見られません。

(5) 下線部**b**のような結果になったのは，水溶液がどのような状態だったからか，「**飽和**」という語句を用いて書きなさい。

(6) 下線部**c**のときの塩化ナトリウム水溶液の質量パーセント濃度は何%か，四捨五入して小数第1位まで求めなさい。ただし，下線部**c**のときの水溶液の温度は20℃だったものとする。

3　桜さんは，次のような新聞の記事を読んで冷夏に興味をもち，資料で調べた。下の(1)，(2)の問いに答えなさい。

宮沢賢治は「雨ニモマケズ」で冷夏に苦悩する農民を描いた。凶作風とも呼ばれ江戸時代から深刻な冷害をもたらしてきたやませは，北海道や東北で夏に吹く，冷たくて湿った東寄りの風を指すことが多い。この風は，太平洋側に霧や雲をもたらし，日照時間を短くする。

(1) 図1は，冷夏となった夏のある日の天気図である。A－Bは停滞前線の位置を，P～Rは日本の天気に影響を与える3つの特徴的な高気圧を表している。

図1

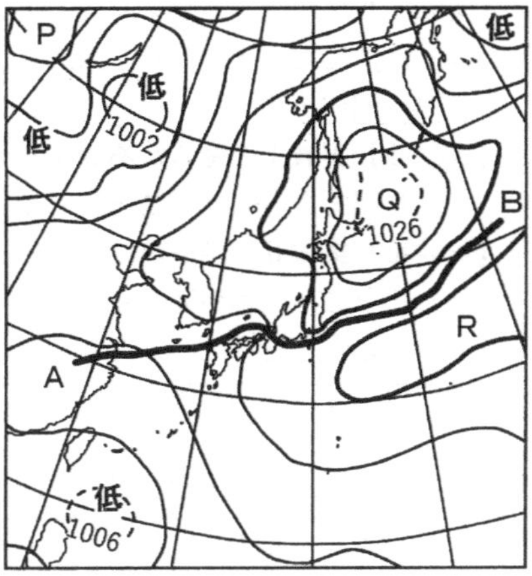

①　次のうち，A－Bを停滞前線の記号を用いて正しく表しているものはどれか，1つ選んで記号を書きなさい。

ア

イ

ウ

エ

②　前線について説明した次の文が正しくなるように，Sにはあてはまる内容を，Tにはあてはまる語句を，それぞれ書きなさい。

気温や湿度など性質の異なる気団は，接してもすぐには［　S　］ため境界面ができる。これを前線面といい，境界面が（　T　）と接したところを前線という。

③　図2は，図1のある地点における気象観測の結果を天気図の記号で表したものである。このときの**天気**，**風向**，**風力**をそれぞれ書きなさい。ただし，風向は16方位で表すものとする。

図2

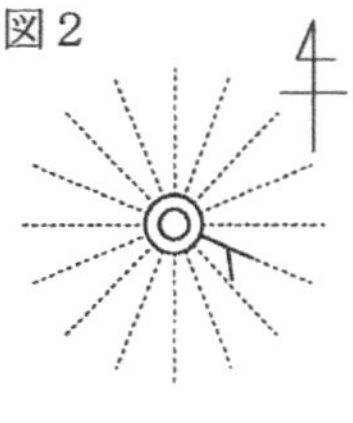

④　下線部について，図1をもとに桜さんがまとめた次の考えが正しくなるように，XにはP～Rのいずれかの記号を，Yにはあてはまる語句を，それぞれ書きなさい。

気圧配置から，下線部は（　X　）から吹く風と考えられます。（　X　）のほぼ全域を構成する気団が，日本の北の（　Y　）でできるので，冷たくて湿っていると考えました。

(2) 日本において，初夏のころの長期間にわたり雨が降り続く時期を何というか，**名称**を書きなさい。また，この時期に日本列島付近にできる停滞前線は，消滅する前に北上することが多い。その**理由**を，影響を与える**気団の名称**を示して書きなさい。

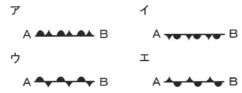

令和6年度入学者選抜学力検査問題

社　　会

（5時間目　50分）

注　　意

1　問題用紙と解答用紙の両方の決められた欄に，受検番号と氏名を記入しなさい。
2　問題用紙は開始の合図があるまで開いてはいけません。
3　問題は1ページから6ページまであり，これとは別に解答用紙が1枚あります。
4　答えは，すべて解答用紙に記入しなさい。

受検番号		氏　名	

1　次は，「世界のすがたと人々の暮らし」について，地図と図，写真，表をもとに，生徒がそれぞれのテーマで調べた内容の一部である。これらを見て，(1)～(5)の問いに答えなさい。

地図

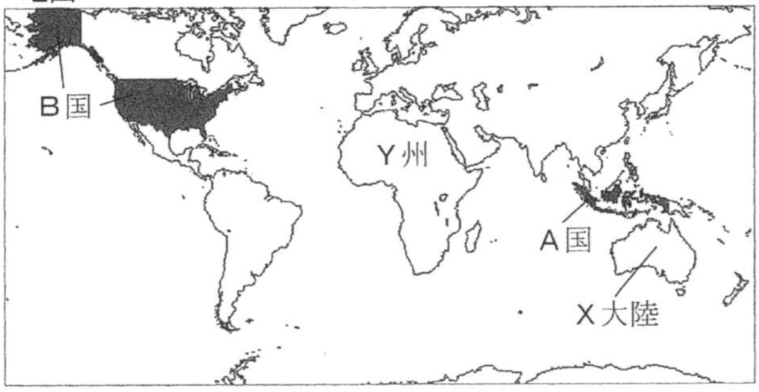

図１　地図の範囲の模式図

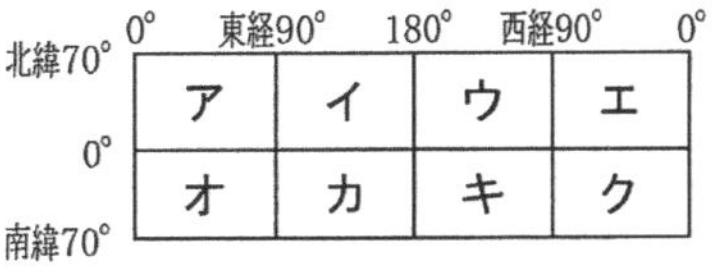

図２　Y州に見られる国境線の一部

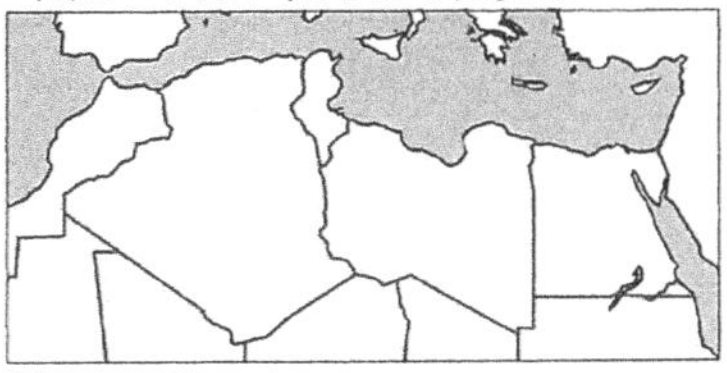

写真　A国に見られる住居

図３　A国のある都市の気温と降水量

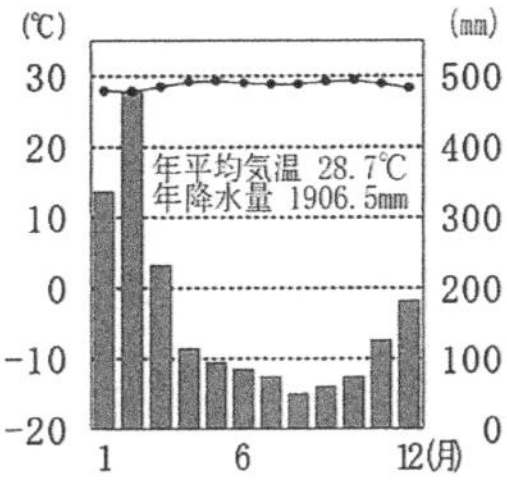

表　B国と日本の比較(2019年)

項目＼国	B 国	日 本
① 陸地面積　(万ha)	91 474	3 645
② 農地面積　(万ha)	40 581	500
③ 穀物生産量 (万t)	42 154	1 183

(図3，表は「データブック オブ・ザ・ワールド2023年版」などから作成)

生徒が調べた内容の一部

テーマ１　　地球のすがた

私たちが暮らしている地球には，六大陸と三大洋があります。地図のX大陸は，図１では［あ］の範囲にあり，インド洋と太平洋に面しています。

テーマ２　　さまざまな国境線

図２でY州に直線的な国境が多く見られるのは，植民地支配した国々が緯線や経線などをもとにして決めたからです。その結果，［い］国境線となり，紛争となった国があります。

テーマ３　　自然環境に適応した伝統的な住居

世界には，自然環境に適応した伝統的な住居があります。地図のA国では，写真のように床を［う］し，［え］ように工夫しているところもあります。

テーマ４　　農業の地域的特色

世界には，さまざまな農業の特色が見られます。表から，B国は，日本よりも陸地面積に占める［お］ことや，農地面積1ha当たりの［か］ことが分かります。

(1) 地図のX大陸の名称を書きなさい。

(2) **テーマ１**の［あ］にあてはまる範囲を，図１の**ア**～**ク**から一つ選んで記号を書きなさい。

(3) **テーマ２**の［い］に入る適切な内容を，次の語を用いて書きなさい。　〔 **民族** 〕

(4) **テーマ３**の［う］にあてはまる語と［え］に入る適切な内容の正しい組み合わせを，写真と図３から読みとり，**ア**～**エ**から一つ選んで記号を書きなさい。

ア　**う**　低く　**え**　住居の熱が地面に伝わらない　　**イ**　**う**　低く　**え**　湿気をやわらげる

ウ　**う**　高く　**え**　住居の熱が地面に伝わらない　　**エ**　**う**　高く　**え**　湿気をやわらげる

(5) **テーマ４**の［お］と［か］に入る適切な内容を，それぞれ書きなさい。ただし，［お］は表の①と②，［か］は表の②と③から読みとり書きなさい。

2 次は，日本の地域的特色について，人口，自然環境，産業の面から，生徒が調べるために，準備した地図とメモ，図，表である。これらを見て，(1)～(5)の問いに答えなさい。

地図

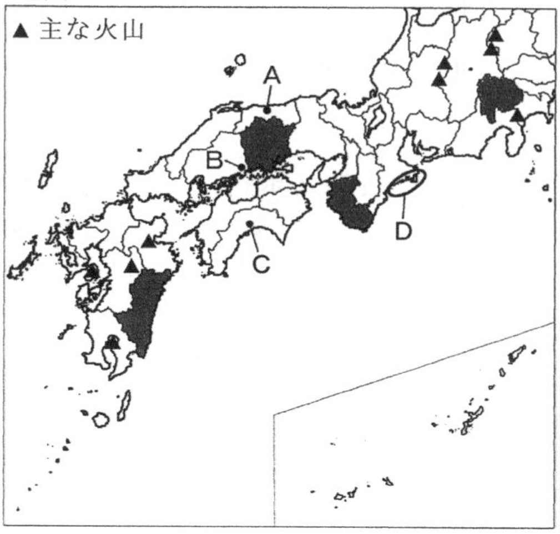

メモ１

火山は，噴火により大きな被害を出す一方で，地下にある蒸気を利用した［ X ］発電や，美しい景観，温泉などの恵みをもたらしている。

メモ２

図２の◘の場所には，かつてここで発生した，共通の自然災害に関することを記した石碑が建てられている。

図２　地図のＤの範囲を拡大した一部

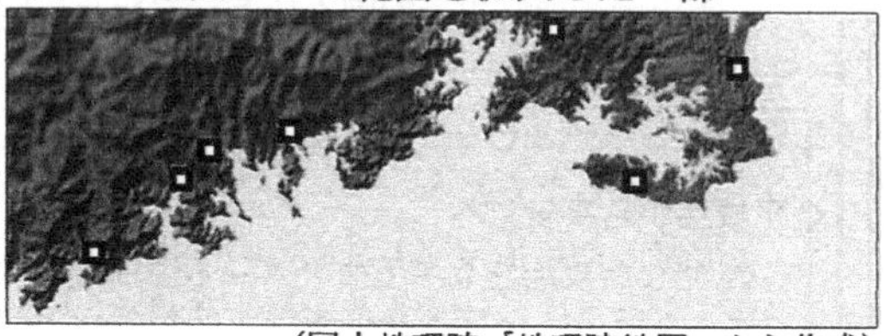

（国土地理院「地理院地図」から作成）

図１　３都市の*降水量比較

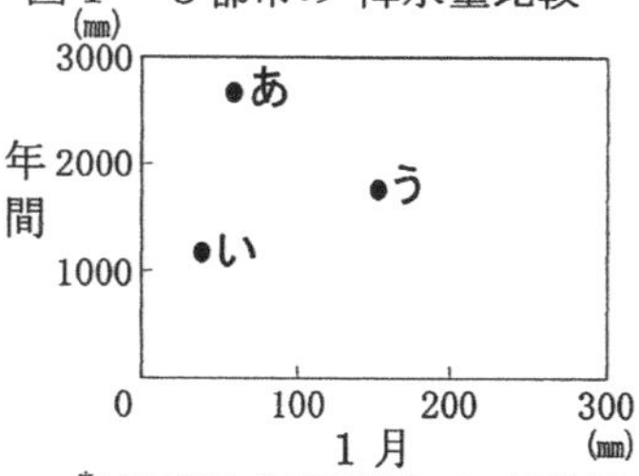

*1991年から2020年までの平均値
（気象庁資料から作成）

表　５県の比較(2020年)

項目 県	山地の割合(%)	人口密度(人/km²)	耕地面積(百ha) 田	*畑	樹園地	ぶどうの収穫量(百t)	豚の飼育数(百頭)
ア	81.1	195.4	93	22	202	13	13
イ	73.2	138.4	349	252	40	15	7 969
ウ	68.8	265.6	500	94	35	139	427
エ	85.5	181.5	77	48	100	350	165
オ	58.0	82.5	1 287	118	22	21	2 785

*樹園地・牧草地以外の畑
（「データでみる県勢2022年版」などから作成）

(1) 九州地方にある県のうち，人口が最も多い県の県庁所在地名を書きなさい。

(2) 図１の**あ**～**う**は，地図の**Ａ**～**Ｃ**のいずれかの都市の降水量を示している。**あ**が示す都市を，**Ａ**～**Ｃ**から一つ選んで記号を書きなさい。

(3) メモ１の［ X ］にあてはまる発電方法の名称を書きなさい。

(4) 次は，メモ２と図２をもとに生徒がまとめたものである。

図２の地域は，リアス海岸となっており，［ Y ］という地形的特色がある。そのため［ Z ］が発生した際に被害が大きくなりやすく，石碑の中には，［ Z ］の到達点に建てられたものや避難行動について記されたものがある。

① ［ Y ］に入る適切な内容を，次の語を用いて書きなさい。〔 **海岸線** 〕

② ［ Z ］にあてはまる語を書きなさい。ただし，［ Z ］には同じ語が入る。

(5) 表の**ア**～**オ**は，地図の ■ で示した４県と秋田県のいずれかである。**イ**と**エ**にあてはまる**県名**をそれぞれ書きなさい。

3　次のカードは，原始から現代までの歴史の流れについて，生徒が時代区分ごとに，それぞれの時代を象

カード

Ⅰ　原始・古代

◇狩りや採集の生活から農耕の生活へ

大陸から<u>ⓐ稲作</u>が伝わり，人々は水田の近くにむらをつくった。

写真１　稲を収穫するための道具

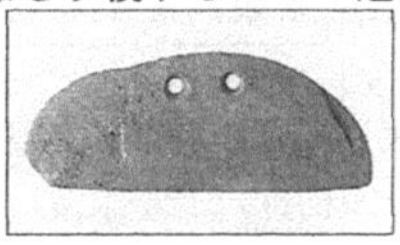

◇天皇を中心とした国づくり

<u>ⓑ中国や朝鮮半島の国々に学びながら，国のしくみを整えた</u>。

◇平城京から平安京へ

混乱した政治を立て直すため，桓武天皇は都を移すとともに，政治改革を推し進めた。

注目したポイント１　「朝廷の支配の拡大」

桓武天皇の時代，朝廷は，坂上田村麻呂を中心とする大軍を送り，［　あ　］。

Ⅱ　中世

◇武士の登場と支配の広まり

武士団が台頭し，武家政権が成立した。

注目したポイント２　「北条政子の言葉」

後鳥羽上皇が挙兵すると，「頼朝公の御恩は山よりも高く海よりも深い」と御家人に訴えかけた。

◇民衆の成長

都市や<u>ⓒ農村における自治的な組織</u>が成立した

資料　正長の土一揆について記した記録

農民たちが暴動を起こした。<u>徳政</u>だと言い立て，酒屋・土倉などをおそい，質入れした物品どをうばいとった。（「大乗院日記目録」から部分要約

◇社会の変動

<u>ⓓ応仁の乱の後，支配の仕組みが変化した</u>。

(1)　下線部ⓐに関して，この時代に使用されていたと考えられる写真１の道具の名称を書きなさい。

(2)　下線部ⓑに関して，次の［　X　］に入る適切な内容を，次の語を用いて書きなさい。〔 **家柄**　**才能** 〕

推古天皇の時代に定められた冠位十二階の制度は，［　X　］を役人として取り立てることを目的としたものである。

(3)　［　あ　］に入る適切な内容を，一つ選んで記号を書きなさい。

ア　源義経をかくまう奥州藤原氏を滅ぼした　　**イ**　東北地方に拠点を置く蝦夷を攻撃した

ウ　関東地方で起きた平将門の乱を平定した　　**エ**　百済に協力して高句麗や新羅と戦った

(4)　**注目したポイント２**のできごとが起こった時期を，年表の㋐～㋓から一つ選んで記号を書きなさい。

(5)　下線部ⓒに関して，農民たちが資料に見られる行動をとった目的を，**資料の下線部に着目して**書きなさい。

(6)　下線部ⓓに関して，次の［　Y　］，［　Z　］にあてはまる語の組み合わせとして正しいものを，一つ選んで記号を書きなさい。

室町幕府の影響力が［　Y　］，社会全体に［　Z　］の風潮が広がる中，地方では，戦国大名が実力を伸ばした。

ア　Y　強まり　Z　下剋上　　**イ**　Y　強まり　Z　尊王攘夷

ウ　Y　弱まり　Z　下剋上　　**エ**　Y　弱まり　Z　尊王攘夷

年表

世紀	主なできごと
12	平清盛が太政大臣となる
	↕ ㋐
13	六波羅探題が設置される
	↕ ㋑
	文永の役が起こる
	↕ ㋒
14	建武の新政が始まる
	↕ ㋓
	南北朝が統一される

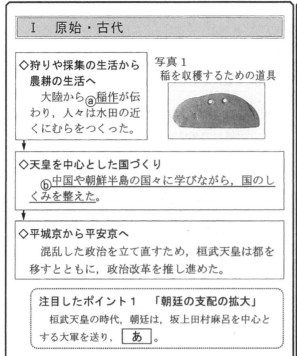

たかし	キャッチコピーなどの文字で伝える情報も、ポスターにとっては重要ですね。しかし、A案とB案では、「ひまわり祭り」について文字で伝えている情報の内容や量が異なります。これについては、どう考えますか。
かずき	A案は、開催日と会場しか書かれていませんが、右下の二次元コードを読み込むと、「ひまわり祭り」の公式ウェブサイトを見ることができます。
みく	なるほど。ポスターに書ける情報量は限られているので、イベントの詳しい情報を確認できるのは、とてもよいことだと思います。
たかし	そうですね。ここまでの話し合いでA案、B案それぞれの工夫されている点が見えてきましたね。

(間2秒)
話し合いの様子はここまでです。
(間2秒)
それでは問題に移ります。問題は選択肢も含めてすべて放送で出題します。答えは解答用紙に記入しなさい。
(間3秒)

1　かずきさんは、イベントのポスターの役割をどのように考えていますか。解答欄にしたがって書きなさい。
(間25秒)

次の問題に移ります。
2　B案のポスターの①に入るキャッチコピーとして、最もふさわしいものを、次に読み上げる選択肢**ア**、**イ**、**ウ**、**エ**の中から一つ選んで、解答欄に記号をカタカナで書きなさい。選択肢は二回読みます。
ア　この夏　百万本のひまわりに会いに行こう
イ　ひまわり畑であなたも笑顔になりませんか
ウ　もよおしいっぱい　楽しいひまわり祭り
エ　百万本のひまわりがあなたを笑顔にします

繰り返します。(※**ア**から**エ**を繰り返して読む)
(間10秒)

次の問題に移ります。
3　みくさんは、A案のポスターに二次元コードが付いていることのよさをどのように考えていますか。解答欄にしたがって書きなさい。
(間25秒)

次の問題に移ります。
4　たかしさんの進行の仕方について、最もふさわしいものを、次に読み上げる選択肢**ア**、**イ**、**ウ**、**エ**の中から一つ選んで、解答欄に記号をカタカナで書きなさい。選択肢は二回読みます。
ア　発言の内容を整理しながら、二人の意見を引き出している。
イ　発言の意図が不明な点を指摘し、繰り返し質問している。
ウ　話し合いの内容を批判的に聞き、意見を対立させている。
エ　話し合いの方向性を定めず、自由に意見を出させている。

繰り返します。(※**ア**から**エ**を繰り返して読む)
(間10秒)
これで国語の「聞くこと」に関する検査を終わります。次の問題に移ってください。

※教英出版注
音声は，解答集の書籍ＩＤ番号を教英出版ウェブサイトで入力して聴くことができます。

令和６年度

英語 リスニングテスト台本

［注］　（　　）内は音声として入れない。

ただ今から，リスニングテストを始めます。解答用紙を準備し，問題用紙の１ページを開いてください。（間２秒）

問題は(1)から(4)まであります。聞きながらメモをとってもかまいません。（間２秒）

(1)を始めます。問題は２つです。二人の会話とそれについての質問を聞いて，答えとして最も適切な絵を，それぞれ**ア**，**イ**，**ウ**，**エ**から**１つずつ**選んで記号を書きなさい。会話と質問は通して１回だけ放送されます。では始めます。（間２秒）

①（Ａ女）：It’s delicious, right?
（Ｂ男）：Well, I want some more salt.
（Ａ女）：Sure.（間２秒）

Question： What will the girl probably do next?（間５秒）

②（Ａ男）：How about going to the lake by bike tomorrow?
（Ｂ女）：Well, I want to enjoy the beautiful scenery from a train.
（Ａ男）：Good idea. Then, let’s meet at the station tomorrow morning.（間２秒）

Question： Where are they going to meet tomorrow morning?（間５秒）

(2)に移ります。問題は３つです。二人の会話を聞いて，それぞれの会話の最後の文に対する応答として最も適切なものを，それぞれ**ア**，**イ**，**ウ**から**１つずつ**選んで，記号を書きなさい。会話は通して，１回だけ放送されます。では始めます。（間２秒）

①（Ａ女）：Mike, are you doing anything right now?
（Ｂ男）：No, Mom. What’s up?
（Ａ女）：Will you go to the supermarket with me?（間７秒）

②（Ａ女）：Excuse me. I lost my smartphone somewhere in this shopping mall.
（Ｂ男）：I see. What color is it?
（Ａ女）：It is white, and has a picture of red flowers behind it.（間７秒）

③（Ａ女）：My favorite singer will perform in our city next month.
（Ｂ男）：Oh, really? Are you going to go to the concert?
（Ａ女）：Of course. I’m so excited.（間７秒）

令和六年度

国語（解答用紙）

受検番号

氏名

一　「聞くこと」に関する検査

小計

1　ポスターを見た人に　　　　こと

2

3　　　　こと

4

1．3点
2．2点
3．3点
4．2点

合計

※100点満点

表合計

二

小計

1
漢字　①　　　やす　③
読み　②　　　め　④

2

3

4

1．2点×4
2．2点
3．2点
4．2点

小　計

六

内容構成…５点
表現叙述…４点
表記等…３点

(12)	°
(13)	cm
(14)	cm^3
(15)	cm^3

(1)〜(15)から８問選択。すべて４点で４点×８

(4)	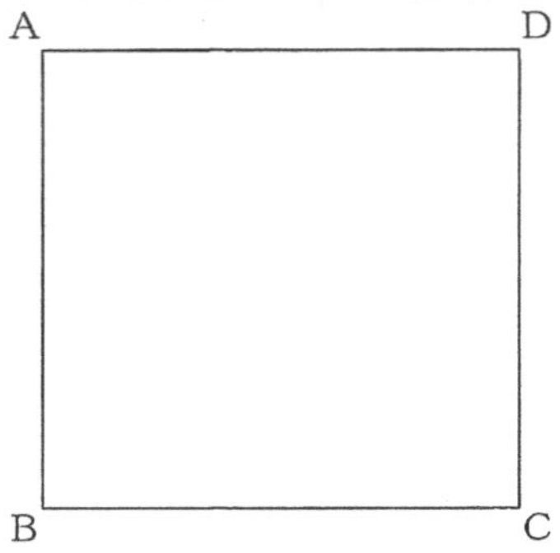

(1)２点×２　(2)３点×２　(3)①３点　②５点　(4)５点

4

小　計

(1)	①	
	②	
(2)	①	
	②	

3点×4

5－Ⅱ

小　計

(1)	[証明] △ＦＢＣと△ＦＤＥにおいて △ＦＢＣ∽△ＦＤＥ	
(2)	①	°
	②	倍

５－Ⅰと５－Ⅱから１問選択　５点×３

小 計

2

(1)	①	
	②	
	③	
(2)	①	OK, but I don't know (　　　　) (　　　　) (　　　　) it.
	②	If (　　　　) (　　　　) (　　　　), I would go to the nurse's office.
	③	Have (　　　　) (　　　　) (　　　　) there?

(1) 2 点 × 3　(2) 3 点 × 3

小 計

3

(1)	①	
	②	
	③	
	④	
(2)		?

(1) 3 点 × 4　(2) 3 点

小計

5

(1)	①	
	②	
	③	
	④	
(2)	①	
	②	
	③	
	④	
	⑤	

(1)３点×４
(2)①３点　②３点　③３点　④３点×２　⑤３点

(5) 3点
(6) 4点

(3)	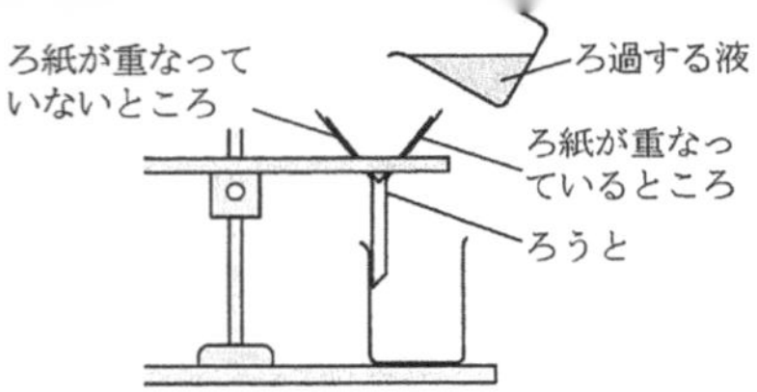	
(4)	X：	Y：
(5)		
(6)	%	

3

小　計

(1)① 3点
② 4点
③ 3点
④ 4点
(2) 4点

(1)	①		
	②	S：	
		T：	
	③	天気：	
		風向：	
		風力：	
	④	X：	Y：
(2)		名称：	
		理由：	

(1)① 2点
② 3点
(2)① 3点
② 3点
③ 3点

(1)	②		
(2)	①	記号： 動き：	
	②		
	③	X：	Y：

6

小　計

(1)① 2点
② 3点
(2)① 3点
② 3点
③ 3点

(1)	①	
	②	g/cm^3
(2)	①	
	②	倍
	③	

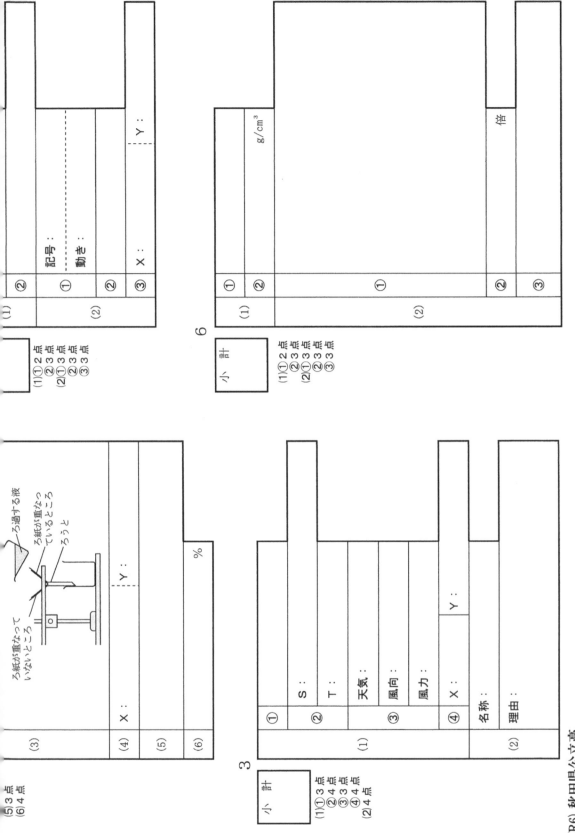

小計

(1) 2 点
(2) 3 点
(3) 2 点
(4) ① 3 点
② 2 点
(5) 2 点 × 2

(1)		市
(2)		
(3)		発電
(4)	①	
	②	
(5)	イ	県
	エ	県

3

小計

(1) 3 点
(2) 4 点
(3) 2 点
(4) 2 点
(5) 3 点
(6) 2 点

(1)	
(2)	
(3)	
(4)	
(5)	
(6)	

小計

(1) 3 点
(2) 3 点
(3) 3 点
(4) 3 点
(5) 3 点 × 2
(6) 2 点
(7) 3 点
(8) 4 点
(9) 2 点
(10) ① 3 点
② 3 点

(1)		
(2)		
(3)		
(4)		
(5)	①	
	②	
(6)		
(7)		
(8)		
(9)		
(10)	①	
	②	

令和６年度

社　　会
（解　答　用　紙）

受検番号		氏　名	

合　計

※100点満点

1

小　計

⑴２点
⑵３点
⑶３点
⑷３点
⑸２点×２

(1)		大陸
(2)		
(3)		
(4)		
(5)	お	
	か	

3

小　計

⑺２点
⑻２点
⑼２点
⑽４点
⑾３点
⑿２点
⒀３点

(7)	
(8)	
(9)	
(10)	
(11)	
(12)	
(13)	ア→　　→　　→

令和６年度

理　　　　科

（解　答　用　紙）

受検番号		氏　名	

合　計

※100点満点

1

小　計

(1) ３点
(2) ３点
(3) ３点
(4) ３点
(5) ① ３点
　② ３点

(1)			
(2)	P：		Q：
	R：		S：
(3)			
(4)			
(5)	①		
	②		

2

小　計

(1)		
(2)		

4

小　計

(1) ① ２点
　② ３点
　③ ３点
(2) ４点
(3) X Y．３点
　Z．３点

(1)	①	N
	②	図４ 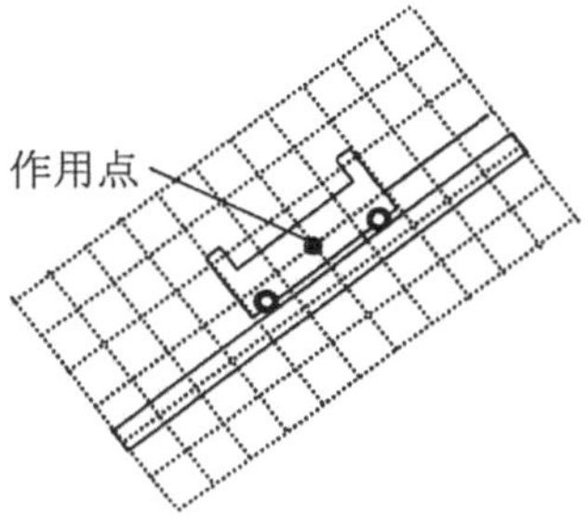
	③	
(2)		g
(3)	X：	
	Y：	
	Z：	

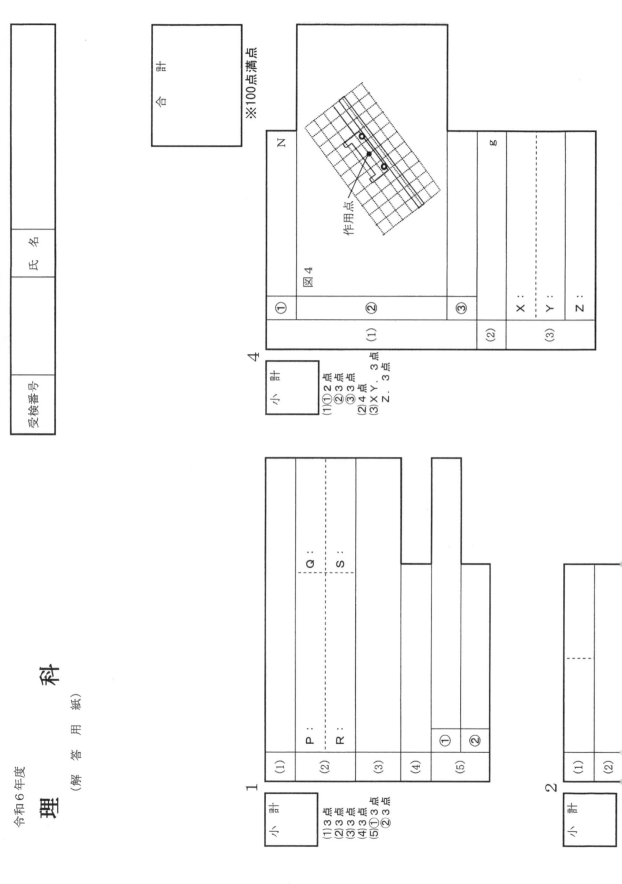

裏合計

小計

4

(1)	①	
	②	
	③	
	④	

(2)		5語
		10語
		15語
		20語
		25語
		30語
		35語
		40語
		45語

(1)3点×4　(2)8点

令和６年度

英　　　語

（解　答　用　紙）

受検番号		氏　名	

表合計

合　計

※100点満点

小　計

1　リスニングテスト

(1)	①	
	②	
(2)	①	
	②	
	③	
(3)	質問	
	①	
	②	
(4)	①	
	②	
	③	

(1)２点×２　(2)２点×３　(3)質問…２点　①②完答２点　(4)２点×３

【解答用

裏合計

3

小計

(1)	①	
	②	
(2)	ⓐ	
	ⓑ	
	ⓒ	
	ⓓ	
(3)	守さんの考え方　　香さんの考え方 (過程)	

5－Ⅰ

小計

(1)	[証明] △ＦＢＣと△ＦＤＥにおいて △ＦＢＣ∽△ＦＤＥ	
(2)	①	cm
	②	cm^2

５－Ⅰと５－Ⅱから１問選択　５点×３

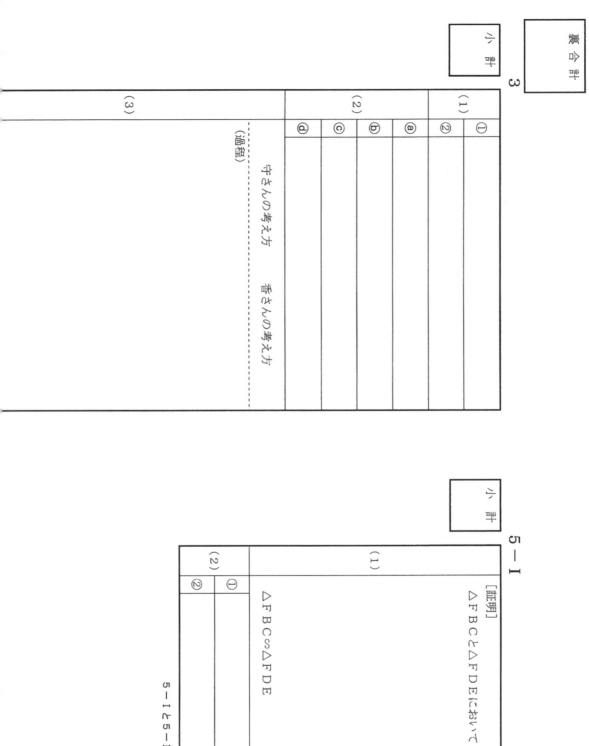

令和６年度

数　　　学
（解　答　用　紙）

受検番号		氏　名	

表合計

合　　計

※100点満点

1

小　計

(1)	
(2)	
(3)	
(4)	
(5)	
(6)	$x=$
(7)	$x=$　　　　, $y=$
(8)	$x=$
(9)	$a=$　　　　, $b=$

2

小　計

(1)	ア	
	イ	
(2)	①	$a=$　　　　, $b=$
	②	cm^2
(3)	①	
	②	

【解答

四

小　計

1	2	3	4			
		仏師としての……こと	(1)		(2)	
			a	b	c	d

1．２点
2．３点
3．４点
4．(1)３点×２
　(2)c．３点
　　d．５点

五

小　計

1		2			3		
①	②	a	b	c	(1)	(2)	(3)

1．２点×２
2．２点×３
3．(1)２点
　(2)３点
　(3)３点

裏合計

三

小計

1		2	3		4	5	
a	b		(1)	(2)		(1)	(2)
		無人島で暮らす家族の状況と同様に　…　世界					他の生物とは異なり、人間は　…　という特徴

1．２点×２
2．３点
3．(1)２点
(2)４点
4．３点
5．(1)２点
(2)５点

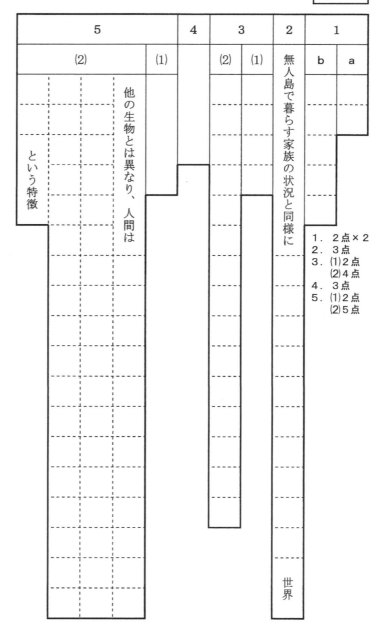

(3)に移ります。問題は2つです。美香(Mika)とルーカス(Lucas)が，授業での発表に向けて練習をしています。二人の会話を聞いて，その後の質問に対する答えとして最も適切なものを，**ア**，**イ**，**ウ**，**エ**から**1つ**選んで記号を書きなさい。また，①，②に入る写真を示す最も適切なものを，**ア**，**イ**，**ウ**，**エ**から**1つずつ**選んで記号を書きなさい。会話と質問は通して2回ずつ放送されます。はじめに10秒間，問題用紙の絵と選択肢に目を通しなさい。（間10秒）では始めます。（間2秒）

(*Mika*) ： Which picture are you going to show for our school trip presentation, Lucas?
(*Lucas*) ： Look. I decided to show this picture. Do you see these characters, Mika?
(*Mika*) ： Oh, I remember the characters! Well.... I saw them in front of the zoo!
(*Lucas*) ： Right. The characters were so cute that I took a picture of them. When I show this picture, our classmates can remember the wonderful time at the zoo on our second day.
(*Mika*) ： Good idea. Look at my picture. I'll show this picture of the sumo matches.
(*Lucas*) ： Yeah, I was really excited to see the sumo matches on our school trip.
(*Mika*) ： Me too. I've watched them on TV before, but the matches we saw at the sumo stadium were more exciting.
(*Lucas*) ： I think so, too. Then, let's practice our presentation.（間2秒）

Question ： Which is the topic of their presentation?（間7秒）繰り返します。
（間3秒）

(4)に移ります。佑太(Yuta)が英語の授業で，写真を提示しながらスピーチをしています。スピーチの後で，3つの質問をします。質問に対する答えとして最も適切なものを，それぞれ**ア**，**イ**，**ウ**，**エ**から**1つずつ**選んで記号を書きなさい。佑太のスピーチと質問は，通して2回ずつ放送されます。はじめに15秒間，問題用紙の選択肢に目を通しなさい。（間15秒）では始めます。（間2秒）

Everyone, please look at this picture. This is my favorite shrine. You can see a man here in this picture. He is my grandfather, Hiroshi. This shrine is near my house. He likes walking around there in autumn because he can enjoy the beautiful yellow leaves. In my case, I like to walk around there in spring because the temperature is comfortable. The shrine is also famous for its beautiful cherry blossoms. Many people like to take some pictures of them there. Why don't you go there?（間2秒）

Questions： ① What is Yuta talking about?（間5秒）
② Which season does Yuta's grandfather like to walk around the shrine?
（間5秒）
③ What do many people do around the shrine in spring?（間5秒）
繰り返します。
（間3秒）

これでリスニングテストを終わります。次の問題に移ってください。

令和六年度

国語「聞くこと」に関する検査台本

※教英出版注
音声は，解答集の書籍ID番号を教英出版ウェブサイトで入力して聴くことができます。

〔注〕（　　）内は音声として入れない。

ただいまから、国語の「聞くこと」に関する検査を始めます。「聞くこと」に関する検査は、出題も含めてすべて放送で行いますので、指示があるまで問題用紙を開いてはいけません。解答用紙とメモ用紙を準備してください。

（間３秒）

メモ用紙は必要に応じて使ってください。問題は全部で四つです。

（間３秒）

たかしさんの住む地域では、毎年「ひまわり祭り」が行われます。今回、たかしさんが通う中学校では、ポスターを作成し、祭りに協力することになりました。生徒会が全校生徒に呼び掛けてポスターを募集し、二つの案にしぼりました。

これから放送する内容は、生徒会役員のたかしさん、かずきさん、みくさんの三人が、ポスターについて話し合っている様子です。進行役はたかしさんが務めています。

話し合いの様子と問題は、一度だけ放送します。

問題用紙の一ページを開いて、Ａ案とＢ案のポスターを見てください。

（間７秒）

Ｂ案のポスターの中の①には、キャッチコピーが入ります。

（間３秒）

話し合いは、たかしさんの発言から始まります。それでは、始めます。

（間３秒）

たかし	Ａ案とＢ案の二種類のポスターがありますが、かずきさんはＡ案、みくさんはＢ案を推薦しています。では、はじめに、推薦する理由について、かずきさんから聞かせてください。
かずき	はい。私は、Ａ案のイラストがよいと思いました。一面に広がるひまわりがとても印象的で、ポスターを見た人が、実際にひまわり畑を見てみたいと思うのではないでしょうか。最近は、見映えがよい風景などを写真に撮ることが人気なので、視覚に訴えることが効果的です。イベントのポスターの役割は、見た人に行ってみたいと思わせることだと考えます。
たかし	かずきさんは、イラストに着目したのですね。では次に、Ｂ案を推薦した理由について、みくさん、お願いします。
みく	はい。私も、イラストがよいという理由でＢ案を推薦します。ポスターの中央に描かれている女の子の表情が、とてもにこやかで目を引きますし、ポスターを見た人が「楽しそうだから行ってみよう」と思うのではないかと考えました。
たかし	二人ともイラストに着目して、推薦理由を述べてくれました。では、お互いに意見はありませんか。
かずき	はい。Ｂ案のイラストでは、地域の自慢であるひまわり畑の広さが伝わらないのではないでしょうか。
みく	確かにＡ案のイラストは、ひまわり畑の広さがよく伝わりますね。しかし、Ｂ案は、キャッチコピーの「百万本」という数字によって、ひまわりが一面に咲いている風景を想像させるのではないでしょうか。また、「笑顔」という言葉もイラストと合っていてとても効果的だと思いました。
かずき	みくさんの考えを聞いて、Ａ案には、キャッチコピーがないことに気付きました。キャッチコピーでも多くの人を引き付けられるのは、とても効果的だと思いました。

に注目してまとめたものの一部である。これらと年表，地図，図を見て，(1)～(13)の問いに答えなさい。

Ⅱ　近世

ヨーロッパ人の来航と全国統一

ⓔ種子島に流れ着いたポルトガル人によって，わが国に鉄砲が伝わり，戦い方に変化が生じた。

注目したポイント３　「天正遣欧使節」

キリシタン大名は，南蛮貿易の中心地となっていた［い］から４人の少年をヨーロッパに派遣した。

幕藩体制の成立と文化の発展

社会が安定し，ⓕ上方を中心に町人文化が栄え，図１のような作品が生み出された。

図１

風神雷神図屏風(部分)

産業の発達

ⓖ全国の米の収穫高が増加するとともに，各地で特産物の生産が盛んになるなど，農業の新しい動きが見られた。

Ⅳ　近代・現代

◇近代国家の形成

欧米とのⓗ対等な外交関係の樹立を目指した。

注目したポイント４　「岩倉使節団」

不平等条約改正交渉にあたる一方，先進国の情勢を詳しく調査し，わが国の近代化に貢献した。

写真２　岩倉使節団

◇経済・政治の混乱と第二次世界大戦

世界恐慌は，わが国の経済に深刻な影響を及ぼした。その混乱の中，軍部が台頭し，［う］。

◇わが国の民主化と再建

ⓘ終戦後のＧＨＱによる占領を経て，わが国は独立を回復し，その後，国際社会に復帰した。

下線部ⓔのころに起こったできごとを，一つ選んで記号を書きなさい。

レーニンがロシア革命を指導した　　**イ**　ルソーが社会契約説を唱えた

ナポレオンが皇帝の地位についた　　**エ**　ルターが宗教改革をはじめた

［い］の位置を，地図の**ア**～**エ**から一つ選んで記号を書きなさい。

地図

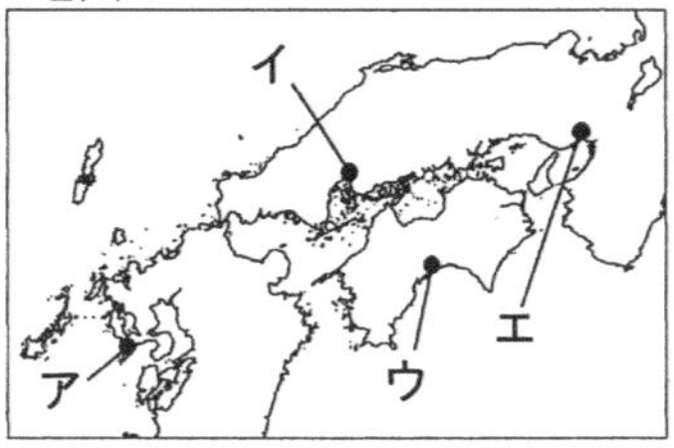

下線部ⓕのころに活躍した人物を，一つ選んで記号を書きなさい。

兼好法師　　**イ**　井原西鶴　　**ウ**　観阿弥　　**エ**　横山大観

下線部ⓖの理由を，図２と図３を参考に，次の語を用いて書きなさい。〔 **新田** 〕

下線部ⓗに関して，次は写真２の一員として派遣されたある人物にいてまとめたものである。この人物名を書きなさい。

・内閣総理大臣となった　・政党を結成した

［う］に入る適切な内容を，一つ選んで記号を書きなさい。

征韓論が起こった　　**イ**　義和団の反乱に出兵した

シベリア出兵を行った　　**エ**　五・一五事件が起こった

下線部ⓘの時期のできごとを，**ア**に続けて年代の古い順に並べ替え，号を書きなさい。

極東国際軍事裁判の開始　　**イ**　日ソ共同宣言の調印

サンフランシスコ平和条約の締結　　**エ**　日本国憲法の公布

図２　近世における全国の耕地面積の推移

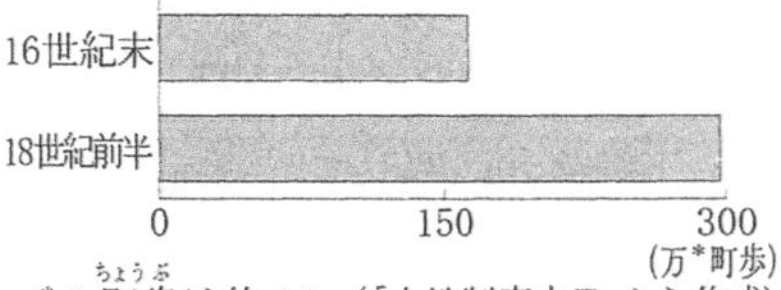

＊１町歩《ちょうぶ》は約１ha(「土地制度史Ⅱ」から作成)

図３　近世における農具の変化

こきばしによる脱穀

千歯こきによる脱穀

4 次は，それぞれのテーマについて，生徒が調べたことをまとめたものの一部である。これらを見て，(1)～(10)の問いに答えなさい。

テーマ　人権の確かな保障に向けて

◇ⓐ基本的人権を守るため，争いや事件を法に基づいて解決する働きをⓑ裁判という。
◇2000年に導入されたⓒ介護保険制度により，必要となった時に介護サービスが受けられる。

資料１　日本国憲法第13条

> すべて国民は，［ P ］として尊重される。生命，自由及び幸福追求に対する国民の権利については，公共の福祉に反しない限り，立法その他の国政の上で，最大の尊重を必要とする。

図１　ある裁判の法廷の様子

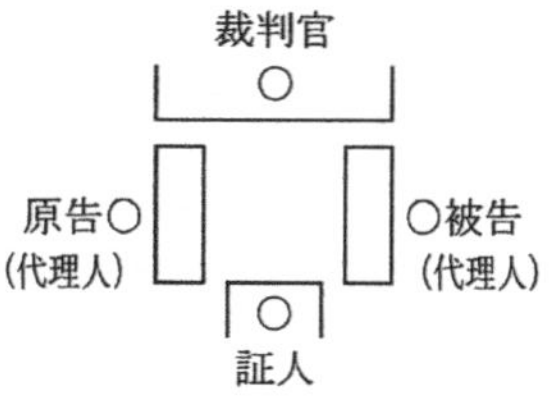

図２　年齢階級別人口の推移(日本)

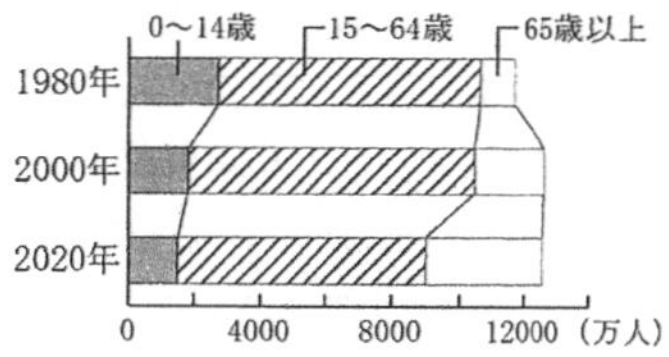

(内閣府資料から作成)

(1) 下線部ⓐに関して，資料１の［ P ］にあてはまる語を書きなさい。

(2) 下線部ⓑに関して，図１の裁判の説明として正しいものを，一つ選んで記号を書きなさい。

ア　裁判員が裁判に参加する　　イ　犯罪行為の有罪・無罪を決める

ウ　私人どうしの争いを裁く　　エ　裁判官を辞めさせるか判断する

(3) 次は，下線部ⓒに関して，図２をもとに生徒が考えたものである。［ Q ］に入る適切な内容を，次の語を用いて書きなさい。〔 **割合** 〕

> 介護保険制度が導入された背景の一つとして，総人口に占める［ Q ］ことにともない，介護を必要とする人が増えていることが考えられる。

テーマ　市場経済のしくみと金融について

◇消費者が安心して財やサービスを購入できるよう，さまざまなⓓ法や制度が設けられている。
◇市場価格が上下することで，ⓔ消費者が欲しい商品は多く，不要な商品は少なく生産される。
◇一般の銀行とは別に，ⓕ日本銀行は特別な働きをする。

資料２　消費者問題の事例

> レストランで注文した飲み物に混入していた異物により，のどにけがをして病院で診察を受けた。

図３　需要・供給と価格の関係

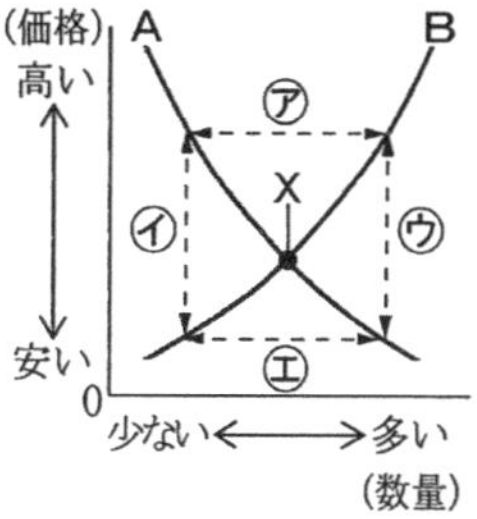

※AとBは，それぞれ需要曲線と供給曲線のいずれかである。
※Xが示す価格は，市場価格のうち，需要量と供給量が一致するときのものである。

(4) 下線部ⓓに関して，資料２の事例の解決に関わるものを，一つ選んで記号を書きなさい。

ア　環境基本法　　イ　製造物責任法　　ウ　消費者契約法　　エ　クーリング・オフ

(5) 下線部ⓔに関わる図３についての問題である。

① Xが示す価格を何というか，書きなさい。

② 売れ残る量を示すものを，㋐～㋓から一つ選んで記号を書きなさい。

(6) 下線部ⓕの役割を，一つ選んで記号を書きなさい。

ア　株式の発行　　イ　国債の発行　　ウ　紙幣の発行　　エ　社債の発行

テーマ　私たちの生活と財政について

◇政府の収入は，原則的に，国民が義務として納めるⓖ税金によって支えられている。

メモ

・税金を納める人とその税金を負担する人が同じ税
・国に納める税

◇ⓗ消費税は，商品の販売やサービスの提供に対して課税される。

図４　所得に占める消費税の割合(2022年)

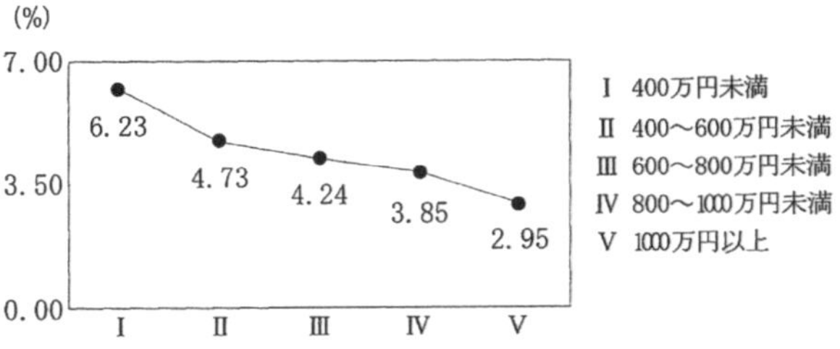

(「日本生活共同組合連合会 家計・くらしの調査年次報告書 2022」から作成)

(7) 下線部ⓖに関して，メモの内容にあたる税を，一つ選んで記号を書きなさい。

ア　酒税　　イ　所得税　　ウ　自動車税　　エ　固定資産税

(8) 次は，下線部ⓗに関して，図４から読みとれることをもとに，生徒がまとめたものである。

R に入る適切な内容を，次の語を用いて書きなさい。〔 所得　　税率 〕

所得が低い人ほど，所得に占める消費税の割合が高くなる傾向がみられるのは，消費税に R という特徴があるためである。

テーマ　持続可能な地球社会の実現に向けて

◇国際連合では，ⓘさまざまな機関が人々の暮らしを向上させるために活動している。

◇国際連合で採択された持続可能な開発目標（ＳＤＧｓ）の達成を目指し，国際社会や日本においても，ⓙさまざまな取り組みが行われている。

表　４か国の比較(2018年)

項目／国	一人当たりのGDP(ドル)	*識字率(%)
インドネシア	3 893	95.7
ケニア	1 710	81.5
ネパール	991	67.9
アフガニスタン	552	43.0

*15歳以上人口に対する，日常生活の簡単な内容についての読み書きができる人口の割合

(「世界国勢図会2021/22年版」などから作成)

資料３　秋田県の施策の一部

○家庭や事業所における３Ｒを推進している。認定されたリサイクル製品には，右のマークが付いている。

○プラスチックごみの削減や，海岸漂着物の回収を推進している。

(秋田県生活環境部資料などから作成)

(9) 下線部ⓘの一つであるＷＨＯの活動を，一つ選んで記号を書きなさい。

ア　貿易の自由化　　イ　世界遺産の登録　　ウ　感染症の予防　　エ　停戦や選挙の監視

(10) 下線部ⓙに関する問題である。

① 次は，表をもとに生徒がまとめたものである。 S に入る適切な内容を書きなさい。

教育に着目すると，一人当たりのＧＤＰが低い国ほど， S 傾向がある。すべての人が学ぶ機会を得ることができるように，世界の国々が協力し合う必要があると思う。

② 資料３の施策で秋田県が目指している社会を，一つ選んで記号を書きなさい。

ア　男女共同参画社会　　イ　グローバル社会　　ウ　多文化社会　　エ　循環型社会

4　哲さんは，角度をもってはたらく２つの力で斜面上の物体を引くときの，物体にはたらく力と物体の動きについて調べるため，次の実験を行った。下の(1)～(3)の問いに答えなさい。ただし，質量100ｇの物体にはたらく重力の大きさを１Ｎとする。また，台車やおもりと斜面との間の摩擦，糸と滑車の間の摩擦，糸の質量と伸び縮みは考えないものとする。

【実験Ⅰ】１本の糸でおもりと質量500ｇの台車を結び，図１のように設置した。その後，台車を静止させた状態から手をはなし，台車の動きを確認した。おもりの質量を変えて実験を行い，結果を表１にまとめた。

図１

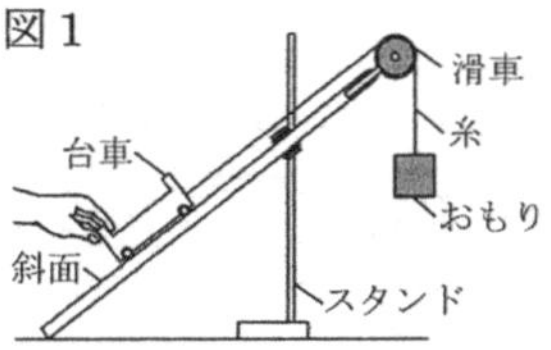

【実験Ⅱ】同じ長さの糸２本，質量500ｇの台車，おもりＰ２個，滑車２個を，図２のように斜面上に設置した。図３は，図２の矢印の方向から斜面を見たときのようすである。滑車を固定したまま，台車を斜面に沿って前後に動かすことで図３の角度Ｒを変化させ，その後，台車を静止させた状態から手をはなし，台車の動きを調べ，結果を表２にまとめた。ただし，斜面の傾きは実験Ⅰと同じものとする。

図２

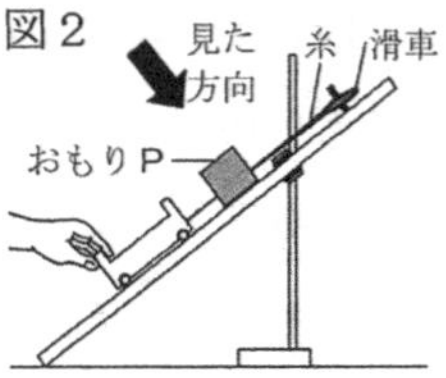

図３

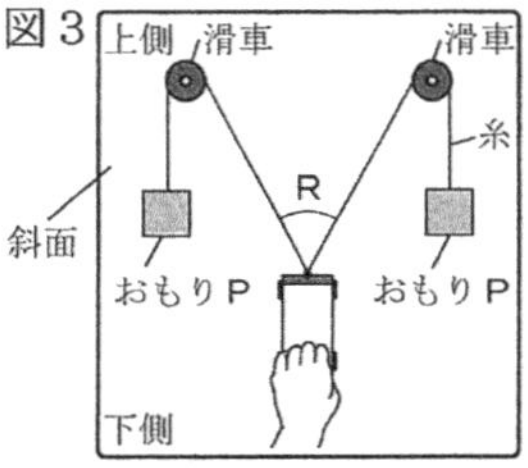

表１

おもりの質量	台車の動き
100 g	斜面を下った
300 g	静止したままだった
500 g	斜面を上った

表２

角度Ｒ	台車の動き
90°	斜面を上った
120°	静止したままだった
150°	斜面を下った

(1) 哲さんは，実験Ⅰにおいて台車が静止したままのときにはたらく力について考えた。

① 台車にはたらく重力の大きさは何Ｎか，書きなさい。

② 台車にはたらく斜面方向の下向きの力は，どのように表されるか，図４に矢印でかきなさい。ただし，方眼の１目盛りを１Ｎとする。

図４

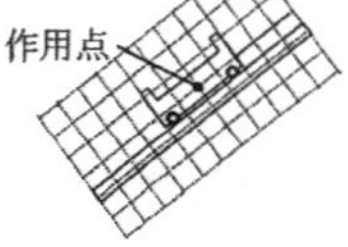

③ 次のうち，斜面の傾きを大きくすると小さくなる力はどれか，１つ選んで記号を書きなさい。

ア　台車にはたらく重力　　　　イ　糸が台車を引く力

ウ　台車にはたらく垂直抗力　　エ　台車が糸を引く力

(2) 実験Ⅱで使用したおもりＰ１個の質量は何ｇか，求めなさい。

(3) 実験の結果をもとに，２本の糸が台車を引く力の合力を「Ｓ力」，台車にはたらく斜面方向の下向きの力を「Ｔ力」として，哲さんがまとめた次の説明が正しくなるように，Ｘ，Ｙには「Ｓ力」か「Ｔ力」のいずれかを，Ｚにはあてはまる語句を，それぞれ書きなさい。

斜面上の台車の動きは，Ｓ力とＴ力の大きさの関係で決まり，（　Ｘ　）が（　Ｙ　）より大きいとき，台車は斜面を上る。このことから，２本の糸の間の角度Ｒが（　Ｚ　）なるにつれて，Ｓ力の大きさは大きくなるといえる。

5　次は，学校行事で行った登山についての彩さんの振り返りの一部である。下の(1)，(2)の問いに答えなさい。

山頂に向かう途中で，あまり見かけない a 岩石を見つけました。何という岩石か気になったので，山の管理者の方に許可をもらい，調べるために持ち帰ってきました。山頂に着いたときには疲れて，b 息があがっていました。

(1) 彩さんは，下線部 a について理科の先生に質問し，次のような説明を受けた。

c 石灰岩かチャートではないかと思いますが，見た目では区別がつかないものがあります。見分ける方法があるので，後で確認してみましょう。

① 地層に下線部 c の層が見られた場合，この層が堆積した当時はどのような場所だったと考えられるか，最も適切なものを次から１つ選んで記号を書きなさい。

ア　海　　イ　湖沼　　ウ　河川　　エ　山

② 彩さんは，下線部 a の岩石を次の方法で見分けることにした。見分ける方法が正しくなるように，P にあてはまる内容を書きなさい。

【見分ける方法】岩石に［　P　］とき，二酸化炭素が発生すれば石灰岩，変化しなければチャートとわかる。

(2) 彩さんは，激しい運動をすると下線部 b のようになる理由について考えるため，図のようなヒトの肺の動きを調べるためのモデルを製作して実験を行ったり，資料で調べたりした。

【実験】図のような装置を製作し，ゴム膜を手で下に引っ張ったり，引っ張ったゴム膜から手を離したりして，ゴム風船がどのように変化するか調べた。その結果，d ゴム膜を手で下に引っ張るとゴム風船はふくらみ，その後，ゴム膜から手を離すとゴム風船は縮んだ。

図

① 図のゴム膜は肺の動きに関わる何というつくりのはたらきをしているか，次の**ア**～**エ**から１つ選んで**記号**を書きなさい。また，下線部 d の操作は，息を「吸うとき」と「はくとき」のどちらの**動き**を再現したものか，書きなさい。

ア　ろっ骨　　イ　横隔膜　　ウ　気管　　エ　肺胞

② ゴム風船がふくらんだり縮んだりしたのは，ペットボトル内の空間の何が変化したからか，書きなさい。

③ 実験の結果と資料で調べたことをもとに彩さんがまとめた次の考えが正しくなるように X，Y にあてはまる語句をそれぞれ書きなさい。

からだを構成している細胞では，肺でとりこまれた酸素を使い，（ X ）から活動するための（ Y ）をとり出しています。激しい運動をすると多くの（ Y ）が必要となり，肺の動きがさかんになるためと考えました。

6　涼さんは，テーブルタップを購入した際，図１のようなタコあし配線は危険な場合があるとの注意書きを見て，なぜ危険なのか疑問に思い，観察をしたり実験を行ったりした。次の(1)，(2)の問いに答えなさい。

図１

(1) 涼さんは，テーブルタップのコードの材料には何が使われているのか調べるため，不要になったコードを切って観察したところ，図２のように，金属のような物質Ｘが見えた。

図２

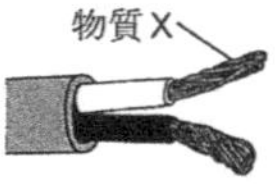

① 次のうち，すべての金属に共通する性質としてあてはまるものはどれか。**すべて**選んで記号を書きなさい。

ア　みがくと光る　**イ**　熱をよく通す　**ウ**　磁石につく　**エ**　引っ張ると細くのびる

② 涼さんは，物質Ｘを色の特徴から銅と予想し，密度を調べて確認することにした。この物質Ｘをある程度とり出して質量と体積を測定したところ，質量が22.4ｇ，体積が2.5cm^3だった。この物質Ｘの密度は何 g/cm^3 か求めなさい。

(2) テーブルタップを分解したところ，複数の電気器具を並列につなぐ構造になっていたことから，涼さんは次の実験を行った。

【実験】抵抗の大きさが異なる豆電球２個，導線，スイッチ２個，1.5Ｖの乾電池を用いて，複数の電気器具をテーブルタップにつないだ状態に見立てた図３のような回路をつくった。その後，スイッチを切りかえたときの豆電球Ａ，豆電球Ｂ，回路全体それぞれに流れる電流と加わる電圧の大きさを測定した。電流の大きさを測定した結果は表１に，電圧の大きさを測定した結果は表２に，それぞれまとめた。

図３

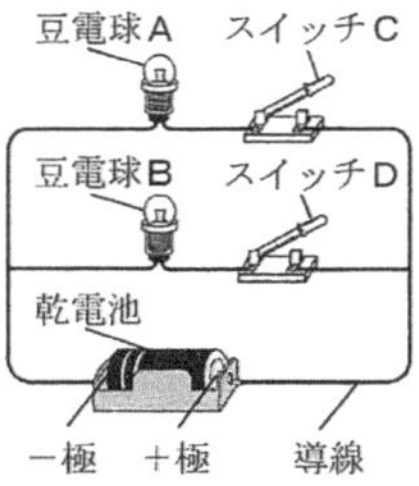

表１

スイッチ		豆電球Ａ	豆電球Ｂ	回路全体
Ｃ	Ｄ			
入	切	0.3A	0　A	0.3A
切	入	0　A	0.5A	0.5A
入	入	0.3A	0.5A	0.8A

表２

スイッチ		豆電球Ａ	豆電球Ｂ	回路全体
Ｃ	Ｄ			
入	切	1.5V	0　V	1.5V
切	入	0　V	1.5V	1.5V
入	入	1.5V	1.5V	1.5V

① 図３の豆電球Ａに加わる電圧の大きさを測定するために電圧計をつないだ。このときの全体の回路図をかきなさい。ただし，スイッチは切れているものとする。

② スイッチＣとＤの両方を入れて豆電球ＡとＢに１分間電流を流したときの電力量は，スイッチＤだけを入れて豆電球Ｂに１分間電流を流したときの電力量の何倍か，求めなさい。

③ タコあし配線が危険な理由について，実験の結果をもとに涼さんがまとめた次の考えが正しくなるように，Ｙにあてはまる内容を書きなさい。

テーブルタップにつないだ複数の電気器具を同時に使用する場合，電気器具が増えるほどテーブルタップに［　Ｙ　］ようになり，［　Ｙ　］ことで発熱して発火するおそれがあるからです。

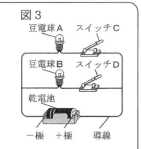

4 生徒が「制服」について，ディベートをしています。次の英文を読んで，(1)，(2)の問いに答えなさい。

Let's start a debate. Today's topic is "Every student should wear a school uniform." First, we'll hear from the students who agree.

司会

【賛成側】　　　　〈話す順番〉　　　　**【反対側】**

I think every student should wear a school uniform because it helps us focus on studying. For example, we can spend more time to do our homework instead of choosing clothes.

1番目　2番目

I don't think every student should wear a school uniform because we cannot express ourselves in a school uniform. For example, if we all wear the same clothes, we cannot show the things we like.

You may be right, but wearing the same uniform can help us work together and feel part of (a). For example, when local people see our uniforms, they recognize our school. That helps us feel more connected to local people.

3番目　4番目

You said that wearing school uniforms helps us work together. But we can help each other even if (b). I think being different is important because it brings new ideas and ways of thinking. So, we can learn many different views from them.

Thank you very much. Before announcing the decision, I will tell you the next topic. It is "<u>School lunches are better than boxed lunches.</u>"

司会

(1) 次の①～④について，問いの答えとして最も適切なものを，次の**ア**～**エ**から**1つずつ**選んで記号を書きなさい。

① 1番目の生徒が述べている制服の**利点**を選びなさい。

ア Students can focus on homework.
イ Students can save money for other things.
ウ Students get dressed in uniforms more quickly.
エ Students look better in uniforms than in other clothes.

② 2番目の生徒が述べている制服の**欠点**を選びなさい。

ア Uniforms can sometimes be expensive.
イ Uniforms may sometimes be uncomfortable.
ウ It's difficult to decide the things they like.
エ It's difficult to express themselves.

③ 3番目の生徒の(a)に入るものを選びなさい。

ア a difference　**イ** a plan　**ウ** a task　**エ** a team

④ 4番目の生徒の(b)に入る文を選びなさい。

ア we wear different clothes　**イ** we wear the same clothes
ウ we learn about many things　**エ** we learn about ways of thinking

(2) 下線部"<u>School lunches are better than boxed lunches.</u>"について，**賛成**または**反対**の立場で，あなたの**「意見」**を**「理由」**と**「例」**を挙げて，**25語以上の英語**で述べなさい。ただし，記号や符号(:;-，.？！ など)は語数に含めない。

5 次の(1)と(2)の英文は，市が募集する廃校活用のアイディアについて述べたものです。

(1) 次は，ＡＬＴのグリーン先生(Ms. Green)と中学生の葵(Aoi)，颯太(Sota)が英語の授業で述べた内容です。これを読んで，①～④の問いの答えとして最も適切なものを，**ア～エ**からそれぞれ**１つずつ**選んで記号を書きなさい。

First, at the beginning of the class, Ms. Green talked about one example in her country. An elementary school building was changed and it became very attractive. Each classroom was used in a different way, such as a restaurant, a gift shop, and so on. People enjoyed their favorite things in this building. Before she came to Japan, she went there many times with her family. She liked watching movies in a classroom. Her brothers enjoyed playing basketball with their father in the gym.

When Aoi talked with Sota about a closed school in their city, she said, "People can enjoy producing vegetables. The number of farmers is decreasing and people cannot enjoy their local vegetables. To solve these problems, I want more people to know how interesting producing vegetables is. They will also enjoy cooking and eating delicious vegetables. So, I believe that my idea is good."

Sota thought that the closed school could be used for making movies, TV programs and so on. He said, "Our city is rich in nature and has no tall buildings around the closed school. The scenes from movies will look beautiful. I hope that the movies will make our city more popular. Our city can be a good tourist spot in the future."

Finally, at the end of the class, Ms. Green said, "I am surprised to hear your great ideas of using the school building. It is really important to talk with and listen to each other. By doing so, I believe that people can get together and have happy lives for a long time."

① Which was true about the closed school building in Ms. Green's country?
- ア The building was changed into a new school.
- イ The building was broken after it was closed.
- ウ Her family members thought about a new way to use a classroom.
- エ Her family members enjoyed their favorite things in the building.

② What was Aoi's main point?
- ア To check the number of the farmers
- イ To make people interested in farmers' jobs
- ウ To realize her dream to become a farmer
- エ To increase the population of her city

③ What did Sota want his city to be?
- ア To be more expensive
- イ To be more convenient
- ウ To be more famous
- エ To be more traditional

④ According to Ms. Green, what did people need for their happy lives?

ア Communication　　イ Technology　　ウ Surprise　　エ Trip

(2)　次は，中学生の大和(Yamato)が英語の弁論大会で，廃校を実際に活用した事例について述べた内容です。これを読んで，①～⑤の問いに答えなさい。

I heard from my parents about the Cherry Blossom Festival in our city. They said the festival stopped before I was born for two reasons. Young people lost interest, and our city didn't have enough money. I felt sad when I heard about it. I wanted to make our town active again.

One day, when we talked about a way of using closed schools in our English class, I remembered my elementary school. It is closed now, and has many cherry trees around it. In my presentation, I said, "I think that we can use the closed school for (A) the Cherry Blossom Festival. The festival helps young and old people meet and understand each other better, and it makes their relationships stronger."

Our English teacher was interested in my speech. She introduced my idea to the other teachers. Some of them were (B) skeptical because the idea was not clear enough. But as we talked, they thought my plan was worth trying. She sent an e-mail to City Hall. A few weeks later, Mr. Kudo, a person who works at City Hall, visited our school and said that he liked my idea. He agreed to use the school building for the festival. He used the internet to share my idea. Then, he got many positive comments. People seemed excited.

On the festival day, the closed school was full of energy because people of all ages came together. At the beginning, I said on the stage, "Thank you for coming today. We can have this festival with the help of many people. Let's enjoy this wonderful festival."

The festival was successful. Elderly people made local dishes in the cooking classroom. Local musicians did wonderful performances in the gym. People were satisfied with both the dishes and the performances. They were talking and laughing under the cherry blossoms. After the festival, many people said that the event reminded them of their school days. Everyone was already looking forward to the festival next year.

We learned how one voice can make all the difference. People who have the same interest will help us. So, we can get over difficult challenges that we cannot do alone. I will say, "(　　　) is really important."

① 本文の内容に合うように，下の(　a　)と(　b　)にそれぞれ当てはまる語の**組み合わせ**を，**ア**～**エ**から**１つ**選んで記号を書きなさい。

The festival stopped in Yamato's city because young people were (　a　) interested in it and his city had (　b　) money than it needed.

ア　a : more　　b : more　　　**イ**　a : more　　b : less
ウ　a : less　　b : more　　　**エ**　a : less　　b : less

② 大和(Yamato)は，下線部(A) the Cherry Blossom Festivalはどんなことに役立つと話しているか，**日本語**で書きなさい。

③ 下線部(B) skepticalの意味として最も適切なものを，本文の内容から判断して，次の**ア**～**エ**から**１つ**選んで記号を書きなさい。

ア　疑いをもっている　　　**イ**　計画性をもっている
ウ　偏見をもっている　　　**エ**　実行力をもっている

④ 本文の内容と**合っている**ものを，次の**ア**～**オ**から**２つ**選んで記号を書きなさい。

ア　Yamato joined the local festival in his city when he was two years old.
イ　Yamato's English teacher went to see Mr. Kudo to talk about her plan.
ウ　Mr. Kudo used the internet to help Yamato collect enough money.
エ　People enjoyed the musical performances and the local dishes at the festival.
オ　Some people remembered their childhood thanks to the festival.

⑤ 本文の内容から判断して，本文中の(　　　)に当てはまる最も適切な語句を，次の**ア**～**エ**から**１つ**選んで記号を書きなさい。

ア　Following your friends　　　**イ**　Talking with people in need
ウ　Telling your own opinions　　　**エ**　Apologizing for the troubles

（2） 香さんは，燃料タンクいっぱいに燃料を入れて出発したA車とB車それぞれが，途中で燃料を追加せずに，x km走ったときの燃料タンクに残っている燃料の量をy Lとして考えた。香さんは，yはxの1次関数であるとみなして図2のグラフをかいた。点Sは，A車のグラフとB車のグラフの交点である。

図2

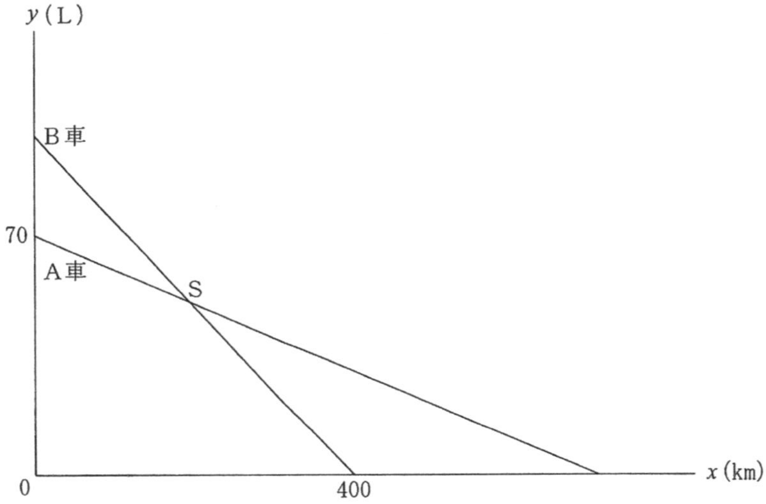

香さんは，交点Sからわかることを，次のように説明した。［香さんの説明］が正しくなるように，ⓐにはあてはまる**式**を，ⓑ～ⓓにはあてはまる**数**を書きなさい。

［香さんの説明］

［メモ］から，1 km走るごとにA車は $\frac{1}{10}$ L，B車は $\frac{1}{4}$ Lの燃料を使います。
A車とB車それぞれについて，yをxの式で表すと，
A車の式は　$y=-\frac{1}{10}x+70$　……㋐
B車の式は　$y=$ ［ ⓐ ］　……㋑　となります。
㋐，㋑を連立方程式として解くと，交点Sの座標は（ ［ ⓑ ］ ， ［ ⓒ ］ ）となります。このことから，A車とB車それぞれが， ［ ⓑ ］ km走ったときの燃料タンクに残っている燃料の量はどちらも ［ ⓒ ］ Lであることがわかります。
また，A車は ［ ⓑ ］ km走ったとき，燃料を ［ ⓓ ］ L使ったことがわかります。

（3） 燃料タンクいっぱいに燃料を入れて出発したA車とC車それぞれが，途中で燃料を追加せずに550 km走った。このとき，燃料タンクに残っている燃料の量は，どちらの車のほうが何L多いか，求めなさい。求める過程も書きなさい。ただし，次の［考え方］のどちらかを ⬭ で囲み，その考え方に沿って書くこと。

［考え方］

守さんの考え方	A車とC車それぞれについて，x Lの燃料を使用したときの走った距離をy kmとし，yはxに比例するとみなす。
香さんの考え方	A車とC車それぞれについて，x km走ったときの燃料タンクに残っている燃料の量をy Lとし，yはxの1次関数であるとみなす。

4 次の(1)，(2)の問いに答えなさい。

(1) 図1のように，縦，横それぞれ3マスずつのマス目と矢印が印刷されているたくさんの用紙と，1から順に自然数が1つずつ書かれているカードがある。図2のように，用紙の向きを変えずに，1枚目の用紙には 1 から順に 中央のマス から矢印に沿ってカードを並べていく。2枚目の用紙には 10 から順に，3枚目の用紙には 19 から順に，同様にカードを並べていく。4枚目以降の用紙にも同様にカードを並べていくものとする。

図1

用紙　　　　　　　　カード

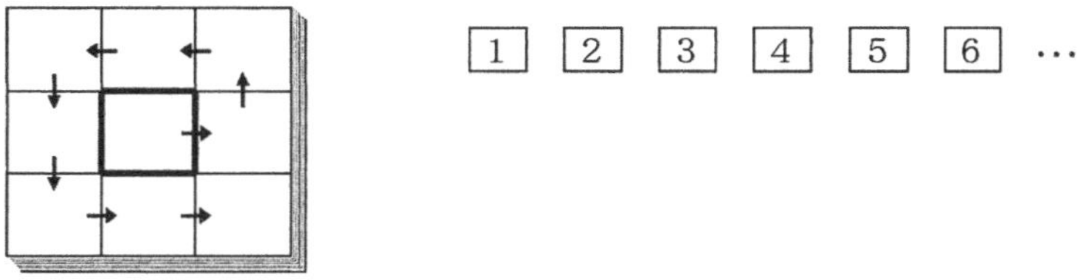

図2

1枚目の用紙　　2枚目の用紙　　3枚目の用紙　　…　　n枚目の用紙

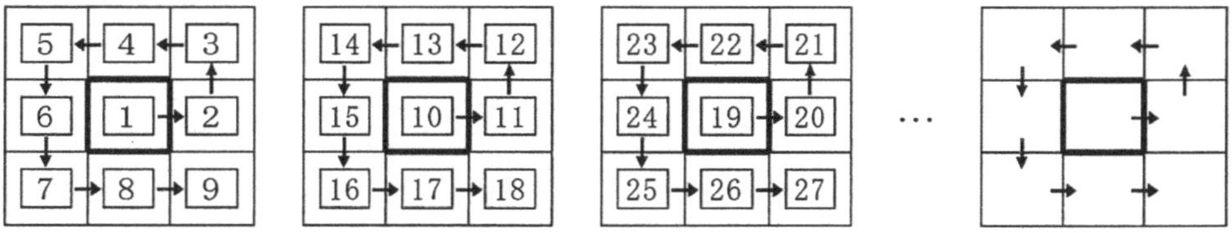

① 5枚目の用紙で，中央のマス にあるカードに書かれている数を求めなさい。

② n枚目の用紙で，中央のマス の左上のマスにあるカードに書かれている数を，nを用いた式で表しなさい。

(2) 1から6までの目が出るさいころを投げる。ただし，さいころのどの目が出ることも同様に確からしいものとする。

① このさいころを1回投げて出た目をaとする。$a+3$の値が4の倍数になる確率を求めなさい。

② このさいころを2回投げたとき，1回目に出た目をb，2回目に出た目をcとする。$\frac{c}{b}$の値が整数になる確率を求めなさい。

5　次の **Ⅰ**，**Ⅱ** から，**指示された問題**について答えなさい。

Ⅰ　図１において，四角形ＡＢＣＤは長方形である。点Ｅは辺ＡＤ上の点であり，点Ｆは線分ＢＤと線分ＣＥの交点である。次の(１)，(２)の問いに答えなさい。

図１

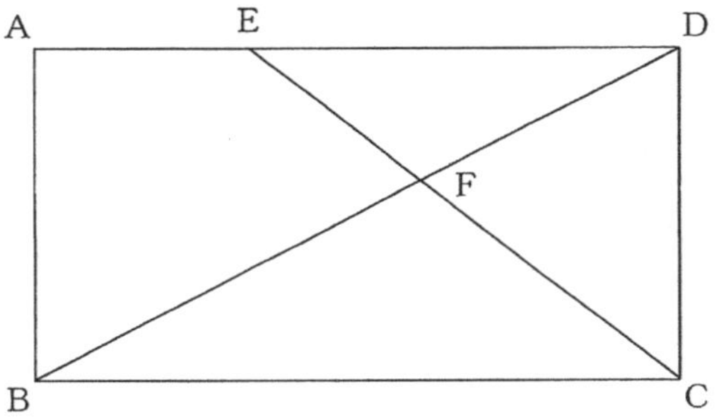

（１）　△ＦＢＣ∽△ＦＤＥとなることを証明しなさい。

（２）　図２は，図１に点Ｅを通り線分ＢＤに平行な直線をかき加え，辺ＡＢとの交点をＧとしたものである。ＡＢ＝３㎝，ＡＥ＝２㎝，ＥＤ＝４㎝とする。

図２

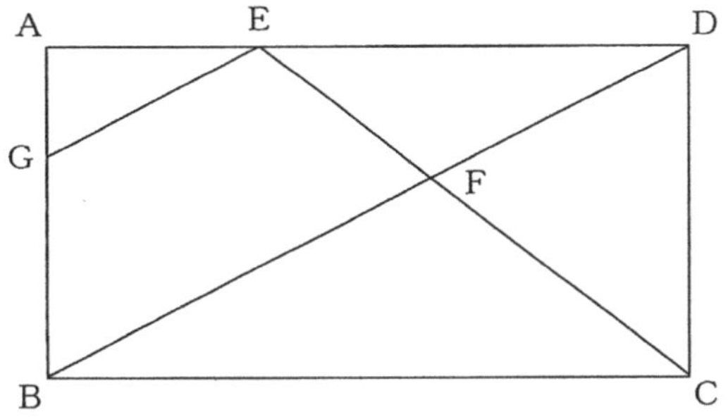

①　線分ＥＧの長さを求めなさい。

②　四角形ＧＢＦＥの面積を求めなさい。

Ⅱ　図１において，四角形ＡＢＣＤはＡＤ//ＢＣの台形である。点Ｅは辺ＡＤ上の点であり，点Ｆは線分ＢＤと線分ＣＥの交点である。次の(１)，(２)の問いに答えなさい。

図１

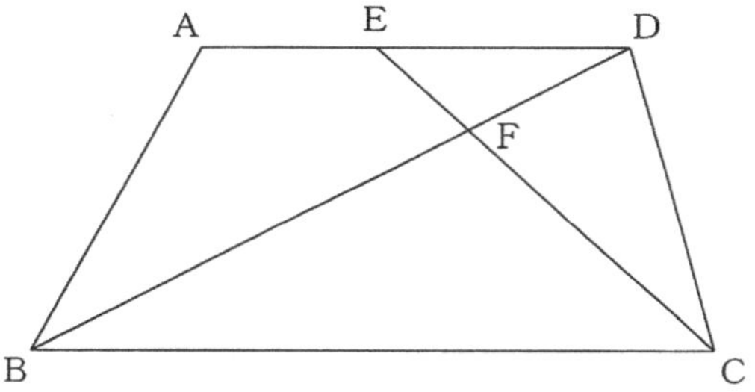

(１)　△ＦＢＣ∽△ＦＤＥとなることを証明しなさい。

(２)　図２は，図１の辺ＢＣ上に点ＧをＡＥ＝ＣＧとなるようにとり，線分ＡＧと線分ＢＥをかき加えたものである。点Ｈは線分ＡＧと線分ＢＥの交点であり，点Ｉは線分ＡＧと線分ＢＤの交点である。

図２

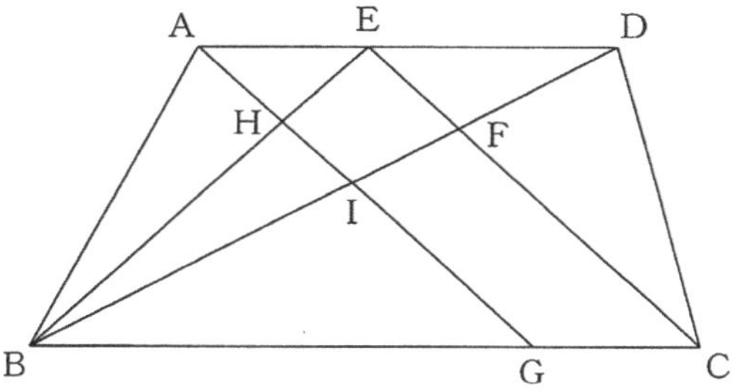

①　∠ＡＢＧ＝60°，∠ＢＡＨ＝a°のとき，∠ＤＥＦの大きさを，aを用いて表しなさい。

②　ＡＥ：ＥＤ＝２：３，ＢＧ：ＧＣ＝３：１のとき，四角形ＥＨＩＦの面積は，四角形ＡＢＣＤの面積の何倍か，求めなさい。

四 次の文章を読んで、1～4の問いに答えなさい。

写真家志望の大学生の慎吾《しんご》（ぼく）は、ある村で恵三《けいぞう》という老人と出会う。優しく穏やかで、人々から「地蔵さん」と慕われる恵三だが、病で亡くなり、周囲は悲しみに暮れる。慎吾は、*仏師の雲月《うんげつ》に、恵三を*モチーフとした仏像（地蔵菩薩《ぼさつ》）の制作を依頼するが、代金を払えるような写真家になれるのかと問い詰められる。

雲月は腕を組んだ。
「才能ってのはな、覚悟のことだ」
「覚悟……？」
「どんなに器用な人間でもな、成し遂げる前にあきらめちまったら、そいつには才能がなかったってことになる。でもな、最初に本気で肚《はら》をくくって、命を懸ける覚悟を決めて、成し遂げるまで死に物狂いでやり抜いた奴《やつ》だけが、後々になって天才って呼ばれてるんだぜ」
雲月が、にやりと笑う。
「お前、そういう覚悟はあんのか」
ふいに黒猫が目を開けて、ぼくのことを正面から見据えた。雲月と*夜叉《やしゃ》、ふたりに人生を問われている気がした。
薪《まき》ストーブのなかで、コト……、と、薪が崩れた音がした。ぼくの頭のなかに、凛《りん》、とあの風鈴が鳴った。
「あります。覚悟は、します」
ぐっと肚に力を込めて、そう言った。
「本当だな」
「はい」
「なら、金の問題はクリアだ」
「え……」
ぼくは、ぽかんとした顔で雲月を見てしまった。
「なんだ、その顔は」
「あ、いや。ありがとうございます」
「馬鹿タレ。礼を言うのはまだ早《はえ》え」
「え、だって……」
「まだ、大問題があんだよ」
「大問題、ですか……？」
「いいか、俺が彫るのは木像だ。地蔵さんをモチーフにするなら最高級の檜《ひのき》の心材を使ってやるが、それでも雨ざらしにしておけば、やがては腐っちまう。分かるな」
「はい」
「地蔵菩薩を雨風から守る祠《ほこら》が必要だ」
「祠……」
「そうだ、神仏を祀《まつ》る小屋みてえなもんだ」
「はあ……」
「お前が造れ」
「え？」
「お前が祠を造れと言ってるんだ」
雲月は繰り返した。
「ぼくが、祠を……ですか？」
「たけ屋の離れ、お前が*普請《ふしん》したんだろ」
「え、ええ……。まあ」
「だったら、それくらいは造れるはずだ。お前がそれをやらねえなら、俺はこの仕事を受けねえ」
雲月は冷めかけたブラックコーヒーを啜《すす》った。
「や、やります」
「そうか。それなら――」雲月はカップを床に置き、その手で十万円の入った銀行の封筒をぼくの方に押し返した。「この金は、祠の製作費にまわせ。俺は頭金ゼロの出世払いで請け負ってやる。お前、祠を造るからには、完璧なものを造れよ。俺も地蔵さんをこの手で生き返らせてやる」
雲月はまた、にやりと笑った。
でも、今度の笑い方は、悪くなかった。ぼくを試すわけでもなく、馬鹿にするでもなく、少しの嫌みすらもない、なんだか気のいい兄貴みたいな笑い方だったのだ。
その笑みに自然と反応したぼくの口は、ただひたすら気持ちよく「ありがとうございます」と言っていた。そして、あれ、と思ったら、目の前の雲月がゆらゆら揺れはじめた。ぼくの両目に、大粒のしずくが溜《た》まっていたのだった。
本当に口惜しいけれど、きっと今日だけだと思うけれど、この無愛想な男は、粋で格好いい仏師だった。

帰り際――。
玄関を出たところで、雲月に呼び止められた。
「おい」
ぼくは後ろを振り返った。

えてしまいます。

5 ところが協力関係の網の目の中にいる人間は違います。自分が生き残って増えるためには他の人の能力も重要です。また自分の能力もほかの人が生き残って増えることに貢献しています。自分の命が大事なのと同じように、他の人の命も大事になっていきます。増える単位が自分の体を超えて広がっているといってもいいかもしれません。

6 このような大規模な協力関係は人間ならではの特徴です。人間以外の生物が非血縁個体と協力することは、特殊なケースを除いてほとんどありません。なぜ人間のみでこのような特殊な能力が生まれたのかについてはいろいろな説があります。人間の持つ高度な言語能力や認知能力や寿命の長さが大事だったと言われています。また、それらの能力が生まれた背景には、狩猟採集生活の中で協力する必要性があったことや、子どもが成長するまでに時間がかかることから子育てに他の個体の協力が必要だったことなどが指摘されています。

7 このような性質のどれが直接的な原因だったのかはわかりませんが、いずれにせよ、このような他の個体との協力を可能とする人間の性質は、元をたどれば少産少死の戦略によってもたらされたものです。命を大事にして長く生きるようになり、他個体と付き合うことが可能になったために協力することが有利になりました。

8 しかも、人間には他者を認識する知能や、他者の気持ちを察することのできる共感能力も備わっています。結果として協力関係がどんどん発展していきました。私たち人間は地球上の他のどんな生物よりも協力的な、いわば「やさしい」生物です。

（市橋伯一「増えるものたちの進化生物学」ちくまプリマー新書による）

【注】 ＊アイデンティティ……自分らしさ、独自性

1 誤解だと私は思います と筆者が考える理由を、次のようにまとめた。〔a〕〔b〕に当てはまる内容を、〔a〕には**二字**で、〔b〕には**五字**で、本文中からそれぞれ抜き書きしなさい。

> 社会の〔a〕になることで、個性を生かして人の〔b〕と考えるから。

2 この世界 とはどのような世界か。解答欄にしたがって本文中から**十字**で抜き書きしなさい。

3 人間は違います について、細菌などの人間以外の生物と人間との違いを、次のように整理した。これを読んで、後の問いに答えなさい。

人間以外の生物	人間
・自分の〔Ⅰ〕によって、自分の子孫だけを増やした。 ・他の個体が増えることに、自分は関わらない。 ⇩ 増える単位が自分の血統だけ	・他の人の力も借りて、自分の子孫を増やした。 ・他の人が生き残って増えることに、自分も貢献している。 ⇩ 増える単位が〔Ⅱ〕にまで拡大

(1) 〔Ⅰ〕に当てはまる内容を、本文中から**四字**で抜き書きしなさい。

(2) 〔Ⅱ〕に適する内容を、**十五字以内**で書きなさい。

4 本文中における段落の関係を説明したものとして最も適切なものを、次の**ア**～**エ**から一つ選んで記号を書きなさい。

ア 第1段落で身近な体験を述べ、第2段落で話題を広げている。
イ 第3段落は、第2段落の具体例と対比して主張を述べている。
ウ 第4段落で疑問を挙げ、第5段落で筆者の答えを示している。
エ 第6段落の説に誤りがあることを、第7段落で指摘している。

5 「やさしい」生物 について、次の問いに答えなさい。

(1) 「やさしい」に「 」が付いている理由として最も適切なものを、次の**ア**～**エ**から一つ選んで記号を書きなさい。

ア 引用を示す　**イ** 不確かであることを強調する
ウ 会話を示す　**エ** 特別な意味づけを強調する

(2) 「やさしい」生物といえる人間ならではの特徴を、解答欄にしたがって**五十字以内**で書きなさい。

一　「聞くこと」に関する検査

A案　ポスター

B案　ポスター

※教英出版注
音声は，解答集の書籍ＩＤ番号を教英出版ウェブサイトで入力して聴くことができます。

二　次の文章を読んで、1～4の問いに答えなさい。

食べられるのに捨てられる食品を食品ロスと言う。大量の食品ロスをごみとして①モやすと、二酸化炭素の排出や焼却後の灰の②埋め立て等による③シンコクな環境汚染が心配される。この大きな問題を解決するために、できることから始めることが重要になる。食品を買い過ぎないなど、食品ロスの④削減につながる行動を心がけたい。

1　①モやす　③シンコク　を漢字に直して書きなさい。
　②埋め　④削減　の読み仮名を書きなさい。

2　大きな問題～始める　という意味に最も近いことわざを、次のア～エから一つ選んで記号を書きなさい。
ア　人のふり見て我がふり直せ　　イ　千里の道も一歩から
ウ　終わり良ければすべて良し　　エ　石橋をたたいて渡る

3　重要に　の活用形を書きなさい。

4　ない　と同じ品詞を、次のア～エから一つ選んで記号を書きなさい。
ア　あの場所は静かでない。　　イ　その方法は正しくない。
ウ　雨が降っても困らない。　　エ　明日の予定は特にない。

三　次の文章を読んで、1～5の問いに答えなさい。

[1]　「社会の中に組み込まれる」ということは「社会の歯車になる」ということです。この言葉にはあまりいい印象はないかもしれません。自分の個性とか*アイデンティティがおびやかされていると感じるかもしれません。しかしそれは誤解だと私は思います。むしろ社会の歯車になることでほとんどの人は個性を発揮して、みんなの役に立てるのだと思います。

[2]　たとえば、社会が全く存在しない状況を考えてみましょう。父親、母親、小さい子どもの3人家族だけで無人島で暮らしているような状況です。この場合、生きていくために必要な仕事はすべて3人だけで分担しないといけません。狩りをするのは、生物的に力の強い大人の男性である父親になるでしょう。植物や果物を採集したり、調理したりするのは、狩りに不向きな女性や子どもの仕事になるでしょう。たとえ、狩りなんて荒っぽいことが嫌いな男性や、採集よりも狩りの方が好きな女性だったとしても、餓《う》えないためには身体的に向いている方をやらざるをえません。狩りに失敗したり、食べ物を見つけることに失敗したりすれば、すぐに命の危機が訪れます。また、この世界では、勉強が得意とか、絵をかくのが得意とか、コミュニケーション能力が高いとか低いなどの個性が役に立つことはありません。なにより必要なのは、獲物をしとめたり、食料を確保する能力です。力や体力が何よりも重要です。強く丈夫で健康な人間だけが生き残る世界です。それ以外の個性には出番はありません。

[3]　一方で私たちの社会は違います。力や体力が必要な職業もあれば、勉強や絵を描くことやコミュニケーション能力が必要な職業もあります。どれか1つの能力が優れていれば、十分に活躍の場が見つかります。少なくとも狩猟採集社会よりは、今の社会の方が自分に合った役割（歯車）が見つかる可能性が高いように思います。

[4]　こうした他人との協力からなる社会を形成するようになると、人間という生物が増える単位も変わってきます。人間以前の生き物は自分の力で自分だけを増やしていました。細菌も線虫もカエルも虫もサルも、増えることができるかどうかは自分の能力や運によって決まっていました。優れた能力を持っていれば生殖に成功し、子孫を作ることができますし、そうでなければ血統は途絶

令和六年度入学者選抜学力検査問題

国語

（一時間目　六十分）

秋田県公立高等学校

注意

一　問題用紙と解答用紙、メモ用紙のそれぞれの決められた欄に、受検番号と氏名を記入しなさい。
二　問題用紙は放送による指示があるまで開いてはいけません。
三　問題は１ページから６ページまであります。これとは別に解答用紙とメモ用紙がそれぞれ一枚あります。
四　答えは、すべて解答用紙に記入しなさい。

受検番号
氏名

2024(R6) 秋田県公立高
教英出版

福岡県

①福岡大学附属若葉高等学校
②精華女子高等学校(専願試験)
③精華女子高等学校(前期試験)
④西南学院高等学校
⑤筑紫女学園高等学校
⑥中村学園女子高等学校(専願入試)
⑦中村学園女子高等学校(前期入試)
⑧博多女子高等学校
⑨博多高等学校
⑩東福岡高等学校
⑪福岡大学附属大濠高等学校
⑫自由ケ丘高等学校
⑬常磐高等学校
⑭東筑紫学園高等学校
⑮敬愛高等学校
⑯久留米大学附設高等学校
⑰久留米信愛高等学校
⑱福岡海星女子学院高等学校
⑲誠修高等学校
⑳筑陽学園高等学校(専願入試)
㉑筑陽学園高等学校(前期入試)
㉒真颯館高等学校
㉓筑紫台高等学校
㉔純真高等学校
㉕福岡舞鶴高等学校
㉖折尾愛真高等学校
㉗九州国際大学付属高等学校
㉘祐誠高等学校
㉙西日本短期大学附属高等学校
㉚東海大学付属福岡高等学校
㉛慶成高等学校
㉜高稜高等学校
㉝中村学園三陽高等学校
㉞柳川高等学校
㉟沖学園高等学校
㊱福岡常葉高等学校
㊲九州産業大学付属九州高等学校
㊳近畿大学附属福岡高等学校
㊴大牟田高等学校
㊵久留米学園高等学校
㊶福岡工業大学附属城東高等学校(専願入試)
㊷福岡工業大学附属城東高等学校(前期入試)
㊸八女学院高等学校
㊹星琳高等学校
㊺九州産業大学付属九州産業高等学校
㊻福岡雙葉高等学校

佐賀県

①龍谷高等学校
②佐賀学園高等学校
③佐賀女子短期大学付属佐賀女子高等学校
④弘学館高等学校
⑤東明館高等学校
⑥佐賀清和高等学校
⑦早稲田佐賀高等学校

長崎県

①海星高等学校(奨学生試験)
②海星高等学校(一般入試)
③活水高等学校
④純心女子高等学校
⑤長崎南山高等学校
⑥長崎日本大学高等学校(特別入試)
⑦長崎日本大学高等学校(一次入試)
⑧青雲高等学校
⑨向陽高等学校
⑩創成館高等学校
⑪鎮西学院高等学校

熊本県

①真和高等学校
②九州学院高等学校(奨学生・専願生)
③九州学院高等学校(一般生)
④ルーテル学院高等学校(専願入試・奨学入試)
⑤ルーテル学院高等学校(一般入試)
⑥熊本信愛女学院高等学校
⑦熊本学園大学付属高等学校(奨学生試験・専願生試験)
⑧熊本学園大学付属高等学校(一般生試験)
⑨熊本中央高等学校
⑩尚絅高等学校
⑪文徳高等学校
⑫熊本マリスト学園高等学校
⑬慶誠高等学校

大分県

①大分高等学校

宮崎県

①鵬翔高等学校
②宮崎日本大学高等学校
③宮崎学園高等学校
④日向学院高等学校
⑤宮崎第一高等学校(文理科)
⑥宮崎第一高等学校(普通科・国際マルチメディア科・電気科)

鹿児島県

①鹿児島高等学校
②鹿児島実業高等学校
③樟南高等学校
④れいめい高等学校
⑤ラ・サール高等学校

新刊
もっと過去問シリーズ

愛知県

愛知高等学校
7年分(数学・英語)

中京大学附属中京高等学校
7年分(数学・英語)

東海高等学校
7年分(数学・英語)

名古屋高等学校
7年分(数学・英語)

愛知工業大学名電高等学校
7年分(数学・英語)

名城大学附属高等学校
7年分(数学・英語)

滝高等学校
7年分(数学・英語)

※もっと過去問シリーズは入学試験の実施教科に関わらず、数学と英語のみの収録となります。

教英出版
〒422-8054
静岡県静岡市駿河区南安倍3丁目12−28
TEL 054-288-2131
FAX 054-288-2133
詳しくは教英出版で検索
教英出版 検索
URL https://kyoei-syuppan.net/

㉝光ヶ丘女子高等学校

㉞藤ノ花女子高等学校

㉟栄徳高等学校

㊱同朋高等学校

㊲星城高等学校

㊳安城学園高等学校

㊴愛知産業大学三河高等学校

㊵大成高等学校

㊶豊田大谷高等学校

㊷東海学園高等学校

㊸名古屋国際高等学校

㊹啓明学館高等学校

㊺聖霊高等学校

㊻誠信高等学校

㊼誉高等学校

㊽杜若高等学校

㊾菊華高等学校

㊿豊川高等学校

三重県

①暁高等学校(3年制)

②暁高等学校(6年制)

③海星高等学校

④四日市メリノール学院高等学校

⑤鈴鹿高等学校

⑥高田高等学校

⑦三重高等学校

⑧皇學館高等学校

⑨伊勢学園高等学校

⑩津田学園高等学校

滋賀県

①近江高等学校

大阪府

①上宮高等学校

②大阪高等学校

③興國高等学校

④清風高等学校

⑤早稲田大阪高等学校
(早稲田摂陵高等学校)

⑥大商学園高等学校

⑦浪速高等学校

⑧大阪夕陽丘学園高等学校

⑨大阪成蹊女子高等学校

⑩四天王寺高等学校

⑪梅花高等学校

⑫追手門学院高等学校

⑬大阪学院大学高等学校

⑭大阪学芸高等学校

⑮常翔学園高等学校

⑯大阪桐蔭高等学校

⑰関西大倉高等学校

⑱近畿大学附属高等学校

⑲金光大阪高等学校

⑳星翔高等学校

㉑阪南大学高等学校

㉒箕面自由学園高等学校

㉓桃山学院高等学校

㉔関西大学北陽高等学校

兵庫県

①雲雀丘学園高等学校

②園田学園高等学校

③関西学院高等部

④灘高等学校

⑤神戸龍谷高等学校

⑥神戸第一高等学校

⑦神港学園高等学校

⑧神戸学院大学附属高等学校

⑨神戸弘陵学園高等学校

⑩彩星工科高等学校

⑪神戸野田高等学校

⑫滝川高等学校

⑬須磨学園高等学校

⑭神戸星城高等学校

⑮啓明学院高等学校

⑯神戸国際大学附属高等学校

⑰滝川第二高等学校

⑱三田松聖高等学校

⑲姫路女学院高等学校

⑳東洋大学附属姫路高等学校

㉑日ノ本学園高等学校

㉒市川高等学校

㉓近畿大学附属豊岡高等学校

㉔夙川高等学校

㉕仁川学院高等学校

㉖育英高等学校

奈良県

①西大和学園高等学校

岡山県

①[県立]岡山朝日高等学校

②清心女子高等学校

③就実高等学校
(特別進学コース〈ハイグレード・アドバンス〉)

④就実高等学校
(特別進学チャレンジコース・総合進学コース)

⑤岡山白陵高等学校

⑥山陽学園高等学校

⑦関西高等学校

⑧おかやま山陽高等学校

⑨岡山商科大学附属高等学校

⑩倉敷高等学校

⑪岡山学芸館高等学校(1期1日目)

⑫岡山学芸館高等学校(1期2日目)

⑬倉敷翠松高等学校

⑭岡山理科大学附属高等学校

⑮創志学園高等学校

⑯明誠学院高等学校

⑰岡山龍谷高等学校

広島県

①[国立]広島大学附属高等学校

②[国立]広島大学附属福山高等学校

③修道高等学校

④崇徳高等学校

⑤広島修道大学ひろしま協創高等学校

⑥比治山女子高等学校

⑦呉港高等学校

⑧清水ヶ丘高等学校

⑨盈進高等学校

⑩尾道高等学校

⑪如水館高等学校

⑫広島新庄高等学校

⑬広島文教大学附属高等学校

⑭銀河学院高等学校

⑮安田女子高等学校

⑯山陽高等学校

⑰広島工業大学高等学校

⑱広陵高等学校

⑲近畿大学附属広島高等学校福山校

⑳武田高等学校

㉑広島県瀬戸内高等学校(特別進学)

㉒広島県瀬戸内高等学校(一般)

㉓広島国際学院高等学校

㉔近畿大学附属広島高等学校東広島校

㉕広島桜が丘高等学校

山口県

①高水高等学校

②野田学園高等学校

③宇部フロンティア大学付属香川高等学校
(普通科〈特進・進学コース〉)

④宇部フロンティア大学付属香川高等学校
(生活デザイン・食物調理・保育科)

⑤宇部鴻城高等学校

徳島県

①徳島文理高等学校

香川県

①香川誠陵高等学校

②大手前高松高等学校

愛媛県

①愛光高等学校

②済美高等学校

③FC今治高等学校

④新田高等学校

⑤聖カタリナ学園高等学校

学校別問題集

北海道

①札幌北斗高等学校
②北星学園大学附属高等学校
③東海大学付属札幌高等学校
④立命館慶祥高等学校
⑤北海高等学校
⑥北見藤高等学校
⑦札幌光星高等学校
⑧函館ラ・サール高等学校
⑨札幌大谷高等学校
⑩北海道科学大学高等学校
⑪遺愛女子高等学校
⑫札幌龍谷学園高等学校
⑬札幌日本大学高等学校
⑭札幌第一高等学校
⑮旭川実業高等学校
⑯北海学園札幌高等学校

青森県

①八戸工業大学第二高等学校

宮城県

①聖和学園高等学校(A日程)
②聖和学園高等学校(B日程)
③東北学院高等学校(A日程)
④東北学院高等学校(B日程)
⑤仙台大学附属明成高等学校
⑥仙台城南高等学校
⑦東北学院榴ケ岡高等学校
⑧古川学園高等学校
⑨仙台育英学園高等学校(A日程)
⑩仙台育英学園高等学校(B日程)
⑪聖ウルスラ学院英智高等学校
⑫宮城学院高等学校
⑬東北生活文化大学高等学校
⑭東北高等学校
⑮常盤木学園高等学校
⑯仙台白百合学園高等学校
⑰尚絅学院高等学校(A日程)
⑱尚絅学院高等学校(B日程)

山形県

①日本大学山形高等学校
②惺山高等学校
③東北文教大学山形城北高等学校
④東海大学山形高等学校
⑤山形学院高等学校

福島県

①日本大学東北高等学校

新潟県

①中越高等学校
②新潟第一高等学校
③東京学館新潟高等学校
④日本文理高等学校
⑤新潟青陵高等学校
⑥帝京長岡高等学校
⑦北越高等学校
⑧新潟明訓高等学校

富山県

①高岡第一高等学校
②富山第一高等学校

石川県

①金沢高等学校
②金沢学院大学附属高等学校
③遊学館高等学校
④星稜高等学校
⑤鵬学園高等学校

山梨県

①駿台甲府高等学校
②山梨学院高等学校(特進)
③山梨学院高等学校(進学)
④山梨英和高等学校

岐阜県

①鶯谷高等学校
②富田高等学校
③岐阜東高等学校
④岐阜聖徳学園高等学校
⑤大垣日本大学高等学校
⑥美濃加茂高等学校
⑦済美高等学校

静岡県

①御殿場西高等学校
②知徳高等学校
③日本大学三島高等学校
④沼津中央高等学校
⑤飛龍高等学校
⑥桐陽高等学校
⑦加藤学園高等学校
⑧加藤学園暁秀高等学校
⑨誠恵高等学校
⑩星陵高等学校
⑪静岡県富士見高等学校
⑫清水国際高等学校
⑬静岡サレジオ高等学校
⑭東海大学付属静岡翔洋高等学校
⑮静岡大成高等学校
⑯静岡英和女学院高等学校
⑰城南静岡高等学校
⑱静岡女子高等学校
⑲常葉大学附属常葉高等学校
常葉大学附属橘高等学校
常葉大学附属菊川高等学校
⑳静岡北高等学校
㉑静岡学園高等学校
㉒焼津高等学校
㉓藤枝明誠高等学校
㉔静清高等学校
㉕磐田東高等学校
㉖浜松学院高等学校
㉗浜松修学舎高等学校
㉘浜松開誠館高等学校
㉙浜松学芸高等学校
㉚浜松聖星高等学校
㉛浜松日体高等学校
㉜聖隷クリストファー高等学校
㉝浜松啓陽高等学校
㉞オイスカ浜松国際高等学校

愛知県

①[国立]愛知教育大学附属高等学校
②愛知高等学校
③名古屋経済大学市邨高等学校
④名古屋経済大学高蔵高等学校
⑤名古屋大谷高等学校
⑥享栄高等学校
⑦椙山女学園高等学校
⑧大同大学大同高等学校
⑨日本福祉大学付属高等学校
⑩中京大学附属中京高等学校
⑪至学館高等学校
⑫東海高等学校
⑬名古屋たちばな高等学校
⑭東邦高等学校
⑮名古屋高等学校
⑯名古屋工業高等学校
⑰名古屋葵大学高等学校
(名古屋女子大学高等学校)
⑱中部大学第一高等学校
⑲桜花学園高等学校
⑳愛知工業大学名電高等学校
㉑愛知みずほ大学瑞穂高等学校
㉒名城大学附属高等学校
㉓修文学院高等学校
㉔愛知啓成高等学校
㉕聖カピタニオ女子高等学校
㉖滝高等学校
㉗中部大学春日丘高等学校
㉘清林館高等学校
㉙愛知黎明高等学校
㉚岡崎城西高等学校
㉛人間環境大学附属岡崎高等学校
㉜桜丘高等学校

■ ご使用にあたってのお願い・ご注意

（1）問題文等の非掲載

著作権上の都合により，問題文や図表などの一部を掲載できない場合があります。

誠に申し訳ございませんが，ご了承くださいますようお願いいたします。

（2）過去問における時事性

過去問題集は，学習指導要領の改訂や社会状況の変化，新たな発見などにより，現在とは異なる表記や解説になっている場合があります。過去問の特性上，出題当時のままで出版していますので，あらかじめご了承ください。

（3）配点

学校等から配点が公表されている場合は，記載しています。公表されていない場合は，記載していません。

独自の予想配点は，出題者の意図と異なる場合があり，お客様が学習するうえで誤った判断をしてしまう恐れがあるため記載していません。

（4）無断複製等の禁止

購入された個人のお客様が，ご家庭でご自身またはご家族の学習のためにコピーをすることは可能ですが，それ以外の目的でコピー，スキャン，転載（ブログ，ＳＮＳなどでの公開を含みます）などをすることは法律により禁止されています。学校や学習塾などで，児童生徒のためにコピーをして使用することも法律により禁止されています。

ご不明な点や，違法な疑いのある行為を確認された場合は，弊社までご連絡ください。

（5）けがに注意

この問題集は針を外して使用します。針を外すときは，けがをしないように注意してください。また，表紙カバーや問題用紙の端で手指を傷つけないように十分注意してください。

（6）正誤

制作には万全を期しておりますが，万が一誤りなどがございましたら，弊社までご連絡ください。

なお，誤りが判明した場合は，弊社ウェブサイトの「ご購入者様のページ」に掲載しておりますので，そちらもご確認ください。

■ お問い合わせ

解答例，解説，印刷，製本など，問題集発行におけるすべての責任は弊社にあります。

ご不明な点がございましたら，弊社ウェブサイトの「お問い合わせ」フォームよりご連絡ください。迅速に対応いたしますが，営業日の都合で回答に数日を要する場合があります。

ご入力いただいたメールアドレス宛に自動返信メールをお送りしています。自動返信メールが届かない場合は，「よくある質問」の「メールの問い合わせに対し返信がありません。」の項目をご確認ください。

また弊社営業日（平日）は，午前９時から午後５時まで，電話でのお問い合わせも受け付けています。

2025春

株式会社教英出版
〒422-8054　静岡県静岡市駿河区南安倍３丁目 12-28
TEL　054-288-2131　　FAX　054-288-2133
URL　https://kyoei-syuppan.net/
MAIL siteform@kyoei-syuppan.net